让语文课堂走向真境

RANG YUWEN KETANG ZOUXIANG ZHENJING

戴继华 ◎ 著

西南师范大学出版社
国家一级出版社　全国百佳图书出版单位

图书在版编目（CIP）数据

让语文课堂走向真境 / 戴继华著. — 重庆：西南师范大学出版社，2020.8
ISBN 978-7-5697-0262-0

Ⅰ.①让… Ⅱ.①戴… Ⅲ.①小学语文课－课堂教学－教学研究 Ⅳ.①G623.202

中国版本图书馆 CIP 数据核字（2020）第 127406 号

名师工程系列丛书

编委会主任：马　立　宋乃庆
总　策　划：周安平
策　　　划：李远毅　卢　旭　郑持军　郭德军

让语文课堂走向真境

戴继华　著

责任编辑：张燕妮
责任校对：向集遂
封面设计：尚品视觉 CASTALY
出版发行：西南师范大学出版社
　　　　　地址：重庆市北碚区天生路1号
　　　　　邮编：400715　市场营销部电话：023-68868624
　　　　　http://www.xscbs.com
经　　销：新华书店
印　　刷：重庆共创印务有限公司
幅面尺寸：170mm×240mm
印　　张：14.25
字　　数：230千字
版　　次：2020年8月　第1版
印　　次：2021年6月　第2次
书　　号：ISBN 978-7-5697-0262-0
定　　价：38.00元

若有印装质量问题，请联系出版社调换

版权所有　翻印必究

序一

时金芳

求"真"越来越难。因为随着20世纪量子力学和原子物理学的出现,人们发现人类已知的物质仅占宇宙物质的百分之几,况且靠纯粹的知识去认识存在客体的本真也变得困难重重。因为物质的复杂性远远超出了已有认知经验的框架,它引诱着人们不断探索、不断否定、不断发现,犹如进到了一个迷宫。

语文教学正是这样一个迷宫!语文独立设科一百多年来,多少语文教育人在这个迷宫里摸索前行,有的迷失了方向,有的磕磕碰碰,也有的独辟蹊径,留下自己的印记。戴继华老师,在语文教学的迷宫里摸索行走了30多年。他从一个农村初级中学普通语文教师成长为省语文特级教师、正高级教师,一路走来,他始终在探寻语文课堂的"真境"。

他在实践中反思。从20世纪九十年代初入职以来,他始终扎根在语文课堂教学中,养成了及时反思,独立审视,不断探索的习惯。从教学设计细节到教学起点定位,从专家权威的评价到自我心理感觉,从课上学生反应到同事同行议论等,都是他反思的素材。反思,为他的教学实践不断注入新的养分;反思,使他洞察语文课堂的目光更加敏锐而深邃。

他在反思中发现。在对当今语文课堂的大量观察与实践反思中,他发现,有些是"四无"课堂,即"无矢(学习目标)""无理(思想浸润)""无旨(学科本真)""无境(美学境界)";他发现课堂教学改革到今天是时候要重新构建课堂生态了。

他在发现中感悟。语文课堂教学的种种弊端,使他感悟到,语文课堂必须要追求"真境",即"真的境界"。他指出:境界生成主要包括两个要素,一是景,一是情。当景情共生、有机融合时,境界油然而生。语文课堂的"景",

既指教室内课桌摆放、灯光照明、教学实施等物理环境,也指教室内用以激励、怡情的人文环境,还指师生教与学过程中产生的实时景态。"情",主要指师生在课堂对话中的情感态度。当上述"景""情"互动创生,形成独特的课堂生态,而又巧妙地指向语文教学本真时,境界自成。

  他在感悟中建构。他要建构的"语文课堂真境"是怎样的呢？他的阐述是:以语言为能源库,以意旨为原动力,以情思为神经元,并有机融合在语文课堂教学实践中,渐臻和谐、美好、愉悦的课堂生态。为此,他从实践层面进行了课堂建模,以发现学习原理为依据,通过具体课例阐释了"提出发现目标、创设发现情境、构建发现路径、迁移发现能力"的语文课堂教学基本模式。

  戴继华老师对语文课堂教学真境的探求,始终在语文课堂教学的真实情境中进行,对真境理论的阐发同样在课堂教学案例的具体分析中展开,体现了求"真"务"实"的态度。他的研究选题来自于课堂教学,研究过程坐实于课堂教学,研究成果应用于课堂教学。他的教学研究是真实、质朴、自然的,可以说也在追求一种教学研究的"真境"吧。

  他探寻的足迹清晰地留在《让课堂走向真境》这本书里面。如果你也身处语文教学的迷宫里,不妨读读这本书,也许能从一个同道的探索中找到走出迷宫的路径;如果你是一个即将走进语文教学迷宫的学生,也不妨读读这本书,或许前辈的经验能帮助你建构起对《语文教学论》课程的新的认知。

  要找到语文课堂教学的"真境",不容易。既然有人已经走在求索的路上,深信同道会越来越多。

2020 年 6 月 26 日

序二

陈明华

我与继华老师同道，都是语文人，时常在一起切磋教艺。他是一个有思想、有主张的青年才俊。实践中，他一直追问：信息社会改变了人们的生活方式，改变了人们的学习方式，也必然要改变人们的思维方式。人对技术的依赖愈来愈多，很多人在信息高速公路上飞奔，满身满心地浮躁。人，操纵技术的人，更优秀了吗？在当今这个多元时代，根于语言与文化的语文教学，又如何培养学生的至真之性、至悯之情、至旷之怀？语文当然首先是为了交流和表达，但是在"工具""应试"的功能之上，如何才能言意共生、灵肉相谐？追问逼出思考，思考源于实践，所以继华老师一直倡导"语文真境课堂"，并在实践中形成了自然、真切、深沉、韵味的风格。

所谓"真境"？用继华老师的话说，就是在语文教学中，通过最佳方式，获得最佳效果，形成最佳境界。从他多次上的"示范课""公开课"来看，这样的"真境"可以用三个字来描述：一曰"真"，原味的，质感的；二曰"珍"，精品也，佳制也；三曰"臻"，动态的，生成的。而且，理想中的这三个方面，不是孤立和静止的，而是交叉与变通的；不是单向和分离的，而是双向与辅成的；不是重叠和均衡的，而是圆融和变量的。或言之，语文真境，在不同的时空里和不同的群体中，呈现出不同的期待与不同的蹊径。借用吕叔湘先生的话来说，语文教学真境应该是"活"的境界。

活在自然。叶圣陶先生早在为《中学语文》复刊题词时，就说过这样的话："教任何功课，最终的目的都在于达到不需要教。"假如学生进入"自然"的境界，能够自己去探索，自己去辨识，自己去历练，从而获得正确的知识和熟练的能力，岂不是不需要教了吗？但，怎样达成这样的境界，洵非易事。继华老师做出了可喜可赞的探索，他从语文的本真出发，教会学生学语文的方法和途径，让语文融入生活，使生活充溢语文，渐渐走进"不需要教"的自然境界。

活在真切。继华老师设计了这样几条"不需要教"的达成路径：1.施行"交往式"课堂教学。把过去单一、呆板的"报告型"课堂组织形式变为多样的灵活的"沙龙型"课堂组织形式，师生之间，生生之间，创设了一种宽松、民主的氛围。2.拓展"个性化"课堂活动。放大语文课堂的外延，拓展全方位的课堂设置，依据学生的兴趣、能力、特长，组织相应的研究课堂和争辩活动，从而获得真切的情感体验和终端成功喜悦。3.建立"开放性"保证机制。在他的课堂，鼓励学生大胆进行个性化、创意性的活动，欢迎师生的角色易位，围绕学习主体，创设生动活泼的自主时空，让"世界"成为学生的"课本"。

活在有深度的韵味。教学是教师创造学生，学生创造教师的过程。创造的关键在于"新"字，有新见地，有新思维，有新意感。继华老师的课堂做到了这一点，并常给人以蕴含丰富、蕴意深刻之感。他的做法，一是"意在象中"，通过描摹、渲染、隐喻等手法，让学生有身临其境之感。二是"情理交融"，将抽象的概念具体化，将深刻的哲理具象化，让学生在回味、寻思中获得不期而遇的悟感。三是"曲径通幽"，他的课堂叙述说理时曲而不直，隐而不玄，渲染出最实在的暗示性、启迪性意境，既山穷水尽，又柳暗花明。

教真语文，臻至真境，这可能是每一个语文人所要深长思之且不懈追求的境界。因为有一个永恒的追问在前方等候——怎样教，才能实现终极价值？

目　录

第一章　语文课堂"真境"观的孕育 …………………………………… 1
　第一节　反思:剪得清,理不乱 ………………………………………… 1
　　　一、预设太过往往失去太多 ………………………………………… 1
　　　二、以独立的人格面对语文 ………………………………………… 2
　　　三、课似看山不喜平 ………………………………………………… 3
　　　四、蹲下身子看孩子 ………………………………………………… 3
　　　五、教学的起点是学生 ……………………………………………… 4
　第二节　观察:语文课堂,想说爱你并不容易 ………………………… 6
　　　一、无矢 ……………………………………………………………… 6
　　　二、无理 ……………………………………………………………… 8
　　　三、无旨 ……………………………………………………………… 20
　　　四、无境 ……………………………………………………………… 21
　第三节　建构:真境,语文课堂的应然追求 …………………………… 37
　　　一、"真境"的国外研究现状 ………………………………………… 37
　　　二、"真境"的国内研究现状 ………………………………………… 38

第二章　语文课堂"真境"观的基本内涵 ……………………………… 43
　第一节　"真境"的核心要义 …………………………………………… 43
　　　一、"真"之内涵 ……………………………………………………… 43
　　　二、"境"之探源 ……………………………………………………… 43
　　　三、"真境"谓何 ……………………………………………………… 44
　　　四、何谓"语文课堂真境" …………………………………………… 44

1

第二节 "真境"观的学理依据 ········· 45
一、语文教育自身的特点 ········· 45
二、教学基本原则 ········· 45
三、建构主义教学观、学习观 ········· 46
四、马斯洛需要层次理论 ········· 46
五、动机理论 ········· 47
六、认知发展理论 ········· 48
七、境界说 ········· 49

第三节 "真境"的基本特征 ········· 50
一、真教 ········· 50
二、真学 ········· 56
三、有境 ········· 61

第四节 "真境"四维度 ········· 64
一、四维度的基本内涵 ········· 64
二、真境四维度的课例分析 ········· 65

第三章 语文课堂"真境"的原理与机制 ········· 73

第一节 教师有真修为 ········· 73
一、宏观"教育视野" ········· 73
二、微观"基本技能" ········· 74

第二节 学生有真素养 ········· 88
一、阅读原初感受的内涵与特征 ········· 89
二、学生阅读原初感受的价值追寻 ········· 90

第三节 教学有真功夫 ········· 93
一、学会聚焦课眼 ········· 93
二、生成有道 ········· 101
三、重视微教学 ········· 104
四、提倡课堂简约 ········· 110

第四章 语文课堂"真境"的生成路径 ……………………………… 119
第一节 把握规律,让"教"真正开始 ………………………… 119
一、课堂举例 ……………………………………………… 119
二、案例点评 ……………………………………………… 125
第二节 践行发现,让"学"动力强劲 ………………………… 130
一、"发现"的基本内涵 …………………………………… 130
二、"发现"的理论依据 …………………………………… 131
三、"发现"引发的课堂建模 ……………………………… 133
第三节 精致导读,让"境"油然而生 ………………………… 135
一、把串讲与涵泳结合起来 ……………………………… 135
二、把语境与明象结合起来 ……………………………… 136
三、把悟意与延宕结合起来 ……………………………… 139

第五章 语文"真境"课堂举隅与透视 ……………………………… 143
第一节 现代文教学 …………………………………………… 143
一、《鲁迅笔下的阿长——读〈朝花夕拾〉整本书》
教学实录与点评 ……………………………………… 143
二、《散步》教学实录与点评 ……………………………… 154
三、《走一步,再走一步》教学实录与反思 ……………… 161
第二节 古诗文教学 …………………………………………… 171
一、《〈伶官传〉序》教学实录与点评 ……………………… 171
二、《河中石兽》教学实录与反思 ………………………… 184
第三节 作文指导课 …………………………………………… 192
一、《细节的力量》教学实录与反思 ……………………… 192
二、《我的2018年度汉字》教学实录与点评 …………… 198

第一章　语文课堂"真境"观的孕育

彼其所以章轨真教，敦典崇礼，敷政明刑，
其术万方，无非使人同归于善而已。

——刘元卿《贤奕编·警喻》

第一节　反思：剪得清，理不乱

1990年，我告别了母校南通师专（现南通师范高等专科学校），开启了语文教育追梦之旅，于今已30个年头。数十载间，我除了品尝到语文课堂一丝丝意趣，品尝更多的是语文课堂的酸甜苦辣。

一、预设太过往往失去太多

1991年的那个深秋，即我走上工作岗位的第二年，就遇到一件特尴尬的事。开学不久，听说著名语文特级教师陈有明先生要到我们学校，而且打算听一节青年语文老师上的课，我是我们学校9年来唯一的新教师，所以我明白，这个任务非我莫属。头一回有大人物听课，我既兴奋又紧张。记得那次执教的是传统名篇《从百草园到三味书屋》。陈先生不怎么说话，显得比较严肃，一瞥到他，我的心跳就陡然加速。好在我对教学设计非常熟悉，学生配合得也不错，目标顺利达成。想想该下课了，我偷眼看看手表居然还有十分钟，吓出一身冷汗！故作镇定布置完作业，一声"下课"，硬生生把先生"赶"出了教室。评课的时候，我脸红脖子粗地低着头，不敢正视先生镜片后那颇显威严的目光。出人意料的是，先生对我的评价相当高："刚工作一年的小伙子，能上出这样的课，难能可贵，不过，小戴，你课堂上多出的10分钟，如果让学生把作业当堂完成，就更好了，没有谁规定一定要留课外作业呀，这就叫效率！"那么多年过去了，桃李满天下的陈先生，应该早已忘却了这堂课。当年他的点拨固然是金玉良言，这些年我仍会经常想起这堂课，思考这堂课失败的原因到底是什么。我犯的是"备课不满堂"的错误，还是"教育机智"存在不足？都对，又不完全对。至今想来，"预设太过"应该是主要问题。"过犹不及"，预设过了反而失去了很多，何故？首先是"真实度不够"：课堂仅仅是课前预演的重复或再现，教学流程是紧凑的，但会出现"容量不足"的现象。其次是"主体性不够"：预设太多，教学过程中的一切都在老师的"掌控"之中，一般不会有"意外"，而"意外"又恰恰是生成的前提，没有生成的课堂，不是以学生为主体的课堂。再次是"丰实度不够"：这一点和第二点密切相关，没有生成，没有学生主体的深度介入，课堂就显得单薄、不厚实；有了生成，课堂上自然活动充分，学生自然积累丰厚。

二、以独立的人格面对语文

1995年初冬的一天，天很冷，但心热乎乎的，因为我要到通州区刘桥初级中学执教《济南的冬天》，借班上课，我感到新鲜而激动。上课时，通过导语，我引导学生一下子就关注到文中第四节——"最妙的是下点儿小雪呀"这一段，然后围绕这一节，用"读——赏——背"三个环节结构课堂，带着学生阅读、赏析了这一段，并通过分层次的方法指导学生当堂背诵，到下课时绝大多数学生已经会背这一经典段落了。我私下把这种教学设计方法命名为"一步到位法""一点突破法"。可是，在评课的时候，遭到一些老教师严厉的批评。他们认为用这样的方式处理，还有许多内容没有讲到。我非常难过。最后，刘桥区教育督导组严老师全面客观地对我这堂课进行了评点，还力排众议，推举我参加区里的备课、说课及优课评比。我没有辜负严老师的期望，1996年，获通州区语文说课比赛一等奖；1998年，获通州区语文优课评比一等奖；2001年，在南通区语文优课评比中，获一等奖，并在南通市第十届中语会上执教了展示课。事后严老师同我说:"别人的评论,符合语文课堂教学规律的你就听,不符合的你可以不听,要坚持自己的想法。教师要以独立的人格面对一切。"

三、课似看山不喜平

时光如白驹过隙,转眼到了2001年。那是个春暖花开的时节,我在区教研员俞祖平先生的指导下,到海门中学执教公开课。根据南通市教研室的安排,上的是吴晗的《谈骨气》。我清晰记得,在新一轮课改来临前的几年,语文课(可能不仅仅是语文课)都崇尚"迁移"说。在这样的大背景下,我将课堂分成三个板块开展教学,依次是"课文导读""归纳总结""课外迁移",其核心目标即通过《谈骨气》一文的学习,把握议论文的常见结构,从而能赏读并写作相似议论文。课上得相当顺利,课后得到听课专家组的高度评价,随即《南通教育报》还做了专题报道。回到通州后,祖平先生语重心长地说:继华,课的亮点的确是亮丽的,但一堂课可以像一篇散文"形散神不散",也可以像一篇小说"尺水兴波,波澜起伏",如果说这堂课还要改进,可以在"课堂高潮"这方面进行探索。回想思之,此言真矣!我的课是从容稳重的,但跌宕起伏不够。"文似看山不喜平",文章如此,语文课亦如此,艺术间的内核是相通的。根据先生的指点,在相当长的一段时间内,我非常注重语文课堂教学的"高潮设计",并揣摩摸索出"设置悬念""创设场景""开展比赛""展示成果"等设计方法,相关研究论文还陆续见诸报刊。

四、蹲下身子看孩子

2008年暮春,我有幸跟随著名特级教师秦德林先生,到江阴英桥国际学校参加学术交流。根据安排,那一次,我和英桥国际学校的一位语文特级教师同题异构,执教莫泊桑的小说《项链》,自感压力颇大。到江阴一看,雪上加霜——"三没有":没有教室,因为开的课太多,到我这儿连上课的地方都没有了;没有笔记本电脑,本以为对方学校会准备好的,自己未带,无法用课件;没有学生,为了开课,班都拆开了,普高班学生不够分。我有些慌,幸好"抓住"了一个教务主任,他挺热情。没有教室,用会议室,会议室有多媒体;没有电脑用他的,他的新电脑刚装好系统,还没用过;没有学生,借校内的职高班学生。秦老师不断鼓励、安慰我,我也努力让紧张的心情平静下来,利用大课间时间,降低要求,微调课件,将教学重点定格在"三美"上:情节美——构思巧妙,人物美——超越自我,主题美——深刻多元。力求让学生在美的涵泳中有所收获。同时,我调整心理预期,我知道即将面对的是一群最需呵护和鼓励的孩子。庆幸的是,一堂课非常顺利地完成了,秦老师非常满意。在评课交流的时候,与我同题异构的老师说,面对职高班的学生,她有心理障碍。我非常理解她的意思,但我也明白,教学的前提就是充分尊重学生,激活引导学生,在学习潜能上,职高班的孩子和普高班、重点班的孩子并无二致!以前看魏书生老师拿高年级的语文教材给低年级学生上课,常感到困惑,其间的真谛实际上就是孔老夫子的因材施教。当然,和魏老师相比,我们都显得"小儿科"了。

五、教学的起点是学生

2013年的秋天,市名师导师团安排我们几个一行,到沭阳如东中学开展教学研讨活动,我执教的是杨绛先生的《老王》。预设的教学目标是三个:一是引导学生了解老王是一个怎样的人,体会、学习底层人物的光芒;二是理解作者对老王感到愧怍的原因,了解作者的平民情怀;三是引导学生掌握抓文眼,通过问题追问,走进文本深处的阅读方法。拟用一节课完成目标。教学步骤预设为五步,核心是第四步,也就是以文末"那是一个幸运的人对一个不幸者的愧怍"这句话为课眼,设置问题群引导学生思考。问题群主要包括这样几个问题:老王的不幸表现在哪些地方?作者既然对"不幸"的老王感到愧怍,那老王身上肯定有闪光点让作者不能忘怀,老王最大的闪光点是什么?在交往过程中,老王表现出对"作者一家"的"善良","作者一家"对"老王"也"善良"吗?如果善良,表现在哪里?善良的作者为什么对善良的老王愧怍呢?从教学过程和学生的反应来看,课是成功的,何广余、曹津源两位德高望重的导师也给予了充分的肯定。私下里聊天时，何老笑吟吟地说："小戴啊，我觉得这堂课啊，还是老师问得多了些，学生还不曾有机会提出自己的问题。你有没有想过，语文教学的逻辑起点到底是什么？"一句话点醒梦中人！"预设"固然不可少，但"生成"千万不能缺，学生应该是课堂的主人！我默默记住了何老的话。2015年11月底，我有幸参加了在南京市雨花台中学举行的江苏省语文特级教师会课活动，我选取的教材是史铁生的散文《我的梦想》，教学的起点就是学生提出的三组问题，整节课就围绕着三组问题展开，效果很好，获得与会专家的高度评价。同年12月底，我到如东县掘港中学执教"如何应对小说阅读中的作用题"，一开始也是让学生提出自己的问题。何老的话已然烙在我心底！

当然，一路走来，我一路反思。曾几何时，我崇尚语文课堂的"从心所欲，不逾矩"。一段路之后，我叩问自己，要达到"从心所欲"，那"不逾矩"的"矩"是什么？自我感觉这样的追求缺少行动依据。语文教育有其自身的规律。课程标准明示我们，语文课程人文内涵丰富，语文课堂应该重视语文的熏陶感染作用，注重教学内容的价值取向，同时也应尊重学生的独特体验。语文既是"技能课程"，有很强的实践性；又是"心智课程"，重在体验性。语文课堂应着重培养学生的实践能力和感悟能力，让学生直接接触大量的语文材料。唯此，才能培养学生良好的语感和整体把握的能力。曾几何时，我崇尚素朴自然的课堂。追求"质而实绮，癯而实腴"的风格。可实践表明，这样的诉求更多倾向于课堂某种形态的呈现。"建构主义"学习观认为，学生是信息加工的主体、是意义的主动建构者，而不是外部刺激的被动接受者。知识是学习者在一定的情境即社会文化背景下，借助他人的帮助，利用必要的学习资料，通过意义建构的方式而获得的。因此，无论课堂的外在形式如何，其逻辑原点应该是学生的学，学生自主地学。科学地教，独特地悟，方能使学生精进不止。曾几何时，我还崇尚过语文课堂的文化寻根。慢慢的我发现，人文性是语文学科的重要特质，并不为语文学科所独有，因此语文的基本特点应该是工具性和人文性的统一。仅仅以文化为旨归，课堂容易出现"标签式的空洞"和"人文的水煮"。只有保持汉民族语言的精纯，才能"汉魂"不朽。

第二节　观察：语文课堂，想说爱你并不容易

体察当今的语文课堂，我感觉似乎有点儿"乱"。

近年来，许多力争有所为的语文老师，都在努力践行"反思""观察""建构"三个关键词。反思自己的教学，观察同伴的课堂，建构科学的主张，以求为同伴的专业成长、语文教学本身和区域的教育发展添砖加瓦。就当今的语文课堂而言，有时还真有"想说爱你却并不容易"之感，因为细细体察，至少存在以下四个不好的现象。

一、无矢

矢者，目标也。

教学有矢，实乃常识。教学目标的常识属性，集中体现在它的导向作用上，这个导向作用主要彰显三种功能。一是指向功能，即把人的心理活动调节到与教学目标有关的问题上，排除不利因素的干扰。二是激励功能，教学目标是依据教学规律、教材特点与学生的需求及可能性而设计的，一些通过克服困难可达到的目标，对个体学习行为均有激励作用。三是评价功能，教学目标设定之后，它便成了教学过程中的评价依据，依托这一依据做出的评价，又作为反馈因素，调节着所有教学活动的环节不偏离教学目标。由是观之，著名教育改革家魏书生老师，将"六步"教学法的第一步明晰为"定向"，是有其深刻道理的。

可这一常识，却常常被有些老师忘却。教学目标缺失的原因很多，最核心的原因应该包括宏观、中观、微观三个层面。

宏观层面，语文课程目标的漠视。修订之后的《普通高中语文课程标准（2017年版）》明确指出，中学语文课程目标是基于四方面的语文核心素养的十二大目标。语文核心素养主要包括四方面内容，"语言建构与运用""思维发展与提升""审美鉴赏与创造""文化传承与理解"，指向它们的十二大目标分别是：语言积累与建构、语言表达与交流、语言梳理与整合、增强形象思

维能力、发展逻辑思维、提升思维品质、增进对语言文字的审美体验、鉴赏文学作品、美的表达与创造、传承中华文化、理解多样文化、关注参与当代文化。当然,在备课时,无须像以往套用"三维目标"那样,对照十二个方面逐一设计教学目标,这不可能也不需要。但拟定的教学目标应该在这十二个大框架里面,否则,教学行为的指向就有可能偏离学生语文核心素养,课堂也成了无矢之课堂。

中观层面,流程设置理念的滞后。尽管随着时代的变迁,中学语文教学理论已经由当年的"中教法",历经"语文教育学",发展为"语文课程与教学论",但一些老师的教学流程设计理念,似乎还停留在数十年前。数十年前从苏联舶来的"红领巾教学法",在当今的语文课堂上依然有影子。"红领巾教学法"通常包括"题解,介绍作者、时代背景"——"范读,讲解生字生词、学生质疑问难"——"分析,结构分析、形象分析、重点难点分析"——"总结主题思想"——"研究写作特点"等五个程序。毋庸讳言,这种方法,当年在"使语文回到了语文本身而不是落在空洞的政治解读上"起到很大的作用,但现在看来,弊端很多,可依然有人在抱残守缺。

微观层面,基本教材观的缺失。胸中无矢的老师,往往将"用教材教"践行为"教教材"。"用教材教"彰显的是教材的例子功能,其指向是一个个活生生的学生,及其背后可能生成的语文素养。基于这种教材观的教学,期待的是由学一篇,能知一片,关注的是能力迁移和举一反三。而"教教材"更多体现的是传授当下教材的知识、技法等,教材里展现了什么,就一股脑儿教给学生。这种教材观的长期施行,易造成孩子们"只见树木,不见森林"的思维习惯,不利于学生的长远发展。

通常,教学目标的拟定有这样几个参照要素:语文课程特点、教材价值、教师个性和学生需求。当然,学生需求尤为重要,而实践中更多的是综合考量几个要素。总之,因课程、因文、因人预设目标是一个正确的方向。

教学设计理论告诉我们,之所以必须拟准教学目标,很重要的一个原因,就是目标具有凸显的导向作用,这个导向作用主要彰显在三种功能上:第一,指向功能。即把人的心理活动调节到与教学目标有关的问题上,排除不利因素的干扰。第二,激励功能。教学目标是依据教学规律、考虑教师特点与学生的需求及可能性而设计的。实践表明，一切通过克服困难可能达到的目标，对个体学习行为均有激励作用。第三，评价功能。教学目标设定之后，它便成了操作过程中的评价尺度。这种评价结果又作为反馈因素，调节着所有教学活动的要素，不偏离教学目标。对于这一原理，每个语文老师不能不牢记。

二、无理

无理也就是课堂设计缺乏思想的浸润。

课堂需要理性光辉的照耀，人文性特征凸显的语文课堂更是如此，但做到这一点很不容易。

有一位老师执教苏轼的《石钟山记》，他追求的教学目标是三个：①理解并积累文中的词类活用、特殊句式等文言知识；②品味文章的写作特色以及文间蕴含的道理；③培养学生自主、合作学习的习惯，为他们文言文阅读能力的逐步形成奠基。为了实现目标，他是这样安排教学的。

首先，开门见山揭示课题。然后，引导学生"读一读"，这个环节包括三个层次：①教师明确朗读要求，学生自读，教师巡视解疑；②学生提问朗读疑难点，学生和老师共同释疑；③指名朗读，教师随机指点，然后集体朗读。其次，引导学生"译一译"，也包含三个层次：①学生自译，教师巡视解疑；②学生口头翻译一遍，结束后，互相讨论难点；③学生和教师共同答疑。再次，引导学生"品一品"，同样包括三个内容：①品文章思路，该文的思路是"提出疑问（质疑）—考察解疑（解疑）—感悟评疑（评疑）"；②品写作技巧，以一个问题"文章所描写景物呈现的内在的层次怎样"切入，师生讨论明确：有静有动、有低有高、有形有声、有近有远；在学生用原句回答的时候，老师随机指点重要的文言知识；③品人生道理，事不目见耳闻，不可臆断其有无。最后，引导学生"练一练"，通过这个环节对文言知识进行梳理、深化和积累，并进一步拓宽学生的阅读面。

整堂课主体分四层："读一读""译一译""品一品""练一练"，应该说，这节课目标明晰，脉络清楚，语言精练，预设达成，是一节完整的课。但是为什么这样上?四个层次之间有怎样的逻辑联系,并不明朗。只能说这是一节目标明确、结构完整、素朴自然的语文课,要说表现了怎样的设计思想,还达不到。

而大方之家上课就不一样,江苏省语文特级教师曹勇军先生,执教杨绛先生的《老王》,给大家做了一个很好的示范,课堂清新自然,是在教师的思想浸润下设计、展开、完成的。

师:很高兴和高一(12)班的同学一起学习杨绛的《老王》。曹老师有个问题想考考大家,杨绛的先生是谁啊?

生(齐):钱锺书。

师:很好!钱先生和杨先生的女儿叫什么?

生:钱瑗。

师:很好!有一次啊,钱瑗就跟钱锺书先生说,爸爸的文章和妈妈的文章不一样。爸爸的文章像咖啡加烈酒,很浓烈,很刺激,但是呢,喝过就过了。妈妈的文章则不然。妈妈的文章像清茶,一道一道加水,喝到后面越喝越有味儿。这节课我们就好好品一品杨氏散文特有的味儿。可是曹老师现在有一个困惑,大家还有印象吧?《老王》这篇课文,我们初中学过的。什么时间学过的?

生(纷纷):初二吧。

师:大家想过一个问题没有?一篇初中已经学过的文章,现在重新来学习它,作为一位高中生,恐怕要对自己提出更高的目标和要求。我们可以从课文中学习哪些东西呢?这样吧,同桌同学讨论一下。

(学生讨论中。)

师:我请同学说一说。你们两位,哪位先说?

生:我们要深入挖掘,就是老王作为一个底层人,他为什么还坚持着他纯洁、善良的品质。

师:哦,感受社会底层劳动者的人格光辉、人性美好。

生:我觉得可以从历史背景来分析,老王这个人为什么和当时社会上其他狭隘的人,会有这样的反差。

师:跟刚才同学讲的差不多,但是进一步强调了,为什么会有这样一种品格,要联系时代对比来看。

生:我觉得我们要学习杨绛她这篇文章的写作手法。

师:这篇文章的写作手法,初中没有学过吗?作为高中生,我们要提出新要求,你能不能再想一想,同样是学习课文写作手法,咱们应该怎么学习,就比初中往前跨了一步?

生:还要体会,看它的语言特色,透露出来的一些情感。

师:嗯,其实这些东西啊,初中学习时老师或多或少都已经涉及了,现在我们可以从两个方面来进一步学习。第一,我们自己学,这就体现了我们跟以往不一样啊,以往完全是老师教的啊。第二,咱们不限于《老王》这一篇课文,咱们拓展开去,多读一点杨绛的散文,由一篇到一类杨绛的文章,对杨氏散文我们有所了解,这也体现了我们的发展,是吧?好,刚才和同学们一起讨论,已经确定了两个目标,还有没有要补充的?

生:我觉得可以通过这篇文章更好地了解到杨绛在"文化大革命"时候的遭遇,那些人对她一些好的看法。

师:你刚才没有太注意前面同学的说法,就是通过特定的时代背景和社会环境,来体会老王的品质的可贵。你和他的说法,有相似的地方。我觉得,还有一点可以探讨一下。"文革"过去以后,杨绛这么多年还念念不忘,还写了《老王》这篇文章,她为什么要写《老王》这篇文章?咱们做一个探讨,加深对这篇课文的理解。

下面我们就按照大家设定的学习目标,重读《老王》。先请大家拿出课前发给大家的杨绛的《丙午丁未年纪事》。

文章很长,我们探讨几个问题。问题之一,先问大家一个简单的,"丙午年""丁未年",分别是哪一年啊?

生(纷纷):1966年,还有1967年。

师:对,"文化大革命"就是从那时候开始的。在那个特定的历史时期,当时社会环境是怎样的?文章里面有很多这方面的描写,我请同学把它稍加归纳,给大家介绍一下。

生:可以从文章中列的小标题来分析。第一个小标题是"风狂雨骤",1966年8月9日,是"文革"刚开始的时间,那个时候呢,进行各种各样的批斗啊,她其中提到了她丈夫被剃了一个十字头,自己也受到侮辱。可以看出,当时社会是黑暗的、混乱的。

师:"混乱",这个词很好。继续。

生:到后面呢,"颠倒过来"写出那种是非不明、黑白颠倒的这么一种……一种社会现状,一种现象。到后面,"四个骑士和一个妖精",在这一部分中她讲到了翻译《堂吉诃德》这个事情。《堂吉诃德》是用一种讽刺的手法来描写当时欧洲的社会的,这篇文章也讽刺了当时社会各种各样的荒谬现象,中间还有"精彩的表演"以及"帘子和炉子",还有"披着狼皮的羊",这些标题都具有一种象征意义或者讽刺意义。我想讲一下最后一部分"乌云的金边",最后一句说"每一朵乌云都有一道银边",表现出混乱过后终于看到曙光,是充满希冀的一种期盼。

师:讲得很好,概括很完整。大家看,他既有概括,还提到文章里面的一些具体的细节,把它放进来,佐证自己的概括。

生:可以从人物的语言看出当时的社会环境。在第一部分写了一位"极左大娘"在大院里大声恫吓,天已经很晚了,这个人还在那里威胁警告"牛鬼蛇神",表明当时真是挺混乱的。

师:不仅混乱,而且看出当时的社会人与人之间关系的扭曲,是吧?被扭曲了,变得很疯狂。"极左大娘"那几句话,很有味道。现在看来,好像很荒谬,很可笑,放在那个特定的历史时期,就是那样子的,让人一点也笑不出来。

生:文章里还写道,有一位姑娘用鞭子抽杨绛,杨绛说你爸爸也是我们一样的人,但是那位姑娘说他和你们不一样,因为她爸爸投靠了有权的人。说明当时人与人的关系被扭曲了。

师:用什么做的鞭子?

生(纷纷):杨柳条。

师:用杨柳做成的鞭子抽杨绛,抽这些知识分子,很积极地参与批斗"牛鬼蛇神"。

生:还有比较善良的人,去帮助那些当时被批斗的知识分子,体现出来那种底层人民的善良淳厚的本性。

师:请注意他是"披着狼皮的羊",本性是善良,但是呢,他披着狼皮,也参与了批斗,给这些知识分子戴高帽子,羞辱这些知识分子,只不过做的呢,还有分寸。在一些关键时候,对杨绛这样的老知识分子,还有一些同情,暗暗地帮助她。

可以看出,在"文革"这个特定的历史时期,当时的知识分子和干部都成了牛鬼蛇神,成了黑帮,他们被打倒,被揪出来,被抄家,被剃阴阳头,被挂牌子,被戴高帽子,被示众批斗。群众变得很疯狂,人心变得很扭曲。我这里可以再补充一个细节。当时作者头被剃过以后,做了一个假发,她上公交车,怎么样?马上就有人发现,叫喊着把她拽出来。整个社会环境中充满了敌意。在这样的环境中,尊严被践踏,知识分子不仅受到肉体上的折磨,而且受到精神上巨大的摧残。但是这么多年过去以后,作者对这个特定的历史时期,有她独到的感悟。刚才有同学已经提到文章最后一部分"乌云的金边",下面,我们全班来齐读这个部分。

(全班齐读。)

师:想一想:这里"乌云的银边或者金边",指的是什么?

生:乌云的银边或者金边指的是在"文化大革命"中,人与人之间就是因为同情,而产生的友情,就是人与人之间的温暖、关照、关爱。

师:在"文革"时候,在那样一种互相欺诈、你死我活的特殊的环境中,人与人之间的同情,关爱。有没有补充的?

生:我觉得就是不管在多么混乱的时代,人们会有善良的本性,会对人同情、友善,虽然说稀少,但很耀眼。

师:补充得好!大家可以好好地琢磨一下。在那样的一种是非不分、黑白颠倒的特殊环境中,很多人卷入了这场荒谬的运动,可是慢慢地他们也开始觉悟了,即使是身不由己,可是内心的善良并没有完全的泯灭。这些东西虽然稀少,但是非常耀眼。比如在"颠倒过来"那部分里面讲到小刘,有个非常有意思的细节——作者杨绛后来从干校回来,有一次在路上碰到小刘,小刘没跟杨绛打招呼或说话,为什么不说话?大家体会一下,可能有很多很多的想法。其中有一点就是对从前荒谬举止的愧疚。

读完杨绛的《丙午丁未年纪事》,我们了解了那个时代,曹老师要问的是:丙午丁未年,老王在干什么?

生：丙午丁未年的时候，因为老王"脑袋慢""没绕过来""晚了一步"，他只好一个人单干……（生笑）

师：单干是在丙午丁未年的事吗？没有参加进组织，他只好单干，那是什么时间啊？

生（有人）：新中国刚成立，50年代。

生：就是那个时候载客三轮被取消了，然后老王只好把他载客三轮改为平板的运货的三轮……（生笑）

师：那是什么时候？

生（有人）：干校回来后。

师：对！下放干校是1969年到1972年。丙午丁未年，当人们都在发了疯一样参加"文化大革命"的时候，老王在干吗？

生：杨绛丈夫默存不知怎么的一条腿走不得路了，老王就送钱先生去看病，帮忙把默存扶下车。

师：仅仅去送钱先生看病吗？还有一个很重要的细节，就是——

生：就是最后哑着嗓子问，你还有钱吗？

师：为什么会这样问？

生：要钱呢，是为生活所迫的，但又不敢和这个"牛鬼蛇神"多打交道。

师：不敢多打交道？你看《丙午丁未年纪事》里讲得清清楚楚，读的时候还没有留心啊。像杨绛这样的老知识分子，在"文化大革命"中，工资都停发了……

生：是关心钱先生。

师：对！老王在"文革"的时候，一如既往地帮助杨先生，帮助钱先生，充满了真诚和善意。课本把《老王》放到"底层的光芒"这个板块中。我们来探讨一个问题：你觉得，老王身上闪耀的人格光芒的可贵细节有哪些？咱们初二读了以后，直到今天还是念念不忘的细节，有哪些？

生：老给杨绛家送冰，送的比之前的要大一倍，冰价还是一样的。老王送钱先生去医院，很关心他们。

生：他把鸡蛋和香油送给作者。

生（摇头）：没有了……

师：细节是有生命力的，每个人阅读后，都会对一些细节有自己的感悟。曹老师讲一讲自己读这篇文章，至今难以忘怀的一个细节，就是文章中的四个"直"字。请大家翻到课本第五十页。

当老王最后一次来到杨先生的家里，作者打开门一看，"老王直僵僵地镶嵌在门框里"。什么叫"直僵僵"地"镶嵌"在那里？她给老王打招呼，老王你好些了吗？老王"嗯"了一声，"直着脚"往里走。什么叫"直着脚"往里面走？再往下面，我问老王，这些大鸡蛋，都给我们吃？老王说，我不吃。我赶快转身，老王说，我不是要钱。我说，我知道，我知道——不过你既然来了，就免得托人捎。于是他站在那，一手拿着布，一手攥着钱。请注意啊，"滞笨"地转过身。赶快开门，开过门，站在楼梯口，看他"直着脚"一步一步下楼去，作者说当时我害怕得糊涂了。那"直僵僵"的身体好像不能坐，稍一弯曲就会散成了一堆骨头。想想"直僵僵"，"直着脚"往前走，"直着脚"下楼梯，那是一种什么样的状态？我请同学展开想象来说一说，体会人物当时的心情。

（学生议论纷纷。）

生：就是他走一步，全身都动一下，要动全身一起动……

师：说明什么？

生（纷纷）：说明他僵硬。

师：僵硬说明什么？

生（齐）：身体很虚弱。

师：病重啊，好不容易走到楼上以后，最后简直是没有一点力气了，就靠在那儿，直僵僵地镶嵌在门框里，腿不能弯曲，强撑着身子往前走，把香油鸡蛋送过来，最后下去的时候呢，拿着钱很笨重地转过身，直着身子，一步，一步，下楼去了……很多年以后，在我脑海里面始终有这样一幅肖像，挥之不去。我猜想，这也是杨绛先生自己最难忘的，永远定格在她记忆的深处，最后写成了这篇文章。老王有很多美好的品质，这些美好的品质中，什么是最核心的？

生：他的善良。不管是什么人，他和被批斗的人很平等，很愿意交往，很愿意帮助他们的这种感觉，就是很诚实，很老实的那种……

师:讲善良,我不反对。但是我要问的是,老王的品格那么震撼我们,仅仅是善良吗?或者说这个善良是被什么东西衬托的,最后才如此地震撼我们,永远地定格在我们的记忆深处?

生:我觉得老王他就是对任何人都是一视同仁的,也就是说——

师:你为什么不联系"丙午丁未年"的时代环境,以及人们的普遍的表现,由此去体会老王那种品质的无价和高贵?

生:我觉得应该是维护一种人性尊严。

师:老王是在维护一种人性的尊严?我觉得你讲的这个东西和初二学生没有区别,都是套话。你现在作为一名高一的学生,对这个问题的认识要向前跨一步。你已经踮起脚来了,可是还没有迈出去。

生:老王他自身非常不幸,然后在丙午丁未年,那个人人都疯狂的时期,他大可有机会去把自己的不幸发泄出来,但是他没有这么做,相反,他更加努力去照顾其他人。我觉得这点是非常可贵的。

师:你们想想,丙午丁未年的时候,那些人为什么能够拿柳条鞭子抽杨绛啊,为什么一些人能够给她剃阴阳头?为什么动不动就把别人揪出来,就向别人施虐?我们来看老王,老王是当家做主的劳动人民,工人阶级啊,有这样的一种政治资本的人,在那个时候,那很得势的啊。是可以玩这些知识分子于股掌之上的,可以借这个机会"翻身解放",宣泄一下自己的不满,显示一下自己的政治地位,获取利益的。老王有吗?没有。老王仍然像从前那样坚持自己做人的准则,认认真真地做人,清清白白地做人。我们说,老王善良,老王淳朴,这都对。可是老王最可贵的东西是,在那样的一个特定的、疯狂的、荒谬的年代,他坚持做人的本色。你看那个时代,有的是"披着羊皮的狼",有的是"披着狼皮的羊",可老王就是老王!威武不能屈,贫贱不能移,富贵不能淫。所以这么多年来,杨先生仍然难忘,就觉得和他相比啊,自己有一种特别想倾诉的感情。来,我们齐读课文最后一节。

师:那是一个幸运的人对一个不幸者的愧怍。谁是"幸运的人"?(生:杨绛。)"不幸者"呢?(生:老王。)在《丙午丁未年间纪事》里面,作者被人批斗成那个样子,最后气得杨先生没办法,拿着锣咚咚咚使劲地敲,大喊我就是牛鬼蛇神。人被逼得快疯掉了。在那样的环境中,作者杨绛说"我问心无愧"!

可是面对老王,她有一种愧怍之情。作者为什么愧怍?(学生小声议论)

生:作者自己给老王钱,拿钱去表示感谢,事后觉得是侮辱了老王,觉得愧怍。

生:作为一名底层劳动者,他一生可能并没有享受过什么,但是他却有着这样美好的性格,这样的对比使得作者感觉对他的一种愧疚。

师:作者和他进行对比,自己突然产生一种愧疚之情。你讲的"对比"这个意思很好。我们沿着这个方向继续探讨。

生:在那个年月,杨绛受到不公平的待遇,但是那个老王,他作为底层人,也是非常不幸的,但是他仍然对杨绛很好,杨绛觉得他对自己很好,自己也应该对他很好,觉得自己对老王做的还不够。

师:在贫病交迫之中,老王不嫌弃自己,不怕受到牵连,在别人都疯了的时候,仍然来帮助自己,而自己却没有能够更好地去帮助他。一对比,有一种愧疚之情。好,我们往前又跨了一步。

生:我觉得是对他人的精神拯救吧。

师:对他人的精神拯救?

生:就是老王甚至比自己做得还要好,关心着自己,自己没有尽到本应尽到的职责……

师:和老王相比,自己没有像老王那样帮助人,关心人,甚至没有他那样的精神高度,是这个意思吧?一对比,有一种愧疚之感,愧疚之情。很好。

生:作者和老王相比,作者所处的环境和生活条件都比老王要好一些,但是作者没有像老王那样对待周围的人,自己没有老王那么高尚,觉得愧疚。

生:大家都提到了,老王出身于社会底层。第二节有一个细节,介绍他的家庭。他自己首先是"脑袋慢""没绕过来""晚了一步",就"进不去了"。然后自己是单干户,他常有失群落伍的惶恐。家里呢,哥哥也死了,侄儿也没出息,显然没什么亲人。作为社会的底层人物,他可能会受到一种歧视吧。对于杨绛本人来说,即使"文化大革命"再怎样,对她来讲,那种歧视,那种迫害,可以说是一种暂时性的。但是对于老王来说,不论是生活上的窘迫,还是精神上的压抑,都是永久性的。即使在这样一种重压的情况下,他还能保持着本性不变。无论在什么时候,都一如既往维持自己人性的本色,我觉得这一点是最可贵的,这样一比较,作者产生一种愧怍。

师:12班的同学真是不简单。大家的思考像一名高一学生,甚至已经超过高一学生水平了。老王和杨绛处于两个阶层。我们看文章的第一句话,"我常坐老王的三轮。他蹬,我坐,一路上我们说着闲话"。这句话,可能不少同学一眼就晃过去了。"他蹬,我坐"那是一个苦役啊,在那里蹬车,这边呢,一名高级的知识分子坐在车上,虽然,她是那么富有同情心。这是两个阶层的人。现在回到头来,作者觉得自己一直是高高在上的,俯视着对方。可是对方在那个特定时代的一举一动,自己甚至都做不到。她反思,她自责,她觉得愧怍。

现在,我们来回答一个问题,作者为什么要写《老王》这篇文章?可能很多同学已经感觉到,很多思考在撞击着自己。面对这难忘的一幕,作者觉得有一种愧疚和自责,她想通过书写来倾诉,来救赎。作者要捍卫自己的记忆,呼唤善良的品质。所以就有了这样一篇动人的《老王》。

下面我们来分析一下这篇文章写作特色,虽然我也不认为有什么特别的地方。但是我们现在要做一件初中没做过的事,根据我们对课文写作特点的认识,在《丙午丁未年纪事》中找一个片段,加以赏析,这样让我们对杨氏散文有更深入的认识和把握。四位同学一组,互相交流,待一会儿,我请几位同学在全班交流。

(学生分组讨论。)

师:来,这位同学来说一说。先说一说对《老王》写作方法的认识,再从《丙午丁未年纪事》选一个片段,对它做一个赏析,说说对杨绛散文的认识。

生:我觉得吧,《老王》这篇课文,在写作上用了很多语言描写和动作描写,感情非常细腻。我选的是《丙午丁未年纪事》第五页的一段故事。讲的是杨绛给一个小女孩用剩余的煤渣子做巧克力糖。后来这个小女孩知道杨绛是扫厕所的时候,再也不肯理她,也不接受她的帮助。我觉得呢,这段故事描写的杨绛她仍有一颗童心。虽然在"文革"中被批斗,但是她却能依然坚持自己的内心,还有精神上的纯洁,同时也体现了那个年代人们的无知,连一个小孩子知道杨绛是扫厕所的就再也不理她了,表现出了作者对当时社会的无奈。

师：很好。作者对当时社会的无奈。她由这些动作和语言描写，解读出这些动作语言背后深层次的意蕴。理解很到位。

生：我找的是第八页上的一个片段，就是杨绛重新加入群众队伍之后，想要要回她的《堂吉诃德》译稿。三次向工人师傅请求，他们嘴里答应，最后还是置之不理。后来"秘书长当了我们组的学习组长，晚上学习的时候，递给他一个条子，第二天早上他就把那个稿子还给我了"。这前面的工人师傅与秘书长的一个行为的对比，表现了当时杨绛，当时的人们……

师：表现什么？

生：当时人们已经开始觉醒了。

师：是"觉醒"了吗？应该是慢慢开始有所悔悟，"觉醒"这个词还重一些。有所悔悟，能帮忙，闭上眼睛就帮一帮。通过对比写出人物当时的思想精神和状况。

生：我找的这段在第十页。这一部分整个讲的是帘子和炉子。帘子是他们用来遮挡外面监视的视线的；炉子呢，是他们用来取暖的。我觉得这个帘子遮挡了监视的视线，这个视线有一种苦涩和心酸的意味。但是炉子一直都是熊熊燃烧着，让人觉着很温暖。他们就在这个小房间里头，平常聊聊天，分享一下彼此精神上的一些东西，给人一种温暖的感觉。

师：抓住了两个象征物，一个是帘子，一个是炉子，分别从象征意蕴的角度去品读文章，最后对杨绛散文有个新的认识。

生：我找的是第五页最下面那一段。在"文革"混乱的时候，作者被批斗，被拉去扫厕所，很多人还是会来悄悄地慰问她，关心她。前面写她被批斗，包括之前提到的小孩也不搭理她了，而这里写人们的同情和安慰，与前面形成一个很鲜明的对比。在整篇文章里，我觉得这一段可能有一个作用，就是表现出人那种很善良的本性吧。

师：这里还有好几个细节，分析的时候，还应该抓住这几个细节。你看这几句话，"你看行吗？""顶得住吗？"，有人知道杨绛戴假发，会凑近细看说："不知道的就看不出来。"你仔细体会一下，都是对作者一种善意的关心。还有一位并不熟悉的年轻人对作者做了一个富有同情的鬼脸，"我和他相视而笑"。大家看这个细节，大可玩味。可以看出人们在那样的一种重压下，仍然悄悄地关心和同情作者,所以最后作者说,我忘不了那个同情的鬼脸。

杨绛的文章,一如《老王》一样,就是善于通过动作、语言、肖像、细节和环境,三言两语把人物写活了,而且由点及面,一个小片段,就写出了整个大时代,一种时代的特有的气氛出来了。我有的时候想,《老王》这样的文章,像一幅山水小品,而《丙午丁未年间纪事》这种长文章,就像《清明上河图》一样,是一个长卷。这个长卷里面的任何一个小部分,截取出来,你都会发现人物是栩栩如生的。杨绛的散文,选取生活中的小事,叙述简洁从容,语言朴素无华,很多议论能不发则不发,而是通过人物自身的言行、神态,让人物自己说话,来表现自己的内心世界。她的散文绵里藏针,表面上看朴实,平淡,但实际上就像她女儿说的那样,像一杯清茶,越泡越有味,越读越有味。曹老师给大家准备了一篇文章,叫《林奶奶》。老王是车夫,林奶奶是她家的佣人。这又是一篇杨绛和底层人的对话。课后,请大家阅读这篇文章。

曹老师在《我为什么这样教〈老王〉》中写道:针对学生的发展需要,在反复研读思考的过程中,我初步确立了本课的教学目标。一是拓展阅读,感受底层人物的人格光辉、人性美好;二是品读辨析,探究本文的写作手法和目的;三是自主赏析,初步体会杨氏散文的写作特色。具体教学过程,我采用先"出乎其外",再"入乎其内",最后又"出乎其外"的办法,即先让学生课前阅读杨绛的《丙午丁未年纪事》,在课堂上交流阅读体会,让学生了解"文革"的时代背景和环境,理解当时人们的生存状态,为进入课文感受人物形象和品格打下基础。接着切入课文《老王》,抓住关键细节和文末的议论句,在细节的品味中感受老王的人格,在关键句的推敲中辨析作者的感情和思考,探究课文的写作动机和目的。最后让学生依据对课文写作方法的理解,在《丙午丁未年纪事》中选择一个片段加以自主赏析,比较归纳,构建阅读策略,体会一点杨绛散文的特色。这样引进一篇新文章,使阅读具有宏观的背景,与老课文组合成一个全新的文本,在这个全新文本的参照下,老课文被激活,获得丰富的文本含义。用新眼光读老课文,老课文成了新课文。这样既拓展了阅读视野,克服了阅读中的厌倦感,又体现了高一学习新的发展目标,从而使课文生成深邃多样的课程意义。

不难看出,曹老师的课,是一节充满设计理念的课,令人回味。

三、无旨

无旨，即没有学科宗旨与追求，失去语文课堂"本真"。

一位老师在文章中焦虑地写道：当前，语文课堂可以说是"热闹纷繁"，观摩课、竞赛课、公开课此起彼伏，声、光、电让人应接不暇，歌声、笑声、掌声不绝于耳，表演、绘画、音乐、舞蹈精彩纷呈，一番"热闹"过后，给人的感觉是"虚、闹、杂、碎""华而不实"。[①]细细揣摩，这位老师的担忧至少告诉我们这样几层意思。第一，当前语文课堂误将"热闹"当作"活"，并有将之作为语文课堂价值取向的趋势。"活"是语文课堂美点之一，但不是唯一，而且"活"必须指向真思维、真探究、真对话，否则就是虚、闹，华而不实，繁华的背后，学生并无所得。第二，当前语文课堂的功利色彩太浓，用李宗盛的话说就是"道义放两旁，利字在中间"。通常的，观摩课、竞赛课、公开课是用来推广教学经验，供老师们学习、借鉴、研讨，并以之推动教师专业成长的，现在却成了少部分人获取利益的平台，以致许多这类课的质量不高，备受学界诟病，影响了语文老师、语文课堂的形象。第三，语文课堂教学工具、教学方法的选用，有跟风或一面倒现象，声光电的背景下是传统语文教学工艺的失落。运用"因声求气、明象悟道、涵泳体悟、比照参读"等语文方法教语文，是汉语最初的规律要求，如今却被人们有意或无意忽视了。第四，语文课堂的终极追求到底指向哪里，方向不明，而且存在内容上泛化、本质上淡化的倾向。随着新一轮课改的展开、推进、深化，工具性与人文性的统一，作为语文学科的特点，渐渐为广大老师熟悉、认同，但关于工具性、人文性的争议也一直存在。毋庸置疑，人文性是语文学科的重要特点，但它不是语文学科所独有，学校开设的各类课程都是人类文明的结晶，因此人文性不属于语文学科的本质属性，语文学科的本质属性还应该是工具性。从这点可知，语文课堂的核心就是培养学生正确理解和使用语言文字。如果将语文课堂演绎成"表演、绘画、音乐、舞蹈"课，是有悖于语文学科本质属性的。

---

① 余国江.本真语文：叶圣陶语文教育思想的核心内涵[J].课程·教材·教法；2014,11。

四、无境

境,即境界;无境,即课堂缺乏艺术性。

郁达夫先生在其散文名篇《江南的冬景》中有这样一段描述:"我们总该还记得唐朝那位诗人做的'暮雨潇潇江上村'的一首绝句罢?诗人到此,连对绿林豪客都客气起来了。"唐朝那位诗人是谁,那个夜晚究竟发生了怎样的故事,都不重要,重要的是什么让诗人"胸襟洒脱""对绿林豪客都客气起来",以至于"得失俱亡,死生不问了"。作者在清丽的文字中透露了"机密",无他,"境界"而已,也就是江南农村冬天,白雨飘飘、人景和融的"悠然"!足见"境界"的魅力,以及它对于人生存状态的意义。那么,我们能否让孩子们也生活在"课堂的境界"中?当然可以,但理想很丰满,现实却骨感。高考结束,如果你询问学生,高中语文课堂留给你最深的印象是什么,肯定有相当一部分学生说"答题技巧"。过了两三年你再问,估计学生只能摇摇头、耸耸肩了。如今的语文课堂有没有变化,肯定有,但如何变的?教师角色从先前的"真主角"到现今的"假导演",教学理念从先前的"实专制"到现今的"伪民主",教学对话从先前的"一言堂"到现今的"满堂问",教学情态从先前的"死沉沉"到现今的"闹哄哄",不一而足。

境界说理论告诉我们,境界生成主要包括两个要素,一是景,一是情。当景情共生、有机融合时,境界油然而生。语文课堂的"景"指什么?比自然之景的内涵要广得多,它既指教室内课桌摆放、灯光照明、教学设施等物理环境,也指教室内用以激励、怡情的人文环境,还指师生教与学过程中产生的实时景态。"情",则主要指师生在课堂交往中的情感态度。当上述"景、情"互动创生,形成独特的课堂生态,而这一生态又巧妙地指向语文教学本真时,境界亦油然而生。生活在境界中的师生,一定是愉悦、轻松的。

试举一个有境界的课例予以阐述,是江苏省语文特级教师李仁甫先生执教的《金岳霖先生》。

师:就这篇课文来讲,专题名"慢慢走,欣赏啊"提示了我们阅读的方式是"慢慢读,欣赏啊"。课前读过一遍的同学请举手。(无人举手。)读两遍的?

没有。读三遍的？一个也没有。读四遍的？(大部分学生举手。)读五遍的？(一部分举手。)读六遍的？(几名学生举手。)好的，大家把手放下来。说明大部分同学读了四五遍。那么在读的过程中，大家一定会有自己的感受。下面，我给大家两分钟的时间，再把课前读的捋一捋，待会儿我们来交流，看看自己读了课文之后最欣赏的是什么，又在哪里有问题。(教师巡视，学生看书。)时间到，请举手发言。

生：我想问一下，金岳霖先生是一个什么样的人？我找出了文章当中的一个观点，权当抛砖引玉，请其他同学指正。(众生笑。)"金先生的样子有点怪"，这个"怪"在文章的第2段有体现。上课时"他的呢帽的前檐压得比较低，脑袋总是微微的仰着"，然后他的眼镜"一只镜片是白的，一只是黑的"，还有"除了体育教员，教授里穿夹克的，好像只有金先生一个人"，另外"走起路来有点深一脚浅一脚"，这些都是金先生"怪"的体现。所以我想问，有没有其他同学找出他的其他特点，希望有同学可以补充。

生：他很尊重学生。他之所以带呢帽，是因为他身体不太好，但是他为了表示自己对学生的尊重，每学期开学的时候，他都会特地向学生说明。

生：我的问题在第9小节，金岳霖先生"把右手伸进后脖颈"。

师：停一下，"脖颈"不是 bó jǐng，是 bó gěng。这是多音字，大家拿笔记一下。请继续。

生："捉出了一个跳蚤。"这里，"捉跳蚤"和"讲哲学"是什么关系？还有，我觉得金先生的特点可以总的概括为第1段的一个词——"有趣"，文章从许多方面分述了金先生的这个特点，比如第2段写的是金先生外貌的"怪"，这也是有趣的一部分。至于其他有趣的地方，我觉得可以等待同学们来讨论。

师：就是他的有趣除了"怪"，还有哪些是有趣的？

生：还有第11段。

师：你真会读书，一口气可以提出这么多问题，请继续。

生：第11段中说金先生交朋友是"君子之交淡如水"，然后作者举例说林徽因死后，金先生依然记得为她庆生，由此更能体现出金先生的"君子之交"式的待友之道。

师：那你知不知道，他为什么要在林徽因生日那天请客？

生：这个，不知道。

师：嗯，你只知道前面是"君子之交淡如水"，是不是？

生：是的，但是这也可以反映出金岳霖先生是真正将林徽因看作自己的朋友，所以才惦记着她的生日的。

师：有谁知道金岳霖先生和林徽因女士之间关系的？知道的可以补充。

生：我不能说是很了解吧，只能说是知道一个大概。金先生对林徽因女士并不仅仅只有朋友的感情。实际上，金先生是喜欢林徽因女士的。

师：那是偷偷地喜欢的吗？林徽因知道不知道？

生：大概知道吧。

师：那么这里老师来补充一下。林徽因是民国年间的美女，当年追慕她的人比较多，除了金岳霖先生，还有谁？

生：徐志摩。当年徐志摩对林徽因有着一种源自心底的崇敬与喜爱，可是因为林徽因是梁思成明媒正娶的。（众笑。）就是只有梁思成和林徽因才是顺理成章的、合情合理的爱情、婚姻关系，所以徐志摩对林徽因的爱是不能表露的。

师：你的知识面非常丰富，特别是对徐志摩有所了解，请坐。（面向前一位发言的学生。）刚才你说金岳霖和林徽因之间不只是朋友的关系，那实际上，是有一种情人关系。

生：我知道一点，说是梁思成先生在知道了金岳霖先生对林徽因有意后，曾提出主动退出，后来金岳霖先生过意不去，主动放弃。

师：主动放弃，那么有没有放弃感情？

生：没有。

师：没有。林徽因死后，金先生还在她生日的时候宴请客人，由此可看出金先生什么特点？

生：重情重义。

师：重情重义，有情有义，好，请坐。下面我们继续交流。

生：我想回答一下刚才前面同学的问题——"捉跳蚤"和"讲哲学"有什么关系？我想说，这二者之间并不是为了表现什么金先生在学术上的造诣。

文中说"大家以为金先生一定会讲出一番道理。不料金先生讲了半天,结论却是:小说和哲学没有关系"。这里表现出金先生是一位在学术上比较严谨的人,同时也表现出他的个性中童真童趣的一方面。现在有些学者如果拿到一个演讲或是上课题目,比如"小说与哲学",就算二者之间没有关系,他也会硬生生地讲出些关系,但是金先生却是有什么说什么,所以他是一个具有童趣的人。然后下面说他对于自己能捉出跳蚤这件事表示得意,也表现出了他的童趣。

生:对于他的发言我是有些不认可的。因为金先生认为小说与哲学没有关系,纯粹是见仁见智而已,并不能说他是位治学严谨的人。"哲学"和"捉跳蚤"之间有什么关系?我想这中间没有什么必然的关系,这只是通过捉跳蚤这件事来说明金先生是一位风趣幽默的人。这件事可以是讲哲学时发生的事情,也可以是座谈会的时候发生的事情,没有必然的联系。

师:能不能用一两句话来概括一下你的观点?慢慢讲。

生:首先,我只是在表达不同意见……

师:用一句话来概括一下。

生:第一,"小说和哲学没有关系"并不能反映出金先生治学严谨。第二,"哲学"和"捉跳蚤"这两件事之间从发生关系上讲没有必然的联系,只是因为恰好发生在了一起所以被写在了一起。

师:嗯,你认为它们没有联系。

生:我想提一个问题。第2段有一句"金先生的样子有点怪"总领了全段,然后从金先生的穿着、外貌来进一步刻画他的怪,并将他与联大的其他教授相比较,有闻一多、朱自清。但在这一段中,作者还写了在联大的一次聚会上闻一多大骂蒋介石"王八蛋!混蛋!",那么作者为什么要写这一部分?这与表现金先生的"怪"有何关联?

师:好,有没有谁能解答一下?

生:我想反驳一下前面同学的话。我觉得这里写跳蚤和哲学是有关系的。在许多人看来,哲学是枯燥无味的,而金先生讲哲学时竟然还能扯到跳蚤,就表现出金先生是一位有童真童趣的人。因为他不会因为教哲学而故作高深,他依然保持着他的童真童趣。

师:是的,哲学一般都是很枯燥的,尤其是什么啊?

众:逻辑学。

师:逻辑枯燥,但枯燥的学问却能被他讲得很有趣,这就表现出金先生的"趣"。既然大家刚刚都在关注"跳蚤"这件事,不如我们就一起来欣赏这个"跳蚤"。我们先一起把这句话朗读一下。(齐读。)刚才同学们说这里表现出金先生童趣、率真的一面,那么除了这些还有没有表现出金先生的其他特点呢?

生:金先生捉到跳蚤后"捏在手指里看看,甚为得意",他在讲学时忽然发现自己身上出现了一个非常不符场合的东西,他就这么把它捉出来了,而且还看了看,说明他在面对跳蚤时能够处变不惊,然后还能处理得很从容。

师:你刚刚用了一个词"处变不惊",大家看看这个词怎么样?比较符合吧。我现在把这个句子改一下,大家再来看看——"他讲着讲着,忽然停下来:'对不起,我这里有个小动物。'他右手伸进后脖颈,捉出一个跳蚤,捏在手指里看,甚为得意。"我拿掉了哪几个字?

众:把、了、看。

师:大家再来朗读一下删字后的这句话。(齐读。)删了字的更好,还是不删字的好?

众:不删好。

师:谁来说说理由?

生:拿掉这三个字后,语言就缺乏一种连贯性和流畅性;而且去掉"了"后,好像金先生身上有许多跳蚤似的,那就未免有些太不拘小节了,而有"了"字就可以看出金先生乐观处事的心态。

师:讲到这里,我们来总结一下,这里表现出金先生的特征有哪些?率真,做事从容,处变不惊。现在我们再来把句子改动一下——"他讲着讲着,忽然停下来:'哎呀,我这里有个大毒虫。'他把右手插进后脖颈,逮出了一个跳蚤,揉碎在手指里扔掉,甚为得意"。有谁来比较一下,这两句话有什么不同效果。

生:我觉得,如果金先生是这样的话,会显得很慌乱,没有教授风度。

师:没有教授的风度?那你认为教授的风度应该是什么样的? 你看看

今天我们台下来了这么多的教授。(众笑。)

生:教授应当是处变不惊的。而且"大毒虫"显得跳蚤好像可憎,没有用"小动物"来得可爱。

师:称之为"小动物",显得跳蚤很可爱。如果说"大毒虫",心情如何?

生:慌张。

师:慌张,而且似乎对这个跳蚤有一种恨之入骨的厌恶之情。但是因为他用的是"小动物",就好像这只跳蚤看起来可爱了许多。"他捏在手指里看看,甚为得意",你认为金先生可能会怎样处理这只跳蚤?

生:可能就把它放掉了。

师:这完全有可能,就像弘一大师李叔同对待小昆虫一样。但我们经常说,学习语文就要用语文的方式来解决语文的问题,你能不能联系上下文,找出金先生可能会放掉跳蚤的理由或者说他对跳蚤的态度?

男:他称这只跳蚤为"小动物",可以看出他对跳蚤没有厌恶之情,而且他的动作比较柔和、不慌张,还捏在了手指里看了一看,或许他对这只跳蚤还有些感情。

师:分析得很精彩。下面我来表演一下金先生捉跳蚤这一段吧?(众惊。)我也从我的后脖颈里捉出一只来,有没有谁借我一个道具?(某生给了一个笔盖。)啊,这个给我做跳蚤啊?这个太大啦。(众笑。)其实,我们都知道我们在座的每一个人都不能随随便便地从身上捉出一只跳蚤来。让我们再来朗读一下这句话,让我们看看除了童真、童趣、率真、处变不惊、很从容之外,这段还反映出了金岳霖先生的什么特征?(齐读。)大家有没有感受到什么新的东西?金先生当时在联大教书,随随便便地就能够捉出一只跳蚤,这说明什么?

生:说明当时环境很艰苦。在艰苦的环境中,金教授捉出一只跳蚤,称它为"小动物",看了看,甚为得意,反映金先生苦中作乐。

师:"乐"!大家有没有看出这种乐?(众点头。)我们"慢慢读,欣赏啊",仿佛看到金先生"慢慢捉,欣赏啊"。他有哪些性格特点?率真,从容,乐观。让我们从这三个角度再来朗读体味。(齐读。)下面我们继续交流。

生:第8段写作者有个同学叫王浩,王浩回国时托人让作者给他画张画,作者画的内容是"……还有一块很大的宣威火腿",然后作者又说"火腿是很少入画的"。那么,作者为什么要画这些比较令人不可思议的东西,而不画一些比较美好的诸如太阳、房屋、花草之类的东西?

师:嗯,很好的问题。同时有两位同学举手了!近水楼台先得月,就由离我比较近的同学先说吧。

生:既然这个问题和作者有关,那就得从作者入手来解决这个问题。本文作者汪曾祺特别热爱美食,写过许多家乡风物,所以他的画里出现这样的一些食材也就不足为奇了。我再来补充。当时王浩是在国外的,汪曾祺给他画了一些有中国特色的东西——

师:你怎么看出中国特色的?

生:像青头菌、牛肝菌,尤其是那个宣威火腿,是云南特产,外国是不可能有的。现在王浩在国外成名成家了,汪曾祺就画了他们当年在云南学习时的特产。

师:你的发言很精彩,这就是用语文的方式来解决语文的问题。但你是不自觉地解决这个问题的。还可以怎么解决呢?

生:文章下面有一句话"以慰王浩异国乡情"。

师:我们终于成功地运用语文的方式,通过语境解决了一个问题。那么我们倒过来推想,就知道画上画的一定是跟乡情有关。好,还有问题吗?或者说,还有欣赏的地方吗?

生:我问的也在第8段,作者对王浩的态度是什么?

师:对王浩的态度?你告诉我,你为什么想弄明白这个问题?

生:我觉得作者对王浩不是那么欣赏。

师:你是怎么看出来的?

生:作者在第8段开头说"他现在成了洋人——美籍华人,国际知名的学者,我实在想象不出他现在是什么样子"。

师:哦,你的感觉很敏锐,你从字里行间似乎感到他对王浩不是很欣赏。我由你这个问题想到,既然不是特别欣赏,那么为什么要描写一大段?这一段大概有三百多字。你告诉我,作者为什么要写王浩?

生:因为王浩是金先生的学生,写王浩的成就,能够衬托出金先生教学的优异。

师:嗯,他刚刚用了一个词"衬托",很好地解决了这个问题。这说明金先生是一个什么样的人?他的学生有这样的学问,能够说明金先生的学问也怎么样?用文中的一个词就是——

众:一肚子学问。

师:还有没有问题?

生:我不同意他的观点。我认为作者对王浩还是欣赏的。

师:理由呢?

生:第8段第一句话就已说明"王浩和我是相熟的",以及下面作者说王浩的长相是"颇'土'"的。在画中画宣威火腿,然后跳了几句交代"以慰王浩异国乡情"。由此可看出他们应该是好朋友,因为只有朋友之间才会开这种无伤大雅的玩笑。

师:你们的意见正好相左,不过你们都是通过解读文章中的关键句、关键词来支撑自己的观点。能注意这点,很好。这是用语文方式解决语文问题。至于汪曾祺究竟对王浩是什么态度,我们可能还需要借助其他资料,这个问题就留给同学们做课后思考了。(有人突然站起。)你想说什么?

生:我想针对他们两人的回答做一点补充。实际上不管作者对王浩是欣赏还是不欣赏,首先作者特意提到"洋人""美籍华人",可以看出作者对王浩的这种做法不是非常推崇,但作者又提到"金先生的好学生不止一个人",所以,如果只是为了要衬托金先生的学问高深,不一定非要挑王浩这一个。或许可以这样解释,汪曾祺对王浩只是秉承了他一贯的评价人的风格,比较客观的,感情色彩并不浓,即使有,也不是我们这里应该追究的。还有,之前有一个同学提出,闻先生为什么要在会上大骂蒋介石"王八蛋!混蛋!",我认为这是因为写别的教授是为了衬托金先生的样子有点怪。

师:嗯,请坐。刚才同学提到了,第2段有一处写闻一多、朱自清,尤其是闻一多大骂蒋介石,你们知道为什么要写这两个人吗?请大家想一想。我们边交流边思考,边思考边交流。有没有同学要交流或是分享?(无人举手。)好,那我们先回顾一下前面的问题,刚刚我们重点欣赏了第9段"捉跳蚤",另外一开始有好几位同学都提到了第2段第一句话"金先生的样子有点怪",最后让我们集中到这一段的最后一句"他就这样穿着黄夹克,微仰着脑袋,深一脚浅一脚地在联大新校舍的一条土路上走着"。我们来朗读一下,读出我们心中的金先生。(齐读。)读出什么?

生:我觉得,这条土路可能不仅仅说的是现实世界中的路,也有可能说的是他的学问之路,他只有一个人孤独地走在路上,这也是一种对学术坚持的态度。

师:这是诗意的想象,你进一步延伸了。这样理解未尝不可。这反映出他什么性格?

生:他穿着夹克,微仰着脑袋,这是一种悠闲的姿态。他虽然是深一脚浅一脚地走路,很奇怪,但他还是在外面走着,说明他内心很坦然。

师:悠闲,坦然。这条路上怎么样?土路。所以走在上面会深一脚浅一脚,微仰着脑袋。说明当时西南联大的生活条件好不好?

众:不好。

师:他自己的眼睛又有毛病,生活又不易,他就这样天天走着去上班。看着他的背影,你有什么感觉?谁来说说?

生:觉得他好像有点可怜。

师:觉得他可怜,哦,你开始同情他了。像他这样一个大哲学家、大知识分子,在有眼疾的情况下,依然坚持每天步行上班,你觉得他很可怜,很同情他。

生:不仅仅是同情,我还很敬佩。因为前方有战士在为国拼杀,他在后方培育人才,即使在当时那么艰苦的环境下,他也依然坚持教学。

师:用一个词来概括一下,他是一个什么样的先生?

生:无私奉献。

师:用我们今天的话说,就是一个爱岗敬业的老师,或者说得更文气些,是一个坚守学术阵地的老师。这就是我们刚才一位同学说,这条路也是金先生的学术之路,尽管这样想有些太远了,但是在我们心目中金先生确实是这样的。现在让我们把这句话朗读一下,继续感受金岳霖先生除了"怪"之外,还有哪些风貌。(齐读。)现在让我们把这一处和"捉跳蚤"的那一部分结合起来看,它们从写作特点来看,用了什么描写方法?

众:细节描写。

师:细节描写就是我们今天这堂课学习的重点,也是我们关注点最高的地方,尤其是跳蚤那一部分。初中时我们就接触了细节描写,但到了高中,我们对细节描写应该有一个更高层次的认识。你是怎么来理解细节描写的?(等了一会儿。)"慢慢走,欣赏啊",我们不要着急,慢慢想。

生:我觉得细节描写就是把能体现人物特点和事物重要性的部分,细致地描写出来。

师:特点!

生:就是要把特点抓住。

师:好,大家记住,富有特点、个性、特征的方面,要加以细致的描写。

生:我的理解是描写就好像绘画一样,首先整体描写是把人物的大概轮廓勾勒出来,但是细节描写却是从最细微处入手,比如说一个眼神……

师:最细微的!刚才强调有特征,你强调是细微。

生:整体描写能让人感受到事物或人物的个体风貌,但是,往往最细微的地方才是最真实的地方。

师:好,请坐。不妨我们现在来看看同学们能不能抓住最细微的特征来描写。仍以金先生为例,看第10段——"他到处搜罗大梨、大石榴,拿去和别的教授的孩子比赛。比输了,就把梨或石榴送给他的小朋友,他再去买。"好,我们一起朗读一下。(齐读。)首先判断一下,这是不是描写?(无人回答。)其实这里不是描写,而是叙述。看来同学们在对叙述和描写的认识上还是有误区的,不妨我们就从这个地方入手,看看如果把这段用描写的方式来展开应该怎么写?首先看看我们应该把哪里进行放大描写?

生:应该在他和小朋友比赛这里进行放大描写。

师:有没有不同意见?他说的比赛的地方应该放慢镜头,写他们怎么比赛,谁有不同看法的?

生:我觉得应该在他把梨和石榴分给小朋友之后,写他脸上的表情或者是人物的心情。

师:也就是说,你认为应该在他把梨和石榴分给小朋友之后的地方进行细节描写。现在出现两种看法,一是比赛过程应该详细些,一是比赛之后给小朋友们送东西的内容应该详细些。下面我们来表决一下,同意第一种方案的请举手,(无人举手。)同意第二种方案的请举手。(大部分同学举手。)

好,大部分同学认为应该在比赛后进行描写。那么理由是什么呢?既然大部分同学都举手了,那么我就随意抽了,来,就你吧,你先说说理由。

生:因为这样可以表现他的童真和童趣,可以进一步表现出他喜欢和孩子们在一起。

师:他喜欢和孩子们在一起,比输了就把东西送给小朋友,最能表现他的童真童趣。这就是之前那位同学说的,什么是细节描写呢?细节描写要抓住特征,也就是不是所有的地方都需要展开来,如果所有的地方都展开了,那么就会显得很啰唆,就没有重点。好,现在就请同学们动笔,用一两句话,来描写这一细节,不要写多。(两分钟后。)有没有谁写好了?先写好的可以先交流。

生:比输了,他就嘟着嘴,仿佛不服输,但还是妥妥帖帖地把梨或石榴送给他的小朋友。

师:你这里强调了他的什么表情?

生:嘟着嘴。

生:比输了,金先生就耸耸肩,把两手摊开,朝孩子们笑笑,然后大方地把梨或石榴递过去。望着开心的孩子们,他笑着摇摇头。

师:你用了什么样的细节?

生:是他的动作。

师:什么动作?

生:摊开手,耸耸肩,还有朝孩子们摇摇头。还有把梨或石榴递过去的动作。

师:还有谁写好的?

生:金先生送东西时,总是眯着眼睛,龇牙咧嘴,像是割下自己的心头肉一般痛苦万分地送出梨或石榴。

师:注意,他刻画了哪几个动作?有眯着眼睛、龇牙、咧嘴,还有什么?

生:似是割下自己的心头肉一般痛苦万分地送出梨或石榴。

师:"割下自己的心头肉",看来他是一副舍不得的样子,那么是真的舍不得吗?

生:是假的舍不得。

师:哦,是假的,他在逗那些孩子们玩,是装的。那么既然如此,你在写的时候应该要表现出金先生的——故意的心理。好,请坐。刚才三位同学通过不同的细节来展示了金岳霖先生童真童趣的一面,但汪先生为什么没有在这里用细节描写? 谁能解释这个问题?(等了一会儿。)一篇记叙文是不是所有的地方都要用细节描写? 除了细节描写,我们还可以运用一般描写,甚至就是概括叙述,因为处处是描写是不可能的,描写应该有重点。好,那么关于细节描写我们就先讲到这里,我们今天重点讲的就是细节之美。但是,上课开始时还有同学提出问题——金先生除了怪以外还有哪些特征,或者说他的有趣除了样子怪,还表现在什么地方? 这个问题谁来总结一下。注意,我们回答问题的标准要统一。样子有趣,就是外貌有趣,除了外貌,还有什么?

生:语言有趣。

师:嗯,语言! 你挑出一处来。

生:第4段"林国达同学,我想问你一个问题:Mr.林国达 is perpendicular to the blackboard(林国达君垂直于黑板),这什么意思?"

师:嗯,这个地方以怪招治怪招,将了林国达一军,很有趣的语言。好,除了外貌有趣,语言有趣,还有哪里有趣?

生:行为有趣。

师:金先生哪里有趣? 现在我们知道了,外貌有趣,语言有趣,行为有趣。这就是金先生有趣的一面。(板书:趣。)文章的最后还有两段,请同学朗读一下。(齐读。)作者说要"好好写一写"金先生,你觉得汪先生怎么从金先生表面的有趣,进一步写他性格的? 除了用"有趣"这个词,还有一处能够概括金岳霖先生的性格特点,它在哪里? 有没有找到? 找到就念出来。

生:王府井人挤人,熙熙攘攘,谁也不会知道这位东张西望的老人是一位一肚子学问,为人天真、热爱生活的大哲学家。

师:"一肚子学问""为人天真、热爱生活的大哲学家",那么在这里我们又加一个词,"天真"(板书:天真。),还有什么?

众:热爱生活。

师:(板书:热爱。)这样我们对金先生形象的认识就很到位了。他是一个有趣的人,他有一肚子学问,他为人天真,他热爱生活,对不对?最后,文章还有一句话,"联大的许多教授都应该有人好好地写一写"。这句话我们来体会一下,其他教授有什么特点啊?

生:其他教授或许各有各的特点,但这并不是重点。这篇文章写的是金先生的有趣,但是我认为写金先生以及最后写联大的许多教授,更重要的是想让他们的形象以一种更鲜活的姿态,而非是教科书上的一个名字呈现在我们的脑海里。作者想将教授们平易近人的形象刻画在世人们的记忆里,而不想让这些教授们成为"老呆板"。

师:嗯,其他教授也是这样的特点,大家能不能找出根据?文中的哪一句话可以体现出来?

生:西南联大有许多很有趣的教授,金岳霖先生是其中的一位。

师:"金岳霖先生是其中的一位"说明其他教授什么特点?也是有趣的。我们看一下注释,什么是西南联大?抗战时期由北京大学、清华大学和南开大学三校联合组成的大学,被认为是大后方的"精神圣地"。西南联大是一个"精神圣地",那么这群教授整体的形象出来了吧?他们是一群有趣的人,他们一肚子学问,他们为人天真,他们热爱生活,简化一下(指着板书。)就是"趣""真""爱"。这就是这群知识分子的共同特点。这批知识分子因为命运的安排被临时调到了西南联大,后来随着形势的好转,这些高校又陆陆续续地回到北方,这些教授也从云南走向北京,走向全国,走向世界。你们知道这批教授有多厉害?有两个获得诺贝尔物理学奖,一个是杨振宁,一个是李政道。这个精神圣地培养出一批具有独特精神的知识分子,而这种精神正是我们今天需要学习的。汪先生希望人们好好地写一写,我想这种文章写出来后我们要好好地读一读,领悟他们的精神形象,尤其是从细节处体味,慢慢读,欣赏啊!

江苏省特级教师李仁甫先生执教的《金岳霖先生》,是一堂饱蘸"生成课堂"教学思想的课,"形散神不散"是其显著的真境特征。

先来看看"课之始"。

在正式上课之前,仁甫老师和他的学生有这样一段对话,对话的展开主要围绕三个问题。第一个问题是问同学们紧张不紧张。尽管孩子们说"不紧张"，但斜觑着台下黑压压的人头，孩子们的回答声小了些；在仁甫老师的鼓励下，孩子们又大声回答了一遍，逗乐了台下的众人。学生不紧张，老师却"有点紧张"，于是有了仁甫老师的第二个问题："我紧张的原因就是郑老师是我的学生，你们知道为什么吗？"学生孟玥回答："因为您怕讲得没有她好。"孩子率真的回答引发了台下听课老师会心一笑。第三个问题是："我们班的优势在哪里？"孩子们一下子活跃了许多。有的说"上课发言很积极"，有的说"保有一种童真的状态"，有的说"都能在课堂上做最本真的自我"，有的说"每个人都坚持自己的观点"，有的说"有老师带着，我们不怕出错"，有的说"课堂上可以畅所欲言，发言也会被同学尊重"，等等。应该说，这一番谈话，与即将开讲的课文《金岳霖先生》没有任何联系，但实实在在又是一次不寻常的谈话，它彰显了"生成课堂"的基本理念，催生了理想的教育效果，是一次典型的"生成式谈话"。无论如何，在宽阔的舞台上课，台下又坐满听课的老师，或多或少，孩子们会有一丝紧张，仁甫老师深谙此道。为了营造宽松的课堂氛围、舒缓学生心头的紧张，他就地取材，攫取"刚刚上了《荷塘月色》的郑老师的几句话，以及郑老师曾是自己的学生"这些资源，开始了谈话启动。一开始，孩子们是"小声"回答，然后呢"逗笑了"下面的观众，接着是一个学生笑着回答老师的问题、师生齐声笑，最后呢是学生们争先恐后表达"我们班的优势"。透过这一系列现场反应，我感到仁甫老师的这一段"生成式谈话"，至少起到三方面作用。一方面放松了师生的心情，一方面营造了良好的课堂氛围，最重要的一方面是增强了孩子们的自信。同学们说说"我们班的优势"，既是日常课堂客观情况的再现，也是给予孩子们温情的心理鼓励，更是对孩子们在即将开始课堂上表现的期待：同学们，你们肯定行！而这一期待，又为课堂上大量"意外和陌生"的出现拉开了强有力的精神铺垫！从这一角度看，这一番谈话可谓神来之笔，它始终指向"生成课堂"的"神"中之———"增量生成"！

　　接着看看"课之中"。

　　以仁甫老师"生成课堂"的理论建构和操作构想来观照，《金岳霖先生》这堂课是一节典型的生成之课。显而易见，这堂课的启动模式是"提问与讨论""分享与交流"，准确地讲应该是这两者的合二为一、穿插相融。课堂启动后,"切入、展开、互联、聚焦"四个环节的"叠现"也展示得很明显。"切入、展开"(汇学)主要体现在生生对话中,学生先后提出了五六个问题;在老师的穿针引线下,孩子们紧扣所提问题进行了深刻的思维碰撞,对话精彩纷呈,高潮迭起。"互联、聚焦"(助学)主要体现在师生对话中,如金岳霖、林徽因的情感应属于"互联",金岳霖先生的人物形象特点以及细节描写的理解、品味、改写、摹写等内容,则属于"聚焦"。整个课堂的推进"现场生成感"明显,教学流程既在意料之外,又在情理之中。仁甫老师认为,把握"生成课堂",要化"预设"为"预备",而"预备"是不会设想"全景式教学流程"的。正因如此,"生成课堂""看起来是信天游,是全球通,是信马由缰,是天马行空,是灵符显灵光,是石猴横空出世"。这一特征颇有点像散文写作中的"形散"。"生成课堂"有"形散",那么有没有"不散的神"呢?毫无疑问,肯定有,如前文所说的"增量生成"应该就是其精髓之一。"生成课堂"不设想"全景式流程",不写传统的"程序式教案",但是要准备"板块式教案",也就是要准备若干个"供课堂随机、即时选择的教学板块",至于哪个板块最终会启用,取决于课堂上的"机缘"。我觉得那些因"机缘"凑巧而被启用的板块上的内容,即课堂上最终"聚焦"的内容(教学目标或教学重点),应该就是"天马行空"背后的那个"神"。"生成课堂"之"神"如同"生成课堂"本身,不是唯一、固定、僵化的,而是多元、变化、灵动的。《金岳霖先生》这堂课的生成流程,很好彰显了"形散神不散"这个特征。课堂启动后,孩子们主要提出这样几个问题:金岳霖先生是一个什么样的人?"捉跳蚤"和"讲哲学"是什么关系?作者为什么写闻一多先生大骂"蒋介石,王八蛋! 混蛋"? 这与表现金先生的"怪"有何关联?作者为什么给王浩画"几个青头菌、牛肝菌,一根大葱,两头蒜,还有一块很大的宣威火腿"这些比较令人不可思议的东西,而不画一些比较美好的诸如太阳、房屋、花草之类的东西?作者对王浩的态度怎样?这些问题是同学们在深度预学后生成的,没有一个是老师预设的。仔细分析这些问题,我们会发现它们其实都指向一个核心,即"金岳霖先生是一个什么样的人?"其他问题追根溯源都是指向这个"主问题"的。这里有两个"机缘"巧合,它们既彰显了"生成课堂"的理念,又为课堂教学的展开提供了便利。一个"机缘"是指"学生们的问题之间具有聚焦性",另一个是"学生们的问题与老师的板块式预备具有聚焦性"。或许有人质疑,金岳霖先生的人物形象分析,在老师课前预备的板块式教案中有吗?我认为是有的,理由有三:第一,这是一篇写人散文,人物肯定是关键,老师在预备时没有理由将其置之度外。第二,在分析完金先生形象时,仁甫老师和他的孩子们明确总结出人物三个特点并板书:趣、真、爱,看来这也是老师的指向。第三,仁甫老师的课堂总结泄露了天机,他是这样说的:"汪先生希望人们好好地写一写,我想这种文章写出来后我们要好好地读一读,领悟他们的精神形象,尤其是从细节处体味,慢慢读,欣赏啊!"这里提到"精神形象"和"从细节处体味",这二者正是以教师为主体而"聚焦"的内容,是本堂课教学目标、教学重点的重要组成部分,应该就是"生成课堂""天马行空"背后的那个"神"。

最后看看"课之末"。

当我听到仁甫老师说"金先生哪里有趣?现在我们知道了,外貌有趣,语言有趣,行为有趣。这就是金先生有趣的一面"时,本以为这节课已基本结束,老师要进行课堂小结了,可是出乎我的意料,仁甫老师居然让学生朗读文章的最后两节。彼时彼地,我实在觉得这一做法显得多余,如今思来,这也是一着妙棋。这一环节看似松散,其实仁甫老师将之化为"生成点",又生成一系列"意外和陌生",这些"意外和陌生"环环相扣,当然也属于"生成课堂""天马行空"背后的那个"神"。课文的最后两节是这样的,共三句话:"我对金先生所知甚少。希望熟知金先生的人把金先生好好写一写。联大的许多教授都应该有人好好地写一写。"关于这两节的赏析应该属于"助学"的范畴。在这里,仁甫老师抓住的生成点的核心是"好好写一写"。在仁甫老师看来,"好好写一写"应该包括两个层面的意思:一是前文花了很多篇幅,侧重表现金先生的"有趣"的特点,这算"好好写"了;二是课文中还有一些作者"好好写"的文字,也写出了金先生的性格,还有待挖掘。在他的"助学"下,学生很快找到了倒数第4节的一句话,"王府井人挤人,熙熙攘攘,谁也不会知道这位东张西望的老人是一位一肚子学问,为人天真、热爱生活的大哲学家"。在老师的追问下,师生很快提炼出两个字:"真、爱",这两个字就是新的"意外和陌生"。至此,对金先生的整体把握、形象认识完全到位,他的形象特点就是"趣、真、爱"!但仁甫老师的"助学"依然没有停止,他又以"联大的许多教授都应该有人好好地写一写"为生成点,进一步启发学生:同学们"觉得其他教授有什么特点啊?"很显然,站起来回答的学生没有扣住老师的问题,他的答案并不令人满意,于是仁甫老师及时补充了一个问题:如果说其他教授也是这样的特点,大家能不能找出依据?学生很快找到第1节的第一句话:"西南联大有许多很有趣的教授,金岳霖先生是其中的一位。"仁甫老师因势利导,金先生是其中的一位,那么说明其他教授也是"有趣"的!再结合课文注解关于"西南联大"的介绍,师生自然得出结论:西南联大的教授们都是"有趣、天真、热爱生活的","趣、真、爱"是教授们的群体形象特征。有鉴于此,仁甫老师最后总结说,同学们一定要领悟他们的精神形象,尤其是从细节处体味,慢慢读,欣赏啊!这里的生成是"由此及彼式",即由这里的金先生自然引申到那里的其他教授;也属于"由个体及群体式",即由金先生一个引申到其他教授许多个。这两种形式生成了什么?生成了又一个新的教学目标,即引导学生学习领悟这群可爱教授的精神!如果说"理解、摹写细节"属于课程目标中的"知识与能力"这一维度,"抓住细节品味、概括金先生的形象特点"属于"过程与方法",那么这里"对文章主旨的揣摩、总结和提升",则属于"情感、态度、价值观"了。因由这样的教学,文本解读得以深化,课堂生成得以升华,真正耐人寻味!

当然,诚如李老师如此有境界的语文课堂并不多,我们听到、看到更多的还是"无境"的课堂,这一切,发人深思。

第三节　建构:真境,语文课堂的应然追求

一、"真境"的国外研究现状

课堂教学也称"班级授课制",起源于16世纪的欧洲,兴起于17世纪的乌克兰。1632年因捷克教育家夸美纽斯《大教学论》的出版,才形成系统化的理论。因此,国外课堂教学的系统化、理论化研究,已有几百年的历史。尽管国外课堂教学研究历史较为悠久,但因为"真"和"境界"是中国古典美

学的特有概念,所以在可以搜集到的国外课堂教学研究文献中,无人提及"课堂真境",更不必说"语文课堂真境",国外专家学者更多关注的是兴起于19世纪的"有效教学"和"教学过程最优化"等领域的研究。

二、"真境"的国内研究现状

课堂教学在我国的兴起是清朝末年,京师同文馆是我国第一所实施课堂教学的学校。课堂教学得以在全国推广,是在1902年清政府颁布《钦定学堂章程》(壬寅学制)之后。如果以"语文课堂真境"为关键词,以1911—1979年为时间区域,查阅中国期刊全文数据库,无法搜集到与"真境观"相关的文献资料。以同样的关键词,以1980—2017年为时间区域搜寻,共查到160多篇相关文献,其中有10多篇文献来自中文核心期刊。分析归纳这些文献,我们发现国内关于"语文课堂真境"的研究主要包括五方面的内容。

第一是"真境"的内涵。张东娇老师认为,课堂教学境界是对课堂教学情境和效果的描述。它是通过教师的教法和附着于其自身的教学风格体现出来的,以学生的学习状态为标志的,以课堂教学气氛为烘托的,师生共同达到的一种可预期的教学效果状态。它是教师驾驭课堂、调动学生能力的体现。葛德军老师认为,语文教育真境,指的是语文教育中,通过最佳化的方式,获得最佳化的效果,形成最佳化的境界。这样的境界不妨憧憬为三个界面:曰真,原味的,质感的;曰珍,精品也,佳制也;曰臻,动态性,生成性。而且,理想中的这三个界面,不是孤立和静止的,而是交叉和变通的;不是单一和分离的,而是双向和互济的;不是重叠和均衡的,而是融合和异量的。换言之,语文教育真境,在不同的时空里和不同的群体中,呈现不同的期待与不同的蹊径。王炳宽老师认为课堂教学境界就是上课之时,教室之内,教师与学生完全沟通,融为一体,教师全神贯注地教,学生专心致志地学,教与学和谐一致,有机统一。教师各种教学方法运用得当,学生主动积极,紧密配合。时间在不知不觉中流淌,而知识也在轻松愉快的气氛中交接。一节课结束,目标达到,任务完成。史晖老师认为,教学境界就是教学所能达到的程度或表现情况,是教学过程中师生双方在教学目标的指引下,在一定的教学情境中通过创造性的教学活动所达成的一种理想的教学状态,是师生精神互动,创生且共同享有的意义世界。

第二是"真境"呈现的方式或状态。罗刚淮老师认为教学的境界有三种:教师带着教材走向学生,教师带着学生走向教材,学生带着教材走向教师。他认为第三种境界是教学的至上境界。袁爱国老师认为有境界的语文教学是精神的、精彩的、精粹的,是有精品意识的。兰保民老师认为,真正有境界的课,就是将语文教到学生的心里,把文章刻在学生的脑子里,为学生的发展打下坚实的精神的底子。王荐老师认为课堂教学的境界是"五度":温度、广度、深度、高度、适度。汤国来老师认为"朴素生动"是教学境界,魏星老师认为"平衡"是阅读教学的境界,王彧钊老师认为"自然天成"是课堂教学的境界,张祖庆老师认为"原生态"是作文教学的迷人境界。此外,也有相当一部分老师认为"真""真实""诗意""活""忘我""和谐""智慧""激情""对话""开放"等是课堂教学的境界。

第三是"真境"的特征。傅东缨老师认为,理想境界的课堂教学应当而且必须鼓荡着磁力、张力和活力等三大最富于鲜明特征的品质。史晖博士认为,课堂教学境界的特征主要有三个:情境性、审美性、超功利性。王凤云老师认为课堂教学最高境界的特征有三个:动态生成性、教学的自组织性、师生的自主性。

第四是"真境"的形成。葛德军老师认为,语文教育真境,可以而且应该从教、学、教与学趋之达成。教之真境,乃不教之教之境。学之真境,乃学而时习之境。教与学之真境,乃教学相长之境。陈婕老师认为,要进入课堂教学的理想境界,要把握好四个方面:建构合理的教学结构,调节主体的接受状态,选择能力培养的载体,利用无处不在的时空。罗刚淮老师认为,要实现课堂教学境界的根本性提升,出路还在于解放学生。王凤云老师认为语文课堂教学达到最高境界的方法有两个,一是教学互动,二是教学对话。魏星老师认为要实现阅读教学的"平衡"境界,要把握三个方面:主体和客体的"意会"、感性和理性的融合、形式和内容的和谐。张国华老师认为,教师行动研究是走向课堂教学理想境界的途径。

第五是"真境"的层次与类型。朱永新教授心中的教学三境界是:第一重,落实有效教学框架——为课堂奠定一个坚实的基础;第二重,发掘知识这一伟大事物内在的魅力;第三重,知识、社会生活与师生生命的深刻共鸣。史晖老师认为,课堂教学境界有三种类型,一是力的境界:知识的获得;二是审美的境界:精神的享受;三是自由的境界:生命力的彰显。邓彤老师认为,问题教学的境界有三重,一是真伪境界,二是主次境界,三是高下境界。王麦成老师认为课堂教学的境界也有三种,分别是感知境界、自由交流境界与合作开发境界。龚春燕等老师认为境界有六种,分别是评价多元,让学生有安全感;激发情感,让学生有体悟感;师生互动,让学生有主人感;开放多变,让学生有灵活感;问题突显,让学生有兴趣感;动手实践,让学生有创新感。张武老师认为境界有三种,师生从彼此自觉到同志同学的境界、师生从彼此自主到交往交流的境界、师生从彼此自由到见疑探疑的境界。丁骋骋老师的课堂教学三境界与众不同。第一层境界,"七八个星天外,两三点雨山前"。意思是老师把上课内容讲得清清楚楚,老师在讲课时把要点用一二三概括出来,让学生听了以后能一目了然。第二层境界,"比花花解语,比玉玉生香"。意思是作为一个老师应把授课内容讲得生动有趣,让学生乐意接受,如通过讲一些案例、小故事等,寓教于乐,让大家在轻松愉快的气氛中接受知识。这显然比第一层境界要略高一筹。第三层境界,"风定花犹落,鸟鸣山更幽"。意即老师课堂上讲授的东西要有一定的深度,有一定的思想性。老师讲的东西要有一定的内涵,能启发年轻人的心智。即使离开了老师,离开了学校,他们也会自觉主动地去研究、去学习。

  从上述分析不难看出,对于"真境"观已有成果存在明显不足。第一,从成果数量看,还不是非常丰富。我国课堂教学的发展史已近110年,可百余年间的主要研究成果,我们搜集到的仅有160多项,当然不排除还有相当一部分没有搜集到,但无论怎么看,成果的绝对数量的确较少。第二,从成果质量看,权威性还欠缺。160篇研究论文中,仅有13篇发表在中文核心期刊。第三,从研究视域看,成果指导意义的普遍性还不够。搜集到的160多篇文献,涉及具体学科的有86篇,其中关于语文学科的占到50%以上。来自核心期刊的10多篇文献,涉及具体学科的有6篇,也接近50%。第四,从研究内容来看,还不成体系。由于研究方法和角度的不同,概念表述、种类的划分显得较为繁杂,一繁杂就显得不成体系,更多文献关注的是"境",而忽略了"真"。也有的内容,比如真境的特征与生成、课堂真境中师生的生存状态等,研究还不是很深入,关于"语文真境课堂"等核心概念,还有待进一步推敲、提炼和厘清。

这样的现状提醒语文人,语文课堂真境的研究,还大有作为。

第二章　语文课堂"真境"观的基本内涵

谨守而勿失,是谓反其真。

——庄子《庄子·秋水》

第一节　"真境"的核心要义

一、"真"之内涵

打开《现代汉语词典》、《古汉语字典》、百度百科、360词库等工具书或平台,我们不难发现,关于"真"的诠释,最常见的有这样几个。一是"真实",即与客观事实相符合,通常与"假、伪"相对。二是"自然、本性、本原"之意。如《庄子·秋水》中写道:"谨守而勿失,是谓反其真。"又如陶渊明有诗云:"羲农去我久,举世少复真。"三是"本来的、固有的"意思。如苏轼《题西林壁》中名句:"不识庐山真面目,只缘身在此山中。"无论是"与客观事实相符合""本性、本原",还是"本来的、固有的",它们的核心都是指向事物内部本已存在的机理,即事物的客观规律。据此,"真境"之"真"其实就是"合乎规律"的意思。

二、"境"之探源

"境界"源远流长,在我国,它的名称除"境界"外,主要有"境""意境"两种。"境"出现很早,最初是疆域的意思,又指某种精神、心态。"境界"一词出现稍晚,最初也是指地域疆界。汉朝时期,佛经传入东土,佛门"境界",大致指精神心智的活动范围或向往区域。随着文艺美学的发展,"境""境界"逐渐进入我国古代文论范畴,"意境"也随之出现。南朝齐梁时期,刘勰在《文心雕龙》中,两次用了"境"这个词。唐王昌龄在其《诗格》中也说:"诗有三境。一曰物境……二曰情境……三曰意境。"

"境界"一词最早出现于文论中,大约在南宋时期。元明清时期,"境界"被广泛运用于诗画、戏曲、小说、散文的评论中,渐渐成为中国古典美学特有的概念。近代学者王国维标举"境界"一词为品评宋词的准绳,成为"境界"说之集大成者。他认为,"境界为探本之论""然沧浪所谓兴趣,阮亭所谓神韵,犹不过道其面目,不若鄙人拈出'境界'二字,为探其本也"。当然,"境界"一词也出现于西方哲学著作中,康德、叔本华等对"境界"一词也有所提及,最典型的要数席勒,"境界"一词是他《审美教育书简》中,最重要的话语。在西方哲人眼中,"境界"往往指"人生的等级、状态"等,与中国传统理解不完全一致。如今,"境界"一词已普遍用于道德、文学、艺术等范畴,《现代汉语词典》中解之为"事物所能达到的程度或表现的情况"。

三、"真境"谓何

"真境"即真的境界。"真的境界"这一短语看似有偏有正,其实语义并没有轻重、主次之分。"真"固然重要,"境界"也不可有丝毫偏废。所以"真境"最好写作"真·境"。

四、何谓"语文课堂真境"

语文课堂真境指在语文课堂中,师生以语言为能源库——基于语言,以情思为神经元——涵泳语言,以意旨为原动力——悟用语言,并将之有机融合在语文课堂教学实践中,臻至和谐、美好、愉悦、艺术的课堂生态。

第二节 "真境"观的学理依据

一、语文教育自身的特点

语文课程丰富的人文内涵,对人们精神领域的影响是深广的,学生对语文材料的反应又往往是多元的。因此,真境课堂重视语文的熏陶感染作用,注意教学内容的价值取向,同时也尊重学生在学习过程中的独特体验。语文是实践性很强的课程,真境课堂着重培养学生的语文实践能力,而培养这种能力的主要途径也应是语文实践,不宜刻意追求语文知识的系统和完整。语文又是母语教育课程,学习资源和实践机会无处不在,无时不有。因而,真境课堂注重让学生更多地直接接触语文材料,在大量的语文实践中掌握运用语文的规律。语文课程还要考虑汉语言文字的特点,对识字写字、阅读、写作、口语交际和学生思维发展等方面的影响,在真境课堂中尤其重视培养良好的语感和整体把握的能力。

二、教学基本原则

教学原则是根据一定的教学目的和对教学过程规律的认识而制订的指导教学工作的基本准则。它和教学规律应该说是两回事,教学规律是教与学内部矛盾运动的客观规律,人们只能去发现它,掌握它,但不能制造它,而教学原则是人们在认识教学规律的基础上制订的一些教学的基本准则,它反映教学规律。人们对教学规律的不断发现和掌握,才会使人所制订的教学原则不断发展和完善。

常见教学原则有:直观性原则、启发性原则、系统性原则、巩固性原则、量力性原则、教育性与科学性统一原则、理论联系实际原则、因材施教原则。直观性原则,指根据教学活动的需要,让学生直接感知学习对象。一般地,直观的具体手段包括三种:实物直观、模像直观、语言直观。启发性原则,指在教学中要充分调动学生学习的自觉积极性,使得学生能够主动地学习,以达到对所学知识的理解和掌握。系统性原则,也称循序渐进原则,指教学活动应当持续、连贯、系统地进行。巩固性原则,指在教学中要不断地安排和进行专门的复习,使学生对所学的知识牢固地掌握和保存。量力性原则,也称可接受性原则,指教学活动要适合学生的发展水平。教育性与科学性统一原则,指教学要在科学的方法论的指导下进行。理论联系实际原则,指教学活动要把理论知识与生活和社会实践结合起来。因材施教原则,指教师在教学活动中应当照顾学生的个别差异。

三、建构主义教学观、学习观

建构主义学习观认为,知识不是通过教师传授得到,而是学习者在一定的情境即社会文化背景下,借助他人(包括教师和学习伙伴)帮助,利用必要的学习资料,通过意义建构方式而获得的。建构主义教学观,既强调学习者的认知主体作用,又不忽视教师的指导作用。它认为教师是意义建构的帮助者、促进者,而不是知识的传授者与灌输者;学生是信息加工的主体,是意义的主动建构者,而不是外部刺激的被动接受者和被灌输的对象。建构主义理论主张学生用探索法、发现法建构知识,提倡教师创设探索情境,激发学生学习兴趣,强化学生学习动机,协调、组织、指导学生开展学习。

四、马斯洛需要层次理论

马斯洛把需求分成生理需求(Physiological needs)、安全需求(Safety needs)、爱与归属感(Love and belonging)、尊重(Esteem)和自我实现(Self-actualization)五类,依次由较低层次到较高层次排列。在自我实现需求之后,还有自我超越需求(Self-Transcendence needs),但通常不作为马斯洛需求层次理论中必要的层次,大多数会将自我超越合并至自我实现需求当中。(如图2-1。)

```
        自我实现
         尊重
       爱与归属感
       安全需求
       生理需求
```

图2-1　马斯洛需要层次理论

五种需要像阶梯一样从低到高，按层次逐级递升，但次序不是完全固定的，可以变化，也有种种例外情况。

需求层次理论有两个基本出发点，一是人人都有需要，某层需要获得满足后，另一层需要才出现；二是在多种需要未获满足前，首先满足迫切需要；该需要满足后，后面的需要才显示出其激励作用。一般来说，某一层次的需要相对满足了，就会向高一层次发展，追求更高一层次的需要就成为驱使行为的动力。相应的，获得基本满足的需要就不再是一股激励力量。五种需要可以分为两级，其中生理需要、安全需要、爱与归属感都属于低一级的需要，这些需要通过外部条件就可以满足。尊重需要和自我实现需要是高级需要，他们是通过内部因素才能满足的，而且一个人对尊重和自我实现的需要是无止境的。同一时期，一个人可能有几种需要，但每一时期总有一种需要占支配地位，对行为起决定作用。任何一种需要都不会因为更高层次需要的发展而消失。各层次的需要相互依赖和重叠，高层次的需要发展后，低层次的需要仍然存在，只是对行为影响的程度大大减小。

五、动机理论

动机是直接推动有机体活动以满足个体需要的内部状态，是行为的直接原因和内部动力。它包括三方面作用：激发行为、定向行为、维持行为。学习动机指直接推动学生进行学习活动的内部动力；通常由内驱力和诱因两个基本因素构成。内驱力是指在有机体需要的基础上产生的一种内部推动力，是一种内部刺激。诱因是指引起个体动机的外部刺激或情境，是有机体趋向或回避的目标,分为正诱因、负诱因两类。正诱因是驱使个体趋向或接近目标的诱因,负诱因是驱使个体逃离或回避目标的诱因。诱因具有诱发或激发个体产生目标指向行为的作用,诱因的作用因人而异。内驱力和诱因这两个基本因素,决定了学习动机具有活动性和选择性两个特征。一般来讲,学习动机对学习有促进作用,学习动机的水平越高,其学习效果越好。

六、认知发展理论

认知发展理论是由著名发展心理学家让·皮亚杰提出,被公认为是20世纪发展心理学上最权威的理论。皮亚杰把认知发展视为认知结构的发展过程,以认知结构为依据区分心理发展阶段。他把认知发展分为四个阶段。

感知运算阶段(0~2岁)。这个阶段的儿童的主要认知结构是感知运动图式,儿童借助这种图式可以协调感知输入和动作反应,从而依靠动作去适应环境。通过这一阶段,儿童从一个仅仅具有反射行为的个体逐渐发展成为对其日常生活环境有初步了解的问题解决者。

前运算阶段(2~7岁)。儿童将感知动作内化为表象,建立了符号功能,可凭借心理符号(主要是表象)进行思维,从而使思维有了质的飞跃。其特点有:①泛灵论。儿童无法区别有生命和无生命的事物,常把人的意识动机、意向推广到无生命的事物上。②自我中心主义。儿童缺乏观点采择能力,只从自己的观点看待世界,难以认识他人的观点。③不能理顺整体和部分的关系。通过要求儿童考察整体和部分的关系的研究发现,儿童能把握整体,也能分辨两个不同的类别。但是,当要求他们同时考虑整体和整体的两个组成部分的关系时,儿童多半给出错误的答案。这说明他们的思维受眼前的显著知觉特征的局限,而意识不到整体和部分的关系。皮亚杰称之为缺乏层级类概念。④思维的不可逆性。思维的可逆性是指在头脑中进行的思维运算活动,有两种:一种是反演可逆性,认识到改变了的形状或方位还可以改变回原状或原位。如把胶泥球变成香肠形状,幼儿会认为,香肠变大,大于球状了,却认识不到香肠再变回球状,两者就一般大了。另一种是互反可逆性,即两个运算互为逆运算,幼儿难以完成这种运算,他们尚缺乏对这种事物之间变化关系的可逆运算能力。⑤缺乏守恒。守恒是指掌握概念的本质特征,所掌握的概念并不因某些非本质特征的改变而改变。前运算阶段的儿童认识不到在事物的表面特征发生某些改变时,其本质特征并不发生变化。不能守恒是前运算阶段儿童的重要特征。

具体运算阶段(7岁~11岁)。在本阶段内,儿童的认知结构由前运算阶段的表象图式演化为运算图式。具体运算思维具有守恒性、脱自我中心性和可逆性的特点。皮亚杰认为,该时期的心理操作着眼于抽象概念,属于运算性(逻辑性)的,但思维活动需要具体内容的支持。

形式运算阶段(11岁及以后)。这个时期,儿童思维发展到抽象逻辑推理水平。思维特点有两个:一是思维形式摆脱思维内容。形式运算阶段的儿童能够摆脱现实的影响,关注假设的命题,可以对假言命题做出逻辑的和富有创造性的反映。二是进行假设—演绎推理。假设—演绎推理是先提出各种解决问题的可能性,再系统地评价和判断正确答案的推理方式。假设演绎的方法分为两步,首先提出假设,提出各种可能性,然后进行演绎,寻求可能性中的现实性,寻找正确答案。

七、境界说

近代大学者王国维是"境界说"之集大成者,他在《人间词话》中系统阐述了他对于"境界"的深刻理解:①词以境界为最上。有境界,则自成高格,自有名句。五代、北宋之词所以独绝者在此。②有造境,有写境。此"理想"与"写实"二派之所由分,然二者颇难分别,因大诗人所造之境必合乎自然,所写之境亦必邻于理想故也。③有有我之境,有无我之境。"泪眼问花花不语,乱红飞过秋千去""可堪孤馆闭春寒,杜鹃声里斜阳暮",有我之境也。"采菊东篱下,悠然见南山""寒波澹澹起,白鸟悠悠下",无我之境也。有我之境,以我观物,故物皆著我之色彩。无我之境,以物观物,故不知何者为我,何者为物。古人为词,写有我之境者为多。然未始不能写无我之境,此在豪杰之士能自树立耳。④无我之境,人惟于静中得之。有我之境,于由动之静时得之。故一优美,一宏壮也。⑤自然中之物,互相关系,互相限制。然其写之于文学及美术中也,必遗其关系限制之处。故写实家亦理想家也。又虽如何虚构之境,其材料必求之于自然,而其构造亦必从自然之法律。故理想家亦写实家也。⑥境非独谓景物也,喜怒哀乐亦人心中之一境界。故能写真景物真感情者,谓之有境界。否则谓之无境界。⑦"红杏枝头春意闹",着一"闹"字而境界全出;"云破月来花弄影",着一"弄"字而境界全出矣。⑧境界有大小,不以是而分优劣。"细雨鱼儿出,微风燕子斜",何遽不若"落日照大旗,马鸣风萧萧"?"宝帘闲挂小银钩",何遽不若"雾失楼台,月迷津渡"也。⑨严沧浪《诗话》谓:"盛唐诸公,唯在兴趣,羚羊挂角,无迹可求。故其妙处,透澈玲珑,不可凑拍,如空中之音,相中之色,水中之影,镜中之象,言有尽而意无穷。"余谓北宋以前之词亦复如是。然沧浪所谓"兴趣",阮亭所谓"神韵",犹不过道其面目,不若鄙人拈出"境界"二字为探其本也。

第三节 "真境"的基本特征

真境的基本特征为真教、真学、有境。

一、真教

影响学习的因素很多,但毫无疑义,能否"真教"是核心元素之一。所谓"真教",古人指纯真的教化,这是从教育的宏观层面理解的;今人说法较多,有的认为,"真教"就是教学科学性与教学艺术性的完美结合;[1]有的认为,"真教"是"基于规律的教"。[2]我们认为,"真教"是指向学生语文核心素养,以课程特征、教材价值、教情学情等为基础,践行适切方法的语文课堂教学。

---

[1] 陈成龙.真语文是"真知""真教""真学"的融合[J].语文建设:2013,09。
[2] 张霞玲."真教":让学生从"真知"走向"真智"[J].江苏教育:2018,09。

期盼"真教"真正发生并成为课堂常态,最起码要做好两件事。

第一件事,找准原点。

原点,即教学的逻辑起点,它是语文课堂展开的前提。

苏教版高中语文必修一中,有一篇题为《像山那样思考》的课文。这篇文章是"近代环保之父"——美国作家、生态学家奥尔多·利奥波德所写,收录在他的代表作、被誉为"绿色圣经"的《沙乡年鉴》中。该文意在告诉读者,人类对动物的选择性捕杀,已经造成了草原与高山植被无可挽回的退化,建议人类要如同山那样思考人与自然的关系。

像这样人文内涵极为丰富的文章,基于什么开展教学呢?理应是课文的语言。理由有二。第一点,这篇文章的主旨并不难理解,即便是高一学生也没有困难,如果在这方面花太多力气,课堂容易发生变异,语文课就有可能上成生态环保课。第二点,这是由语文课程的本质属性决定的。毫无疑问,工具性与人文性的统一是语文课程的基本特点,但人文性并不为语文课程所独有,工具性才是语文课程的本质属性。课程标准指出,语言建构与运用是语文学科核心素养的基础,学生思维发展与提升、审美鉴赏与创造、文化传承与理解,都是以语言的建构与运用为基础的,并在学生个体语言经验发展过程中得以实现。

《像山那样思考》虽然是一篇译文,但它的语言仍具有独特的魅力。文笔清新洗练,如作者追叙自己曾经打死一匹狼时写道:"当时我们正在一个高高的峭壁上吃午饭。峭壁下面,一条湍急的河蜿蜒流过。我们看见一只雌鹿——当时我们是这样认为——正在涉过这条急流,它的胸部淹没在白色的水花中。"此外,文章语言也极富思辨色彩,如"我现在想,正像当初鹿群在对狼的极度恐惧中生活着那样,那一座山将要在对它的鹿的极度恐惧中生活。而且,山的恐惧有更充分的理由:当一只被狼猎杀的公鹿在两三年就可被替补时,一片被太多的鹿拖疲惫了的草原,可能在几十年里都得不到恢复"一段,再如"太多的安全可能产生了长远的危险""这个世界的启示在荒野"等句子,如此语言美点,在文中俯拾皆是。基于课程特征的语言教学,才是"真教"。

当然,"真教"的原点不仅于此,同时也包含教材的价值,有时教材的价值就是指文本的特点。基于教材价值来教学,与前些年提倡的"用教材教"一脉相承。如我曾经就利用教材编者对欧阳修《〈伶官传〉序》的分段方法,引导学生体会议论文的结构。

通常情况,各版本教材对《〈伶官传〉序》都采用四自然段分法:①呜呼!盛衰之理,虽曰天命,岂非人事哉!原庄宗之所以得天下,与其所以失之者,可以知之矣。②世言晋王之将终也,以三矢赐庄宗而告之曰:"梁,吾仇也;燕王,吾所立;契丹与吾约为兄弟,而皆背晋以归梁。此三者,吾遗恨也。与尔三矢,尔其无忘乃父之志!"庄宗受而藏之于庙。其后用兵,则遣从事以一少牢告庙,请其矢,盛以锦囊,负而前驱,及凯旋而纳之。③方其系燕父子以组,函梁君臣之首,入于太庙,还矢先王,而告以成功,其意气之盛,可谓壮哉!及仇雠已灭,天下已定,一夫夜呼,乱者四应,仓皇东出,未及见贼而士卒离散,君臣相顾,不知所归,至于誓天断发,泣下沾襟,何其衰也!岂得之难而失之易欤?抑本其成败之迹,而皆自于人欤?《书》曰:"满招损,谦得益。"忧劳可以兴国,逸豫可以亡身,自然之理也。④故方其盛也,举天下之豪杰,莫能与之争;及其衰也,数十伶人困之,而身死国灭,为天下笑。夫祸患常积于忽微,而智勇多困于所溺,岂独伶人也哉?

私下以为,这一分法并不是最合理的,至少没有很好彰显文章的体裁特点。于是我们将课文的段落进行了变形,调整之后发现,《〈伶官传〉序》其实是一篇非常典型的议论文,它的段落也可以这样划分:①呜呼!盛衰之理,虽曰天命,岂非人事哉!(提出论点)②原庄宗之所以得天下,与其所以失之者,可以知之矣。(过渡总领)③世言晋王之将终也,以三矢赐庄宗而告之曰:"梁,吾仇也;燕王,吾所立;契丹与吾约为兄弟,而皆背晋以归梁。此三者,吾遗恨也。与尔三矢,尔其无忘乃父之志!"庄宗受而藏之于庙。其后用兵,则遣从事以一少牢告庙,请其矢,盛以锦囊,负而前驱,及凯旋而纳之。方其系燕父子以组,函梁君臣之首,入于太庙,还矢先王,而告以成功,其意气之盛,可谓壮哉!(得天下)④及仇雠已灭,天下已定,一夫夜呼,乱者四应,仓皇东出,未及见贼而士卒离散,君臣相顾,不知所归,至于誓天断发,泣下沾襟,何其衰也!岂得之难而失之易欤?抑本其成败之迹,而皆自于人欤?《书》曰:"满招损,谦得益。"(失天下)(②~④证明论点)⑤忧劳可以兴国,逸豫可以亡身,自然之理也。故方其盛也,举天下之豪杰,莫能与之争;及其衰也,数十伶人困之,而身死国灭,为天下笑。(得出结论)⑥夫祸患常积于忽微,而智勇多困于所溺,岂独伶人也哉?(点明目的)这样一来,课文的脉络越发清晰,学生亦可模仿该文写作议论文。

教学的逻辑起点还可以是教情、学情。教情是从教者角度说的,诸如老师的教学个性与才华、学科教学进度的安排、教研组集体备课达成的共识等。学情是从学生角度说的,主要指学生接触学习内容之后形成的"原初感受"。"原初感受",即学生基于自身已有的知识体系、能力素养、情感态度价值观,在课前与客观呈现的文本进行裸读式碰撞对接,从而产生的关于文本内涵意蕴、写作技法等的一系列问题或体验感悟。

如我在教学史铁生散文《我的梦想》时,就是围绕学生提出的三组问题展开的。第一组:①作者第2节写道:"第二喜欢足球,第三喜欢文学,第一喜欢田径",足球为什么排在文学之前?②如何理解"你会觉得他们是从人的原始中跑来,跑向无休止的人的未来,全身肌肤如风似水般滚动就是最自然的舞蹈和最自由的歌"这句话?第二组:就一个问题,作者的梦想到底是什么?第三组:也一个问题,文章第6段写完后本可以结束,为什么加上第7段?再如,有位老师执教《〈伶官传〉序》,也是基于学生提出的三个问题展开的:①欧阳修写这篇文章的目的是什么?②这篇序以议论为主,它的论点句是"忧劳可以兴国,逸豫可以亡身,自然之理也"还是"盛衰之理,虽曰天命,岂非人事哉"?③"《书》曰:'满招损,谦得益。'"在文中有何作用?实践表明,指向学生问题的教学,效率高,效果好。

第二件事,用对方法。

语文课堂固然欢迎"声、光、电"等多媒体手段的植入,但无论手段如何与时俱进,基于手段的方法选用也大有考究,语文教学一定要使用语文的方法。语文的方法也就是适切语文课堂、彰显语文课程特点的方法。下面试举几例。

炼字品句。朱自清先生这样描绘"荷塘上的月色":"月光如流水一般,静静地泻在这一片叶子和花上。"这里的"泻"字耐人寻味,可引导学生体悟其中的意蕴。首先有空间感,将读者的心智一下子拓展到广袤的宇宙,皓月当空,月光浸入人的心底;其次有流动感,紧承前文"如流水"三字;再次有敞亮感，水本无色，经由明月的观照，天地间，包括眼前的荷塘，顿时亮丽起来："泄"实不是"照"等字可以比拟的。又如唐代大诗人张九龄《望月怀远》中的名句："海上生明月，天涯共此时。"这一联出句写景，对句由景入情，诗人用朴实而自然的语言描绘出一幅绝美画面：一轮皎月从东海那边冉冉升起，相隔天涯的人，此时也可能对月相思吧。这一"生"字，极为生动，与张若虚"海上明月共潮生"中的"生"字，有异曲同工之妙。妙在哪里？"生"固然有"升起"之意，但言外还有"生长、生命、活力、崭新"之意趣。学生如能领悟其间一二，"真教"便露端倪。再如余光中《听听那冷雨》中的奇特句子："回忆江南的雨下得满地是江湖下在桥上和船上，也下在四川在秧田和蛙塘下肥了嘉陵江下湿布谷咕咕的啼声。"初读，一般的读者还会读得磕磕绊绊，但越读会越有味道。这里，余光中先生借用欧式句法，运用拟人、通感的修辞，将江南雨之丰沛、绵长、多情、缱绻，表达得诗意盎然，一读难忘！

释义寻根。国学大师陈寅恪先生曾说过："依照今日训诂学之标准，凡解释一字即是作一部文化史。"当讲到欧阳修《醉翁亭记》中"负者歌于途，行者休于树"一句时，可以在黑板上写出"休"的篆体，并告诉学生，"休"是左右结构，由左边的"人"和右边的"木"组成，"一个人靠在树上"就是休息之意，这是中国汉字造字法中的会意法。当讲到范仲淹《岳阳楼记》"沙鸥翔集，锦鳞游泳"一句中的"集"字时，可以与学生细细分析，"集"字是上下结构，上面这部分"佳"读 zhuī，下面"木"也表示树。根据东汉许慎的《说文》可知，"佳"字指"短尾的鸟"，因此，"集"就是鸟停在树上，其本意就是"栖息"。再如"薄暮冥冥"之"暮"字。汉语最早只有"莫"，并没有"暮"。"莫"的意思是"太阳掉在草里面"，也就是日暮之时。后来因为"莫"常借用为副词，解释为"不要"之意，如"莫等闲，白了少年头"，于是祖先又专门造了"暮"字来表示日暮、傍晚。[1]当讲到柳宗元《种树郭橐驼传》中"字而幼孩，遂而鸡豚"一句时，可告诉学生，"字"也是会意字，上面的部首"宝盖头"表示房屋，下面的"子"表示小孩子，合起来表示在屋里生孩子，即生育，引申为养育、教育。

涵泳体悟。涵泳有潜游、浸润、沉浸、深入领会之意。左思《吴都赋》中就有"涵泳乎其中"一句，现多指沉潜作品中，反复玩索或玩味，以求获得言

---

[1] 曹小平.文言文教学浅见[J].语文月刊:2011,03。

中奥妙或味外之旨。王实甫《长亭送别》是经典中的经典，可引领学生沉潜其中，反复玩味。文中当老夫人与长老先退场，莺莺留下与张生话别时，莺莺说了这样一句话："张生，此一行得官不得官，疾便回来。"这句话信息量挺大，可以设置问题群带领学生体会。①老夫人对张生说，俺今日将莺莺与你，到京师休辱没了俺孩儿，挣揣一个状元回来者；长老对张生说，此一行别无话儿，贫僧准备买登科录看。两人与莺莺的想法有何不同？（前两者重功名，莺莺轻功名）②文中还有哪些地方彰显了莺莺对功名的轻蔑？（如"你与俺崔相国做女婿，妻荣夫贵，但得一个并头莲，煞强如状元及第""蜗角虚名，蝇头微利"等）③"疾"字何意？表现了莺莺怎样的心理和情感？（"疾"即快，表现了莺莺担忧的心理及对张生的一往情深）④莺莺担忧什么？有何为证？（担忧张生忘了自己，如"还将旧来意，怜取眼前人"、莫要"停妻再娶妻""金榜无名誓不归""见了那异乡花草，再休似此处栖迟"等）一句朴实的送别之语，将莺莺轻功名、重情感的心性展现得淋漓尽致，令人赞叹。教语文就应该引领学生涵泳体悟汉语言文字的魅力。

因声求气。清代桐城派作家刘大櫆《论文偶记》中写道："行文之道，神为主，气辅之。""神气者，文之最精处也；音节者，文之稍粗处也；字句者，文之最粗处也。""神气不可见，于音节见之；音节无可准，以字句准之。"可见，所谓"气"，指作品所体现出来的神韵和气势，是作家精神气质和作品情感内涵的高度艺术化；所谓"声"，指长短相间、参差错落的句式和抑扬顿挫、高下缓急的声韵等音节因素。"气"需要借助"声"的外在形式表现出来；而通过对"声"的揣摩，可以领会到作品的"气"，这就是"因声求气"。"因声求气"在诗歌教学中运用最为明显。南京师范大学何永康教授，曾发表《情系南师四十年》一文，忆及词学大师唐圭璋先生，并描述了这位最慈祥、最谦和的老师别具风格的上课情形："只见他老人家端坐在黑板前，一遍又一遍地将名篇诵读。'对潇潇暮雨洒江天，对潇潇暮雨洒江天，对潇潇暮雨洒江天……'这抑扬顿挫的吟诵声，把我们渐渐地、静静地带入了美妙的诗境；然后，'柳永啊，他想啊，想啊，想啊……'想什么呢？唐老未做一字解释，只让我们全班同学由着性子自己去想象，去补充。"[1] 就"因声求气"这一方法，唐老先生给我们

---

[1] 杨启亮.体验语文：一种教学方法论的解释[J].语文教学通讯：2002，10。

做了示范。

比照参读。如苏轼的《念奴娇·赤壁怀古》，在不同版本的教材中，词句略有不同。最典型的有两组句子，一组是"谈笑间，樯橹灰飞烟灭"与"谈笑间，强虏灰飞烟灭"，一组是"人生如梦，一尊还酹江月"与"人间如梦，一尊还酹江月"。要想明白其中的真谛，也必须带着学生通过比照来参悟。我个人理解，"樯橹"比"强虏"好，"人生"比"人间"好。"樯橹"运用借代的修辞，用对方的战舰来代替敌人，比较含蓄，而且整个句子具有"灰飞烟灭"的画面感。"人生"既包括时间，也包括空间，而"人间"似乎仅指"空间"，再加上苏轼是佛学家，从"凡所有相皆是虚妄"的佛家观点来看，"人生"更契合诗人的思想。与此类似，范仲淹有首《苏幕遮》，关于该词的题目，不同版本有不同说法。根据这一情况，有位老师设计了一个很好的问题，让学生比照参悟。他说，这首词的题目用《怀旧》好，还是用《秋词》好？学生通过反复研讨，认为都可以。为什么？以《秋词》为题，落脚点是词中的秋景；以《怀旧》为题，落脚点是词人的情感。这二者在词中相辅相成，相依相融，所以用哪个都挺好。[①]

《普通高中语文课程标准（2017年版）》昭示我们，语文学科核心素养是学生在积极的语言实践活动中积累与构建起来，并在真实的语言运用情境中表现出来的语言能力及其品质；是学生在语文学习中获得的语言知识与语言能力，思维方法与思维品质，情感、态度与价值观的综合体现。它主要包括"语言建构与运用""思维发展与提升""审美鉴赏与创造""文化传承与理解"四个方面。正因为有这四方面内涵，语文课程才有明晰的十二大目标。那么四方面、十二大目标如何实现？很大程度上，要依托一节节具有"真教"属性的语文课堂。因此，认真践行"找准原点，用对方法"两件大事，"真教"就能真正发生，长期坚守并不断优化，"真教"就可成为课堂常态。

二、真学

毋庸讳言，当下语文课堂中，"假听课、假思考、假讨论、假合作、假训练"等"假学"现象，不同程度存在着。这些现象误语文、误老师，更耽误了学生，

[①] 周瑜.柔而有骨皆缘情——《苏幕遮》教学设计[J].中学语文教学：2017，03。

于是人们呼唤"真学"的回归。我们深感,在寻觅语文课堂学习真正发生的原理与机制时,姑且不谈教师"真教"对之如何影响,就学生主体而言,"动机"才是"真学"出发的地方。

为什么?因为动机是激发和维持有机体行动,并将行动导向某一目标的心理倾向或内部驱力,它是直接推动个体进行活动的,且具有三方面功能。一是激发功能,激发个体产生某种行为;二是指向功能,使个体的行为指向一定目标;三是维持和调节功能,使个体的行为维持一定时间,并调节行为的强度和方向。实验表明,个体活动不管简单还是复杂,都要受到动机的调节和支配,学生的课堂学习行动也不能例外。

什么是学习动机?教育心理学告诉我们,学习动机是直接推动学生展开学习活动的内部动力,通常由内驱力和诱因两个因素构成。内驱力是指在有机体需要的基础上,产生的内部推动力,是一种内部刺激,与需要成正比;诱因是指引起个体动机的外部刺激或情境,是有机体趋向或回避的目标,包括正诱因、负诱因两种。

那么,基于动机学原理,在语文课堂中如何培养学生的学习动机,催生学习真正地发生?

第一,培植情愫,让学生好之乐之。

这里的"情愫",主要包括两方面内涵。

一是良好的师生关系。《学记》中说,亲其师,信其道,可见良好的师生关系对学生的学有多么重要。学生喜欢语文老师,往往就会对语文课堂充满期待,其在语文课堂上的表现,也会可圈可点。我有一位同事,写得一手好字,毛笔也颇有功力,而且还擅长写诗,他的课堂板书通常就是一幅书法作品,学生们非常喜欢他。虽然他年龄不小,但孩子们都会以"某哥"呼之,他也享受其中。在他的潜移默化下,学生的书写和写作素养均呈现良好发展态势。特级教师陈日亮先生说:"我即语文。"这位老师的行事倒颇有陈先生的风范,一个优秀的语文老师,本身就很有魅力。二是学生对语文的情感。语文课程的一个重要使命,就是培养学生对语言文字的"深情厚谊"。有道是"情人眼里出西施",语文老师应充分发挥这一效应,因为学生一旦爱上语文,即使在学习过程中遇到困难,也会彰显良好的耐挫力,保持热爱语文的初心,不失前行的动力。语文课程吸引学生的美点很多,如现代诗歌的音韵、古典诗词的意境、文言传记的深邃、哲理散文的思辨、汉语言文字的构造等;如温庭筠的缱绻缠绵、苏东坡的豪放旷达、李清照的婉约清新、陈子昂的苍茫悠远、李太白的纵横飘逸、杜子美的沉郁顿挫等。培养学生的语文情感时,要与答题技巧、刷题冲刺等应试行为保持适度距离,尽管那些也是学生语文素养生成中的一份追求、一段历程,但那其实不是语文,顶多是学生成长中,顺手而为之事、顺其自然之行。

当学生情感转化为基于语文的"审美需要"且"审美需要"激发了学习语文的动机,那么,孔子所说的"知之者不如好之者,好之者不如乐之者"这一盛况,就会自然呈现。

第二,创设情境,让学生跃跃欲试。

创设情境,即通常所说的情境教学法。情境教学法是指课堂中,教师有目的地引入或创设具有一定情绪色彩、以形象为主体的生动具体的场景,以引起学生一定的态度体验,从而帮助学生理解教材,并使其心理机能得到发展的教学方法。其创设路径往往包括"生活展现、实物演示、图画再现、音乐视频渲染、表演体会、语言描述"等几种,后面四种是语文课堂常取路径。情境教学法的核心功能在于唤醒学生的情感,情感激起需要,需要生成动机。

苏教版高中语文教材中有一本名为《唐诗宋词选读》的选修读本。教学这本教材,情境教学法是不错的选择。比如,有老师就充分运用视频资料《唐之韵》来实施这一教法。《唐之韵》是中央电视台精心制作的一部大型文献纪录片,近20集。解说词文采飞扬,华丽灵动;画面精美,词画相融;脉络清晰,信息量大,庄重里透着浓浓的情趣、意趣。最为难得的是,该片的制作构思与苏教版选修教材的编写思路高度契合,从初唐、盛唐,到中唐、晚唐,一路娓娓道来,引人入胜。选修教材的教学与必修教材的单元教学,具有完全不同的特点,前者更注重全局性、整体性。学《唐诗宋词选读》,除了要把握单个诗人、部分作品外,更重要的是把握整个唐诗宋词的发展脉络,学这本教材就是学"唐诗宋词史",在诗词史中体悟时代的宏伟画卷、诗人的才情与命运。因此,在学习"风神初震"的初唐诗之前,播放视频中关于初唐诗歌的情况;在领略"声律风骨兼备"的盛唐诗时,即播放盛唐诗况;至于"创新求变"的中唐诗、"诗国余晖中"的晚唐诗,亦采用此法。当讲到宋词部分时,则运用中央电视台另一部文献片《宋词十家》。当然这些视频,需要先剪辑,这样效率更高、效果更好。情境的创设既链接了"旧学",又建构了"新知",文史知识、文人轶事又那么丰富、有趣,学生们非常喜欢,经常是徜徉其中,流连忘返。

第三,明晰目标,让学生心生向往。

目标是个体要达到的标准或结果,是其所期望的未来状态。动机依存目标,因为目标引导个体行为的方向,并且提供原动力。如果个体对目标的认识,由外部的诱因变成内部的需要,进而化为内驱力,就能推动行为的展开。

语文的目标有大小之分,大的指课程目标,主要指新版课程标准中"四大方面素养、十二个子素养";小的则指一次语文实践活动、一节语文课甚或是课堂中一个教学环节所要达到的要求。我们这里说的是小目标。比如,魏书生老师上课,第一个环节就是"定向",他常常将目标板书在黑板上,然后才开始教学。魏老师这一做法,看起来素朴,其实非常睿智,它至少有三方面亮点。首先,避免了教学步骤上的冗繁枝节,让课更干净;其次,让学生心里有数,这节课就做这几件事,完成就好,从而课堂效率更高;最后,激发了孩子们的学习动机,在他的课上,"目标"这一外部诱因已成为每个学生的需要。又如,有老师执教老舍先生的《想北平》,也是先明确目标,再开始教学的。他的教学目标就是一个:如何理解"要落泪了,真想念北平呀"这句话?当然,为了帮助学生顺利解决这一难题,他围绕目标设置了问题群,由易到难、由此及彼、由表及里,予以铺垫。再如,执教柳永《雨霖铃》等古典诗词,都可以在课堂最后一环节,留出10分钟让学生背出全词,"会背"就是这一环节的目标。诚然,目标提出的时机与方式允许多样化,可以课始提,也可以课中、课末提;可以板书、PPT展示,也可以口头表达;唯一不能变的,就是每堂课必须有。明晰目标,是激发学生学习动机的有效手段,也是语文课堂的常识,一定要坚守!

第四,环环扣问,让学生思绪绵绵。

精巧置问,属于问题情境的创设,学生一旦有了解决问题的需要,动机即生。环环扣问,则是通过对学习动机的维持与调节,来引导学生不断思考,而思绪绵绵是学习真正发生的重要标志。通常,环环扣问的主体是教师。

我在执教杨绛先生散文《老王》时,就采用了"环环扣问"的手段来催生学生的学习动机。在欣赏完课文的视频兼朗诵之后,首先发问:同学们看这篇散文哪句话是"文眼"?(学生异口同声"那是一个幸运的人对一个不幸者的愧怍"。)接着连续发问:"幸运的人"指谁?(作者。)她的幸运表现在哪里?(在那段灰色的日子里,一家人还得到老王的帮助。)"不幸者"又指谁?(老王。)老王的不幸表现在哪些方面?(职业、家庭、身体等。)作者与老王之间有哪些故事?(互相帮助。)作者为什么对老王感到愧怍?(她给予老王的情感和老王给予她一家的情感并不对等。)如此方法,还可以用于古典诗词的教学。如教学李煜的《虞美人·春花秋月何时了》。可以这样发问:词中哪个字是"词眼"?(愁。)李煜愁什么?(春花秋月何时了、往事知多少、朱颜改。)为什么愁?(昔为君、今为囚、前途未卜。)如何写愁?(恰似一江春水向东流。)再如执教杜甫的《登高》。可以这样发问:诗中哪个字是"诗眼"?(悲)杜甫悲什么?(秋景、秋情、秋境。)为什么悲?(国破家亡、漂泊江湖、孤独多病、年事已高、壮志难酬。)如何写悲?(意象、身世、身体、前景。)

频频发问,让学生的思维不停步,而与之相匹配的各种学习活动,诸如小组讨论、师生生生生本对话、自由表达等,也不停步,这样的学习就是基于动机的真学习。

第五,授之以渔,让学生学而有境。

语文作为奠基生命的学科,已越来越受到学生的重视。就初衷而言,孩子们渴望学好语文,但许多学生因种种原因陷入"想学不会学"的境地,久而久之,动力源枯竭。语文老师的一个重要使命,就是授学生"以渔"。如果学生的语文学习呈现出"想学—会学—取得成功—更想学—更会学—取得更大成功"的良好态势时,语文课堂庶几成功了一半,学生们语文核心素养的生成与建构即毋庸担心。

一位老师概括了"语文学习十六法":课文预习法、课文分析法、语文复习法、三步精读法、略读法、速读法、朗读法、整本书阅读法、作文材料积累法、作文材料提炼法、作文仿写法、作文修改法、听知能力训练法、工具书使用法、课外信息借鉴法、课文兴趣培养法。[1]虽然分类还不是非常合理、清晰,但涉及的面还是挺广的。对学生而言,有一定的指导性,方法本身也具有一定的可操作性,但这里体现更多的是程序性方法。我们认为,让学生动机强烈、内驱力源源不断的核心学习方法,主要是两个,一个是"质疑法",一个是"思辨法"。

古人云,学贵有疑。从思维方法看,语文学习中的"质疑"主要包括"正向挖掘思维、逆向求异思维、多向发散思维"三类。从学习内容看,语文学习中的"质疑"主要包括"质背景、质思路、质重点"三种。[2]比如,有学生质疑老师将莫泊桑《我的叔叔于勒》的情节思路,解读为"盼于勒—赞于勒—见于勒—躲于勒"不太合理,不如改为"见于勒之前—见于勒之时—见于勒之后",因为"盼、赞、见、躲"四个字,感情色彩不一致,前两个是褒义词,"见"是中性词,而"躲"则暗藏着贬义的色彩。学生的质疑颇有价值。我国古人也崇尚"思辨法",孔子就说过"学而不思则罔",思辨可以破除迷惑。例如,老师可引导学生思辨:"春风又绿江南岸"中的"绿",为什么比"到、吹"来得出彩?"乱石排空,惊涛裂岸"与"乱石穿空,惊涛拍岸"有何高下之分? 如是等等。

教学生以方法,不仅让学生学而有序,而且可以让学生的思维深度介入,从而走进学习的深层次,学且有境。

三、有境

曾看到过李镇西老师教学鲁迅先生《祝福》的课堂实录,感慨良多。李老师原计划用三课时完成教学任务,但最终用了四课时。他的四课时大概是这样的。

第一课时,李老师从学生介绍的秦观的《鹊桥仙》导入,他说:"读这首词,我最大的感受是,做现代人真是幸福,相爱的人之间哪需要什么'飞星传恨',发个邮件——哦,不对,连邮件都不用,打个电话就行了。相比之下,鲁

---

[1] 程光华.语文学习方法浅论[J].雁北师院学报:1994,04。
[2] 刘赤符.语文创造性学习的规律与方法[J].常德师范学院学报:2001,09。

迅笔下的祥林嫂就没有这么幸福了!"导入之后,他就问哪些同学课前已经把课文完整读过一遍。不多,还不到一半。于是李老师让学生读,要求学生在书本上留下阅读的痕迹。大约25分钟过去了,同学们基本读完一遍了,师生共同交流阅读感受。有的读出了"平静",有的读出了"愤怒和同情",有的读出了"沉重",有的读出了"悲哀",有的读出了"控诉",有的读出了"虚伪"。由于预习占据了半节课时间,所以第一节课在经历了六个同学的发言后,就结束了。不过在每个同学发言时,李老师都做了精彩点评。第二课时,是第一课的延续,仍然是师生交流阅读感受。同学们又表达了读出"难过、疑惑、惆怅、孤独、批判"等感受,在对话中因为一位同学将祥林嫂和《家》中鸣凤进行了对比,引出课堂讨论的高潮。同时又因"鸣凤之死"是自杀这个话题,生成了一个全新的话题,"祥林嫂是自杀还是他杀"。为了解决这个问题,学生又开始重新阅读课文,激烈讨论起来,学生间的观点明显分成两派,一半以上的同学认为是自杀,于是李老师让同学们分成两组辩论。孩子们唇枪舌剑,你来我往,不亦乐乎。李老师游刃于其中,集点评、主持、参与者于一身。到了下课的时候,同学们意犹未尽,还有好多话要说。李老师适时点拨,指出祥林嫂无论怎么死的,都"非死不可",同学们可以将关注的焦点集中到"元凶是谁",并让学生写一篇小作文《逼死祥林嫂,某某某罪责难逃》,准备下一课继续讨论。第三课时,开始讨论前,李老师建议同学们以起诉书的形式,起诉逼死祥林嫂的元凶。而且打算前半节课同学们说,后半节课自己说,正好三节课完成教学任务。李老师话音未落,孩子们就举手发言了。有的控诉"祥林嫂前任丈夫之母",有的控诉文中的那个"我",有的控诉"四婶",有的控诉"四叔",有的控诉"卫老婆子",有的控诉"封建礼教"……到了下课前五分钟,李老师接过学生发言,对同学们控诉的所有人进行无罪辩护,但引起了孩子们的反驳,虽如此,李老师还是匆匆结束了发言。第四课时,正因为第三课的匆忙结束,李老师觉得没有完全表达自己的想法,于是又增加了一课时。在这一课中,主要是李老师讲述,孩子们静静听。他先后谈了"给那些人做无罪辩护的原因""礼教为何能杀人""何为三纲五常、三从四德""如何看待鸣凤和祥林嫂""什么是新礼教""《祝福》的时代意义"等。

无论是从一节课还是从四节课来考查,李老师所执教的《祝福》,似乎都不是我们传统意义上的好课。教学预设似乎不那么"匠心",细节处理似乎也不那么"精致",但我"虽看犹听",就算是看实录,也觉得很过瘾。钱梦龙先生对李镇西老师的课有这样的评述:"它们就像一道山间的泉水,从高处一路自由自在地流泻下来,曲曲折折,琮琮琤琤,随物赋形,无羁无碍。这样的课,实在说不上什么'法'、什么'式',是'行到水穷处,坐看云起时'的悠然,是'此中有真意,欲辩已忘言'的潇洒。这大概就是《老子》所说的'大音希声,大象无形'的境界——至少是镇西正在追求着的一种空灵的境界吧?"[①]钱先生的分析入情合理,耐人回味。从课堂的呈现来看,李老师的课的确是"悠然"的,这种"悠然"是由他个人的从容大气生成的。同时他的课也是"素朴"的,因为最美的声音和形象,往往是无响和无形的。而一堂课或一组课,它的美往往是多层次、多维度的。李老师的课除了"悠然""素朴"外,最大的美点在于"生本情怀"。"教育即生长,生长就是目的,在生长之外别无目的。"[②]语文教育当然不例外。李镇西老师将语文课堂视作学生生命拔节的最重要舞台,在他的课堂上,尊重学生不是一句空话,而是落实到教学情境的每一个细枝末节中,他把"以生为本"的思想,通过师生的互动,在语文课堂放大到极致,"生本情怀"就是其语文课堂教学的境界!当然,他的课就是好课!

在平时的阅读中,人们常常发现,许多课例之所以成为经典,正是因为它们厚重得有境界,读来令人心生欢喜。郑逸农老师是"非指示性"语文教学的倡导者,他的课可以说是这方面的代表,《再别康桥》课堂实录就是其经典课例。

开始上课后,郑老师首先介绍了《再别康桥》的创作背景,然后用五个板块来构建课堂。第一个板块,让学生初读两遍,说说各自的原初体验,即读了本诗后,最大的感触是什么?自由发言后,进入第二个板块,请学生思考,读这首诗最想学的是什么,确立学习目标。根据学生笔记,郑老师把学生的学习指向概括了一下,大概有语言、意境、情感、构思等四方面。目标确定好之后,学生以研究性阅读的方式,探究、发现,然后进行小组和全班的交流。

---

① 李镇西.听李镇西老师讲课[M].上海:华东师范大学出版社,2005。
② 周国平.周国平论教育[M].上海:华东师范大学出版社,2009。

交流之后，郑老师把学生的阅读理解再往深处引，进入第三个板块，选出学生中典型的五个问题进行小组讨论、全班交流。随着讨论的深入，同学们对诗句的理解也渐趋深入，郑老师也随机参加学生的讨论，在此基础上进入第四个板块，老师提问和介绍他人阅读体验。第五个板块则是由学生代替老师做课堂总结。

这里郑老师的课堂"五板块"是师生活动的环节，是形式预设，并没有内容预设，而这一点正是郑老师课堂的独特美点。这个独特美点就是郑老师的课堂教学境界，可以称之为"一路生成"。

"一路生成"的境界是如何营造的？是由文本、老师、学生三者美丽情感的融合而产生的。《再别康桥》是一首很美的抒情诗，它"美在宁静，美在空灵。诗人告别康桥时，没有喧嚣的车马，没有凄切的寒蝉，也没有叮嘱的友人，只有大自然的金柳、青荇与清泉，静静的、悄悄的，祥和、柔美、飘逸，给人以梦幻般的感觉"。[1]"一路生成"境界的产生还应了郑逸农老师的"二不"精神，即"不指示学习目标，不指示学习答案"。"就是说，学习一篇文章，学习目标不是教师根据自己的理解在办公室里预设，而是学生根据自身特点（认知、情感等）与文本特点在教室里现场确定，并且带有个性差异；问题答案不是由教师明确宣布，而是由学生思考讨论后得出。"[2]"一路生成"境界的产生最主要还是应了学生的"四自"精神：用自己的心灵去感悟，用自己的观点去判断，用自己的思维去创新，用自己的语言去表达。

第四节 "真境"四维度

一、四维度的基本内涵

自然、真切、深沉、韵味是真境四维度。

"自然"即不造作，"清水出芙蓉，天然去雕饰"。教学手段的选用，教学

---

[1] 郑逸农."非指示性"语文教育初探[M].杭州：浙江教育出版社，2006。
[2] 刘丽丽.新课程·新理念·新视域[M].天津：南开大学出版社，2014。

过程本身,教学流程中师生的状态都是本色、清新的。"真切",即真实、贴切:第一个层面在"理",就是课堂教学设计有客观、合理的理论依据,教学是基于科学的理论、前瞻的理念、客观的教情和学情的;第二个层面在"事",整个教学过程都是初始化、原生态的,不存在预练、表演的痕迹;第三个层面在"情",师生的态度、对话的氛围,素朴而和谐,都蕴含着来自心灵深处的真诚。"深沉",即课堂有厚度,教学内容适切而不浅薄,学习体验深刻而不肤浅,教学氛围和融而不生硬,教学对话热烈而不虚浮,一切指向学生的语文素养和未来发展。"韵味",即课堂富有艺术性,互动生成的手段更多样、过渡更巧妙、方式更精致、活动更有意趣,让听课老师久久回味,让学生恒久难忘。

这四者的关系不是平面的,而是立体的。"自然"是教学手段的特征,是四个表征的基础,是语文课堂的前提。"真切、深沉、韵味"则是在"自然"夯实的地基上形成的关于语文课堂教学的美学特征,三个美学特征之间是并列的关系。四者关系也可以用立体几何中的"正四面体"来表示,底面的三角形是"自然",斜竖着的三个三角形,分别是"真切、深沉、韵味"。一言以蔽之,"真境"四表征,其实就是"真境"四维度。王国维说:"境界有大小,不以是而分优劣。'细雨鱼儿出,微风燕子斜',何遽不若'落日照大旗,马鸣风萧萧'。'宝帘闲挂小银钩',何遽不若'雾失楼台,月迷津渡'也。"我以为,四个维度都达到了,谓之"大境界",只有部分达到了,谓之"小境界"。"大境界"固然令人神往,"小境界"也是别有风味的。

二、真境四维度的课例分析

且以笔者曾经执教过的史铁生的《我的梦想》为例,以做说明。

实录呈现:

师:同学们好,今天这堂课,我们一起来分享史铁生散文《我的梦想》。课前,同学们认真地预习,提出了一系列好问题。

(播放幻灯片:1.作者第二节写道:"第二喜欢足球,第三喜欢文学,第一喜欢田径",足球为什么排在文学之前?又为什么把第一写在第二、第三的后面？2.如何理解"你会觉得他们是从人的原始中跑来,跑向无休止的人的未来,全身肌肤如风似水般滚动就是最自然的舞蹈和最自由的歌"这句话？）

师(指幻灯片)：这里有同学们提出的两个问题。(生齐读。)这两个问题怎么理解？同学们可以任选一个思考,然后集体交流。

(学生思考、讨论,教师巡视。)

师：有没有想法？我叫不出大家名字,直接站起来说好吗？谁先来？

(一学生站起,他选的是第一个问题。)

生：文学容易得到,足球和田径不容易得到,所以这样排列。

师：有道理,还有其他想法吗？

生：把"田径"放在最后面有强调的意思。

师：嗯,有一定的道理,但是还不令人信服。如果说作者将足球放在文学前面,就是因为更喜欢足球而已,有没有这种可能呢？

生(齐)：有可能。

师：从哪儿看出来的？

生：文章第一节。

师：对了,所以足球排在文学前面。那为什么把田径放在最后呢？

生：作者第二节开始就要写与田径有关的事,把田径放在最后自然引起下文。

师：说得很好！哪个同学选第二个问题的？

(没有学生选择,师生一起来朗读这道题。)

师：这句话在文章第几节？

生(齐)：第二节。

师：描述的是什么对象？

生(齐)：运动的情景。

师：作者这样描写除了写出运动的情景外,还写出了什么？

生(齐)：运动的魅力。

师：作者告诉我们运动有哪些魅力呢？

生：力量,意志,优美。

师：哪些句子表现了力量、意志、优美呢？

生:"从人的原始中跑来,跑向无休止的人的未来"表现了力量和意志。

师:优美呢?

生:"全身肌肤如风似水般滚动就是最自然的舞蹈和最自由的歌"表现的是优美。

师:这里用的什么修辞?

生:比喻,比喻中的暗喻。

师:对了。同学们看,理解句子不能凭空想,要到具体的语言环境中去,要抓住关键词句和所用表达方法。

师:(切换幻灯片,出示第二组问题:作者的梦想到底是什么?)同学们注意了,作者在文章中提到"梦想"这个词的次数不多,有几次?

生:一次,在第六节的末尾。

师:作者更多地将梦想换成另外一个词——"白日梦"。那是不是说梦想和白日梦可以画等号?

生(齐):不是。

师:那根据同学们的经验,梦想是什么意思?

生:梦想应该和理想的意思差不多。

师:还有其他理解吗?

生:我觉得梦想是难以达到的东西。

师:梦想与白日梦不能画等号,那它们有没有相似的地方?

生:两个词都有难以实现的意思。

师:看来要理解作者的梦想到底是什么,还必须从"白日梦"入手。写"白日梦"的段落主要集中在第三节和第六节。我们先看第三节,哪个同学自告奋勇朗读一遍?

(一学生自动站起来朗读,教师要求其他学生在听的时候,将描写白日梦的文字画出来,一会儿讨论。)

生:第一个白日梦是要有刘易斯那副身体,至少有1.9米以上的身材。

生:想和刘易斯一样做一个最幸福的人。

师:最幸福具体指什么?

生:要跑得更快,一百米不能只跑九秒九几。

师：同学们说得不错。(播放幻灯片,梦想之一:有刘易斯那副身体,至少有1米9以上的身材,一百米不能只跑九秒九几。)现实的史铁生实在令人沮丧,我们在学习《我与地坛》时已经有所了解,请看大屏幕。(播放幻灯片,背景链接1,介绍史铁生早年情况。)

师：看完第三节,我们再看第六节,这一节写了哪些白日梦呢?(请刚才读第三节的同学推荐一同学读第六节,其他同学边听边找。)

生：有一个健美的躯体,有一个了悟了人生意义的灵魂。

师：这是梦想之二(播放幻灯片,将第三节的梦想之一与第六节的梦想之二,同时呈现出来。),我们把两个梦想摆在一起,同学们看有没有变化?

生：梦想之二中的"有一个健美的躯体"包含了梦想之一的三个内容,增加了"有一个了悟了人生意义的灵魂"。

师：对,那同学们有没有想过,作者为什么会变化?他有变化的"资本"吗?

生：作者说,他领悟到这一切。

师：这一切,指什么?

生：应该指上帝从来不对任何人施舍"最幸福"这三个字,他在所有人的欲望前面设下永恒的距离,公平地给每一个人以局限。

师：还有吗?

生：还有"如果不能在超越自我局限的无尽路途上去理解幸福,那么史铁生的不能跑与刘易斯的不能跑得更快就完全等同,都是沮丧与痛苦的根源"这一句。

师：补充得很好,有没有其他内容了?

生：在百米决赛后的第二天,刘易斯在跳远比赛中跳出了八米七二,他是个好样的。看来他懂,他知道奥林匹斯山上的神火为何而燃烧,那不是为了一个人把另一个人战败,而是为了有机会向诸神炫耀人类的不屈,命定的局限尽可永在,不屈的挑战却不可须臾或缺。(依次出示学生找到的三句话。)

师：很好。我们来看看每一句话的含义。先看第一句,哪个同学谈谈自己理解?

生:第一句话可能有两个意思,一是最幸福其实并不存在,二是每个人都有局限。

师:有道理,其他同学同意吗?(齐说同意)好!再看第二句,这一句用"如果,那么"连接,同学们分析前一半是什么含义?

生:作者谈的什么是幸福?

师:到底谈的什么是幸福,还是怎样才能幸福?

生:怎样才能幸福?

师:那怎样才能幸福呢?

生:超越自我局限。

师:第二部分什么含义?它是一个判断句,找找主干。

生:说的是沮丧与痛苦的根源。

师:什么是沮丧与痛苦的根源?

生:史铁生的不能跑与刘易斯的不能跑得更快。

师:根据第一句的分析,这两点其实就是这两人的什么?

生:局限!

师:对了,连起来说,就是局限是沮丧与痛苦的根源。同学们理解得不错,来看第三句。就第三句而言,史铁生这样理解刘易斯,有依据吗?

生:有依据。刘易斯在第二天的跳远比赛中跳出8.72米的好成绩。

师:这个成绩怎么样?哦,不清楚。同学们知道这是哪届奥运会吗?不知道。难怪,你们太小,是1988年汉城奥运会,汉城就是现在的首尔。其实刘易斯8.72米的跳远成绩也是冠军,虽然短跑输给约翰逊,但并没有影响第二天的跳远比赛,是好样的。那作者的理解对不对呢?请看前面。(出示背景链接2,介绍两人的历史性会面。)

(出示第三组问题:1.文章最后一句有何含义;2.第六节写完后本可结束,为什么还要加上第七节;3.为什么写最后一段?4.文章最后一节和标题"我的梦想"有何关系?)

师:这里虽然是四个问题,实际上2、3、4三个是一个问题,也就是最后一段有何作用?我们一起来朗诵这一段。(师生齐读。)

师：这一段末尾一句是个反问句，如果换成陈述句应该怎么说？我们一起来改：我们应该对灵魂有了残疾的人，比对肢体有了残疾的人，给予更多的同情和爱。这一句，作者关注的是谁？

生（齐）：约翰逊。

师：仅仅是约翰逊吗？应该是包括约翰逊在内的灵魂有残疾的人。这句话很重要，前面我们分析了梦想之一、梦想之二，这里实际上是梦想之三。（出示梦想之三：关注灵魂有残疾的人。）这句话不是可有可无的。如果同学们还不能理解梦想之三的重要性的话，那么我们可以将三个梦想罗列起来看一看，看看三者之间有什么逻辑关系。（播放幻灯片。）

生：层层递进。

师：能否具体点？

生：由身体到自己灵魂，是由外到内；由自己到别人，是由此及彼；由一个人到一类人，是由特殊到一般。

师：说得非常好。这样一看，第七节有没有作用？第七节不仅仅揭示了梦想之三，而且梦想还一步步升华，这篇散文的主题也随之深化了。同学们再猜猜看，史铁生的三个梦想有没有实现？（学生茫然。）

师：应该实现了。（出示背景链接3。）作者去世，捐出自己的遗体供医学研究或者给需要的人，这是从身体的角度实现了梦想；作者的作品传遍世界，给读者深刻的启发，这是从灵魂上实现了梦想。愿同学们好好揣摩作者的梦想，以及梦想背后的意蕴。

分析反思：

课上完之后，我认真进行了总结，感觉这堂课在一定程度上彰显了"真境课堂"的四个维度。

第一，这堂课，是借班上课，上课前师生互不相识，也没有直接接触，只是请他们任课老师将学生自学中形成的问题，用拍照片的方式发给了我，以便了解学生的部分需要，所以整个教学流程是未经雕琢的自然呈现。

第二，这堂课是"真切"的，集中表现在"理真"。这节课，是一堂"遵命课堂"，是"2014—2015国培计划·江苏省语文特级教师高端研修·'生成课堂工作坊'"的展示课，毫无疑问，应该上出了"生成课堂"的风貌。那么，我这里所言"理真"之"理"即生成课堂理论。生成理论认为,课堂可包括"独学—汇学—助学"三个层次,其中"独学"在课前,是指学生个体的独立学习,"汇学""助学"在课堂中。"汇学""助学"又包括"切入—展开—互联—聚焦"四个环节,其中"切入—展开"属于"汇学","互联—聚焦"属于"助学",当然"汇学""助学"两个板块,也就是"切入—展开—互联—聚焦"这四个环节在同一课堂中可以重复出现。这堂课,我也是努力去尝试"生成课堂"的课堂建构的。三组问题分成三个板块,每个板块基本体现了"切入—展开—互联—聚焦"四个环节。

第三,这堂课有一定的"深度"。就师生两方面来看,都不满足于梦想"是什么",而是积极探寻"为什么"有这样的梦想,以及关于梦想阐述的文字背后"有什么"。如课堂中师生曾经讨论,史铁生为什么有第一个梦想呢?同学们说"现实的史铁生太令人沮丧"!老师追问,你如何知道的?学生自然联想到以前关于史铁生的种种知识积累。再比如,当师生共同分析完文章最后一段的作用,面临下课时,老师追问,同学们知道史铁生的梦想有没有实现呢?学生茫然。老师就告诉学生,作者于2010年去世后,捐献了自己的器官,这是关心人们的身体,又告诉学生,作为一个作家,他的作品影响力多大,这是关心人们的灵魂,结论是,作者的梦想正在慢慢"实现"!

第四,这堂课在教学设计上也有几个值得玩味的亮点。一是学导结合。这是从教学形式上说的。课堂的展开,完全基于学生课前自学产生的问题,学在前,导在后,学和导两条线在课堂上有机交融在一起。二是重难结合。这是从教学内容上说的。表面上,课堂的三个板块由学生的三组问题领起,互不相干,实际上三个板块关系密切。第一个板块是"基点",涉及1、2段,它里面问题的解决是基础,能有效推动后两个板块问题的解决。第二个板块是"重点",涉及3~6段,它里面的问题是文章内容的核心、主体。第三个板块是"难点",涉及第7段(全文就7段),它里面的问题不解决,师生的内心期待就不完整!看似并列的三个板块,其实也是层层深入的,就像作者的三个梦想。三是内外结合。为了解现实的史铁生如何沮丧,我出示背景链接1,介绍作者生平。为阐述史铁生对刘易斯本人的理解是否合理,我出示背景链接2,介绍这篇散文发表后,两人交往的轶事。为说明作者梦想是否实现,我出示背景链接3,介绍史铁生去世后捐献器官和他所创作作品的情况。横向联系,既理解了文本内容,又拓展了学生知识,还激发了其阅读兴趣。

第三章　语文课堂"真境"的原理与机制

诗有三境：一曰物境，二曰情境，三曰意境。

——王昌龄《诗格》

第一节　教师有真修为

一、宏观"教育视野"

从宏观上的"教育视野"看，教师的修为主要表现在四个方面。

1. 真情

真正热爱语文教育、喜欢语文课堂、关爱每个学生。立意高远，发自内心地领悟到：教语文不仅是"职业"，更是"事业"，更是思想的浩瀚、精神的敞亮和文化的浸润；教语文要有"工匠精神"，即"不欺不伪、不虚不浮、不矜不夸"，精益求精，有羞耻感。

2. 真知

有深广的语文素养，谙熟语文教育教学的基本规律，在守正中不断创新，但又不止步于此，还要拥有广袤的胸襟、哲人的思辨。身处宇宙俯瞰人生，俯瞰人生洞察社会，洞察社会研究教育，研究教育践行教学。

3.真智

深度把握语文教育教学的原点与旨归,明晰"只谈应试忽略语文素养是愚蠢的、只谈素养忽视应试现实是虚伪的"道理,将学生语文素养的习得放到时代与社会的背景下去考量。作为知识分子的一族,能以独立的人格面向未来、面向世界、面向社会、面向生活。

4.真行

行之有据,教学是科学的;行之有序,教学是从容的;行之有法,教学是务实的;行之有趣,教学是艺术的;行之有效,教学是可证的。

二、微观"基本技能"

从微观上的"基本技能"看,教师的修为至少包含这样几个方面。

1.善于研究教材

先举一个例子。

2008年下半年,我有幸在江苏如东,听到著名特级教师薛法根老师执教古诗鉴赏课——《夜雪》。这首诗的作者是唐代大诗人白居易,全诗是这样的:"已讶衾枕冷,复见窗户明。夜深知雪重,时闻折竹声。"薛老师的这堂课,无论从哪个角度讲都是难得一见的语文课精品。在共同品味诗歌意蕴的过程中,师生很自然地提到诗中四句话的写作角度。在对话互动中,师生达成共识:"已讶衾枕冷"是从触觉角度来写的,"复见窗户明"是从视觉角度来写的,"夜深知雪重"是从知觉角度来写的,"时闻折竹声"是从听觉角度来写的。初看,这样的解读也很一般,可能还会有困惑,"知觉"怎能和"感觉"方面三个"子层次"并列呢? 其实不然,在这里体现了薛老师的匠心独运。

首先,我们要明白什么是感觉? 什么是知觉? 两者都属心理学概念。感觉是脑对直接作用于感觉器官的客观事物个别属性的反映;知觉是脑对直接作用于感觉器官的客观事物整体属性的反映。感觉和知觉的联系密切。感觉是知觉产生的基础,没有对客观事物个别属性反映的感觉,就不可能有反映客观事物整体的知觉。知觉是感觉的深入与发展,是高于感觉的心理活动,但它并非是感觉简单相加之总和,它是在个体知识经验的参与下,在个体心理特征影响下产生的。

其次,我们要明白白居易这四句诗的关系。关于白居易这四句诗的关系,相关的鉴赏文字,很少从整体上进行阐述,人们往往关注的是三、四句。"这两句变换角度,从听觉(闻)写出。用的是倒装方式,上句是果,下句是因,构思巧妙,曲折有致。诗人选取'折竹'这一细节,衬托出'重'字。通过积雪压折竹枝的声音,判断雪很大,而且雪势有增无已。诗人的感觉确实细致非常。'折竹声'于'夜深'而'时闻',显示出雪夜的宁静。"[1]细细揣摩,不仅仅三、四句是因果关系,四句诗总体来看,也可理解为因果关系,一、二、四句为因,第三句为果;就一、二、四句而言,均为并列关系。

综合起来看,正是因为第一句的"所触",第二句的"所见",第四句的"所听",正是这些"感觉",才让诗人形成了对"夜雪"总体特征的感悟("知觉"):重。一个"重"字内涵丰富,让人自然联想到外界气温之低,下雪时间之长,雪花之大,雪地之白。一、二、四句是"感觉"角度,第三句为"知觉"角度,薛老师的解读用语前无古人,可谓"精益求精"的杰出代表了。或许有人认为提倡文本解读用语的精益求精,是一件小事,是"吹毛求疵"。其实不然,从实质看,语文是言语教育的课程。在解读过程中,注意用语的精准,既是一种教育,也是一种示范,更是一种课堂艺术追求,不可等闲视之。当然,我们强调解读用语的精准,并不排斥多元解读。多元解读强调理解的合情、合理、合据。我们想就算解读是合情、合理、合据的,它的表达用语也应该是细细推敲,力求精准的。

再举一个例子。

2015年第3期的《语文建设》刊载了毋小利老师的文章——《<谈骨气>细读与议论文知识重构》,读后有所启发。但对毋老师于文中所持的一些看法我不敢苟同,现阐述如下。

"我们中国人是有骨气的"到底是不是《谈骨气》的中心论点。毋老师在

---

[1] 陈才智.中国古典诗词精品赏读丛书:白居易[M].北京:亚洲传播出版社,2005。

文中写道:文章起始句"我们中国人是有骨气的"单独成段,为的是强化读者对它的接受效果。这句话与其说表述的是一种"实然",不如说是表述了一种"应然",是一种价值期待,它的真正本意是一种带有强烈情感的号召:我们要做有骨气的中国人。这句话不是文章的中心论点。这一说法,窃以为不准确,"我们中国人是有骨气的"应该就是文章的中心论点。何以见得?

首先,毫无疑问!"我们中国人是有骨气的"是一个判断句,从语言层面看,作者吴晗在这里表达的的确就是一个客观判断,而不是"价值期待";而事实上,一个以判断句式表述的主张,它的"实然"性也不会因为读者的主观解读,变成"应然"。

其次,在这里,毋老师将中心论点与写作目的(文章结论部分所揭示)混淆了。语文老师都清楚,《谈骨气》一文写于1961年春天,最初发表在同年3月4日的《中国青年报》上。其时,由于"大跃进""反右倾"的错误,加上自然灾害和苏联政府背信弃义、撕毁合同,我国国民经济遇到严重困难。也就在这个时候,党中央和毛主席号召全国人民发扬民族优良传统,振奋民族精神,调动一切积极因素,克服暂时困难。这篇文章是在这样的历史条件下写成的。毋庸置疑,吴晗写这篇文章的目的,就是号召大家做有骨气的人,这个意思蕴含在文章的尾段中,而不是蕴含在文章起始句。尾段是这样写的:我们无产阶级有自己的英雄气概,有自己的骨气,这就是绝不向任何困难低头,压不扁,折不弯,顶得住,吓不倒,为了社会主义、共产主义建设的胜利,我们一定能够克服任何困难,奋勇前进。从结构看,这一段话是全文的结论,是一个带有号召性的结论,其核心意思就是鼓励全国人民"做有骨气的中国人"。我们感觉,毋老师否定首句为中心论点句,而将之理解为"写作目的",不符合议论文写作的基本常识,也有悖于读者的认知规律。

《谈骨气》究竟是证明文还是阐明文。毋老师在文中写道:为什么说文章首句不是中心论点呢?这是因为,作为一篇现实性、针对性很强的杂文,文章主旨并非要证明什么,而是要发出号召以鼓舞人心、激励斗志。按照议论文两分法(证明文、阐明文),文章应属于阐明文,其任务是:提出论见,进而向大家解释清楚自己的论见。文章在第一段发出"我们要做有骨气的中国人"这个号召之后,第二段跟着解释怎么做叫有骨气,引用孟子的话来解释可以使之更具体。第三段和第四段说我们历史上有很多有骨气的先辈，他们的事迹中蕴含着积极意义，值得我们学习，这仍然是在激励我们在当下要有骨气，和第一段暗中契合。第五段至第九段则通过三个事例来将"有骨气"这一抽象的精神内涵在第二段阐释的基础上阐释得更加具体化、形象化，使人们对"怎么做叫有骨气"有一个更清楚的认识。第六段首句"孟子说的几句话，在文天祥身上都表现出来了"，以及第八段"不食嗟来之食，表现了中国人民的骨气"，这两句话清清楚楚地透露出作者举例的用意：用事例表现、阐明"怎么做叫有骨气"，而非要证明什么。最后一段则阐明提出号召的现实意义，并在赋予"骨气"以新内涵的同时再次提出号召，和文首遥相呼应。通过以上分析可见，《谈骨气》不是证明文，它没有提出一个论点并下功夫来证明它，而是围绕"骨气"这个论题，提出了一系列论见（①我们要做有骨气的中国人；②怎么做叫有骨气；③提出这个号召有什么现实意义），并阐明之。这是典型的阐明文的写法。

在这一段，毋老师详细阐述了"我们中国人是有骨气的"不是中心论点的理由，而且对文章内容进行了"剖析"，其核心意思就是《谈骨气》为一篇阐明文！因为它是阐明文，所以篇首那句话不是中心论点。我们认为这一理由不能让人信服！《谈骨气》是一篇地道的证明文，实在不是"典型的阐明文"。

证明文和阐明文到底如何辨别？通常有三条标准。

首先，也是最关键的，就是观察文章所用的是何种逻辑思维。从思维形式看，证明文用的是逻辑证明，阐明文用的是逻辑阐明。逻辑证明是一种验证性的向心式思维，而逻辑阐明则"是一种为了解答问题而运用设想和推理并且以设想为主导，针对问题中若干未知域做出尽可能全面认知的思维形式"[①]，也就是逻辑阐明是要阐述对问题未知领域的见解而不是去论证称为论点的已知判断。以这一标准来审视，很显然，《谈骨气》运用的是逻辑证明，彰显的是一种验证性向心式思维，它并没有阐述对问题未知领域的见解。而且结合课文内容来考量，我们觉得毋老师对《谈骨气》各段内容的概括并不客观，似乎有随意猜测作者意图、朝着逻辑阐明方向硬拽之嫌。

---

① 余绍秋.论逻辑阐明和阐明文及其教学[J].华中师范大学学报(哲学社会科学版):1986,04。

《谈骨气》全文共十段,除第一段提出中心论点、第十段做出号召性结论外,每一段都指向第一段的中心论点,并非"阐述所谓论见",更谈不上"一系列创新的论见"。第二段引用孟子的话,解释什么是有骨气;第三段指出有骨气是我们民族的传统;第四段指出不同的时代骨气的具体含义不同,我们不能忘掉许多有骨气人的事迹。从三节内容来看,这些论述都属于道理论证,其聚焦点就是篇首的那句话:我们中国人是有骨气的。五、六两段,列举了文天祥抗元、誓死不降的例子;在概述完事例后,第六段第一句是这样分析的:孟子说的几句话,在文天祥身上都表现出来了;换句话说,有骨气在文天祥身上表现出来了,也就是说作为中国人的杰出代表,文天祥是有骨气的。第七段,列举的是"廉者不受嗟来之食"一例;第八段的分析就一句话:不食嗟来之食,表现了中国人民的骨气! 换句话说,廉者是有骨气的。同样道理,在第九段叙述完闻一多的例子后,作者引用毛主席的话,指明闻一多表现了我们民族的英雄气概,"英雄气概"就是"骨气",换句话说,闻一多也是有骨气的。由此观之,这三个事例都运用的是向心式思维,都指向并验证"我们中国人是有骨气的"。

　　而毋老师却说"第六段首句'孟子说的几句话,在文天祥身上都表现出来了',以及第八段'不食嗟来之食,表现了中国人民的骨气',这两句话清清楚楚地透露出作者举例的用意:用事例表现、阐明'怎么做叫有骨气',而非要证明什么'",这里难道说的是"怎么做吗"? 这是作者的意图还是人为的硬拽,不言自明!

　　其次,观察文章的写作初衷和功用。从写作初衷来看,证明文的作者是要让读者相信自己的观点是正确的;从功用来看,证明文是为了证明观点以解决读者不信的问题。而"作者写阐明文,目的是让读者明白自己阐述的见解;其功用在于阐述人们所不知而自己独知的道理而使人知晓"。[①]

　　根据前文所述文章背景可知,《谈骨气》一文的功用肯定不是"阐述人们所不知而自己独知的道理而使人知晓",作者是"为了证明观点以解决读者不信的问题",它就是证明文。那么,吴晗要让读者相信什么?"我们中国人是有骨气的!"让谁来相信呢? 一方面,让国际社会、特别是苏联政府相信,

----
① 邓辉麟.证明文与阐明文:议论文新的分类及其意义[J].广东教育学院学报:2003,02。

你背信弃义,撕毁协议,中国人铁骨铮铮,肯定能渡过难关。另一方面,也是最主要的,让全体中国人民相信,中华民族是一个有骨气的民族。为了让读者相信,作者引用了孟轲的话,孟子生活的时代距离我们数千年,引用其言的言外之意就是,中华民族有骨气的传统,源远流长。为了让读者相信,作者在讲道理之外,列举了三个事例——文天祥(士大夫代表)、廉者(穷苦人之代表)、闻一多(民主人士、学者代表),三事例具足典型性、代表性,具有很强的说服力,让人不得不信!

再次,观察文章的内部系统。阐明文和证明文的内部系统完全不同。"阐明文所阐述的往往是全方位的问题,即有关某一客观事物的一切内外联系都是未知的,有待解答的,未知域是全方位的,无确定范围的。因此,阐明文必须阐述成套的论见以解答全方位的问题。论见是指围绕论题所阐述的作者的见解,是作者对问题做出的答案。阐明文的论见总是一系列的,这一系列的见解构成了阐明文的主体"。[1]而证明文则具备常见议论文的诸多特点,"论点、论据、论证"三要素在文章中有清晰的展示;它的思路就是摆事实、讲道理来说证明中心论点的正确性,就全文而言,只有一个证明系统。对照这一标准,《谈骨气》也应该是证明文,它的主体不是"一系列见解",而是"证明系统",而且它只有一个证明系统。这一系统在前文已经阐明,这里不再赘述。

作为一篇时代印痕颇深的文章,《谈骨气》肯定不完美。但就其客观呈现的文本而言,它应该是一篇证明文,篇首的"我们中国人是有骨气的",就是全文中心论点。

2.善于把握细节

之前观摩市语文赛课,欣赏了一些精彩的课,感到很开心。不过,开心之余我也有一些慨叹与忧思。清晰地记得有一位老师上的是莫怀戚的美文《家园落日》。听完课,我知道她预设的主要程序有设问式导入、简单介绍作者、学生带着问题听老师朗读以整体感知、解读精读美文及拓展延伸等。总体上看,这是一堂不错的语文课,但我以为有几个地方还可以改进得更好。

---

[1] 邓辉麟.证明文与阐明文:议论文新的分类及其意义[J].广东教育学院学报:2003,02.

比如在说完导入语后,就安排了"作者介绍"这一环节。还有一个即教师自己读完课文后,请学生评价优劣,学生先沉默不语,终有一个胆大的"向老师发难",但所说内容完全偏离了教学预设,又没有生成新的资源,反而引起了学生的哄笑等,类似的还有一些。如今,我们正在有效教学的征程中上下求索。有效教学也就是符合教学规律、有效果、有效益的教学。"有效"主要是指通过教师的教学之后,学生能获得具体进步和发展。基于此,在教学中我们关注更多的往往是教学的结果。其实,结果来自过程,过程来自环节,而环节则来自每一个细节。作文教学论中有一句名言:与中心无关的材料一概不要。这句话蕴含的道理完全适用于课堂教学,我们完全可以说:与教学目标无关的细节一概不要。前面所述这位老师的课堂上"有几个地方还可以改进得更好",究其根底就是教学细节处理出现了偏差。审视其教学目标,纵观其整个课堂,这几个细节,对教学目标的达成未起任何作用,反而挤占了宝贵的时间,教学的有效性大大打了折扣,理应删去。

因此我想,关乎"有效"的追求,不妨从细节开始。

什么是教学细节?"教学细节"是指发生在课堂教学过程中富有思辨与灵性的课堂场景。它是一种关注,一种体察,一种创意,它充盈着灵动的智慧,洋溢着人性的光辉。它是教师教育观念的一种流露,教学风格的一种表达,教育功力的一种表现。它看似平常,而平常中蕴涵智慧;它看似简单,而简单中孕育深刻。课堂正是有了这样灵动的"细节",我们的教学才会那样饱满,那样激情跌宕,那样隽永俊秀。把握住"细节",便留住了一份精彩,营造了一份美丽。

教学细节的种类较多,有教学设计细节,有师生行为细节,有教学组织细节,有教学语言细节,等等。教学中我们不妨从以下几个角度去尝试把握。

(1)学会呈现背景。

文本解读,离不开作品背景的呈现,但背景不是语文课堂教学中可有可无的点缀,它的出现必须有作用,体现的是一种基于整堂课教学目标的价值。南开大学文学院徐江教授认为"理性、我思、致用"是有效教学的关键词,因此我始终认为,价值追求是文本解读中背景呈现的逻辑起点!在教学中,我们可以通过背景来帮助学生领悟疑难之处,帮助学生领悟美好意境,帮助学生领悟写作目的,帮助学生领悟主题思想,帮助学生领悟写作技巧,等等,没有作用,背景就坚决不呈现!同样是在赛课中,我发现有一个教师与上述老师完全不同,对背景呈现的契机就把握得很好,赢得评委们的一致好评。这位老师讲解的是季羡林先生的《神奇的丝瓜》。当她引导学生明白了丝瓜的种种神奇后,说:"丝瓜真是神奇,文章末尾说它'怡然泰然悠然坦然',像人一样有思想,丝瓜真的有思想吗?"学生回答:"这其实只是它一种强烈的求生能力。"老师说:"丝瓜没有思想,那思想是谁的呢?"学生说:"人!"老师自然接道:"对,是人,就是季羡林先生。季老为什么追求'怡然泰然悠然坦然'的境界呢?"学生不解,这时教师就用多媒体出示季羡林先生的个人资料介绍,通过了解作者背景,学生一下子明白了,所谓"怡然泰然悠然坦然",都和季老坎坷的人生经历、"豁达随缘"的阔大胸怀密切相关!

(2)学会组织活动。

课堂教学中,学习活动的组织很能表现一个教师的机智和功力。前文所说的那位老师请学生对自己的朗读进行评价,是意欲锻炼学生的说呢,还是意欲从学生的身上学到自己身上所没有的东西呢,我看都不是,感觉这个细节是随心所欲的结果,缺乏预设性和指向性,说到底是组织细节出了"故障"。与之类似,有这样一个课例。特级教师于永正老师在教学《夕阳真美》时,指导学生分角色读课文,他自己当爷爷,有意请一名男生当"奶奶",而请另一名女生当"小孙子",课堂气氛十分和谐。有一位年轻的男教师也想模仿于老师,在教学白居易的《草》时,请学生把这首古诗背诵给他听。但他没有注意到于老师"性别错位"的细节,而是直接对学生说:"就当我是你爸爸吧!把这首古诗背给我听听。"结果全场哄堂大笑,场面十分尴尬,那位老师也讪讪地不知说什么好。类似的尴尬我也曾碰到过。有一次我教学周敦颐的《爱莲说》,是借班上课。当时我提了一个自认为难度一般的问题,请该班最不愿讲话的同学发言。同学们给我推荐了一个,果然是"最不愿讲话的",尽管问题简单,我的鼓励与引导也到位了,但这位学生就是一言不发,最终我只好自找台阶,讪讪收场,我的问题也出在组织细节的安排上。

(3)学会提问技巧。

对学生进行提问是课堂教学中很频繁的一件事,尽管平凡,但要求老师要特别注意提问的细节,细节不一样,效果大不一样。两位教师在教学生学完《真想变成大大的荷叶》一文后,采用了两种截然不同的提问。一个老师问:"同学们,学完了课文,那你们想变成什么呢?"这时教室里静悄悄的,没人回答。老师为了达到这一训练点,不得不又提示:"请先说我想变成什么,再说去干什么。"虽然如此,但举手的人还是寥寥无几,即使有几个人回答,说的答案也雷同。而另一位老师是这样问的:"在夏天里,你最喜欢哪些可爱的动物、漂亮的植物呢?"学生们纷纷举手回答。这时老师又问:"假如老师给你们一根魔棒,你可以想变什么就变什么,那你最想变成什么?然后去干什么?"学生同样都举起了小手。同样一个训练点,老师不同的问话,学生回答却大相径庭,原因何在呢?其实很简单。第一个老师的提问设计,让孩子感受到的是生硬的规则,孩子对说话产生了恐惧的心理,不敢大胆表达。而第二位老师的提问设计,一方面从孩子的心理出发,找准了孩子的兴奋点,充分激发了他们的表达欲望,从而使他们产生了强烈的表达需要;另一方面,这位老师又巧妙地化解了难点,将表达的要求巧妙地融进了情境之中,让学生在不知不觉中进入了角色,于是孩子们个个愿说、想说,迸发出一句句灵动而诗化的语言,这才是真正的自由表达,真正的语言训练,只有这样的表达训练才会是轻松而高效的。

(4)学会耐心倾听。

有这样一则故事。美国著名主持人林克莱特访问一位小朋友,问他:"你长大了想当什么呀?"小朋友天真地回答:"我要当飞机驾驶员!"林克莱特接着问:"如果有一天,你的飞机飞到太平洋上空,所有的引擎都熄火了,你怎么办?"小朋友想了想:"我先告诉飞机上的人绑好安全带,然后我系上降落伞,先跳下去。"当现场的观众笑得东倒西歪时,林克莱特继续注视着这孩子。没想到,接下来,孩子的两行热泪夺眶而出。于是,林克莱特问他:"为什么要这么做?"孩子激动地说:"我要去拿燃料,我还要回来!我还要回来!"主持人林克莱特与众不同之处在于他能让孩子把话说完,并且在"现场的观众笑得东倒西歪时"仍保持着倾听者应该具有的一份真诚、一份亲切、一份平和、一份耐心,这让林克莱特和所有的观众听到了这名小朋友最善良、最纯真、最清澈的心语。

苏霍姆林斯基早就说过:"善于倾听孩子的说话就是一门了不起的教育艺术。"就教学有效性而言,耐心倾听首先是一种对学生的尊重,你倾听过程中的微笑、点头则是对学生无言的激励。其次,耐心倾听可以诱发学生思维产生灵感。叶澜教授就曾说:"要学会倾听孩子们的每一个问题,每一句话语,从而善于捕捉每一个孩子身上的思维火花。"再次,耐心倾听能有效生成新的课堂资源。有人说,倾听孩子的心声就是倾听花开的声音!我看,无论怎么说,倾听是一个不容忽视的细节,更是一种艺术、一种修养、一种智慧!

3.善于训练思维

且以古诗文教学为例做一阐述。深刻性,是思维品质中重要的一维。在古诗文教学中,我们可尝试用以下方法,引导学生走向思维的深层。

层层叩问。"层层"即"层进"之意,叩问如果能够由浅入深,由此及彼,思维走向深层就有了可能。根据主体的不同,课堂叩问的形式主要有两种,一是教师问学生,二是学生自问。

教师问学生基于教师课前的预设。

比如一位老师执教柳宗元的《始得西山宴游记》第一段,就设计了一组问题,他称之为"问题串":①柳宗元为什么开篇就点出"僇人"的身份?②为什么不说"左迁是州""谪是州",而用一个"居"字?③柳宗元为什么"恒惴栗"?这三个字在全文中有什么样的作用?"施施而行,漫漫而游"如何释义更符合"恒惴栗"的特定心态?④柳宗元为什么要用"高""深""回""幽""怪""远"这一系列形容词?这个句子是否可以简略为"日与其徒游,无远不到"?⑤"到则披草而坐,倾壶而醉",柳宗元到了目的地,为什么不观赏风景呢?既然想用醉酒来排遣心中的苦闷,为什么不在家中关起门来狂饮,却要"上高山,入深林,穷回溪",跑到这深山老林中?这个"问题串"初看起来,并没有明显的逻辑关系,实际上是按照第一段内容的先后次序提出的,而且这些问题属于聚焦型,因为每个问题都直抵作者的孤寂与愤懑,学生不动一番脑筋是无法得其意趣的。[1]又如一位老师执教杜甫的《咏怀古迹(其三)》,她以"环珮空归夜月魂"一句为"课眼",以三个问题为平台,引导学生体会诗歌清

---

[1] 刘祥.教出文言文的宽度、深度与温度[J].中学语文教学参考:2016,11.

丽凄婉的氛围,把握昭君思、怨、恨的情感及其哀婉动人的形象,从而理解诗圣在宏大叙事之下对生命个体的关怀,对人类情感的珍视。三个问题分别是这样的:①"环珮空归夜月魂"之"归"串起了哪些情节内容?②"环珮空归夜月魂"之"空",包含着全诗怎样的情感?③"环珮空归夜月魂"之"环珮",统领了全诗怎样的意境美?这三个问题有难度,但也有梯度,层进之势较为明显,依次从内容—情感—意境三个角度设问,由"归"之达意到"空"之传情再到"环珮"示美,思维渐走渐深。①

上述两位老师课堂问题的设计固然精妙,但课堂教学组织,尤其是课堂问题的提炼,其逻辑起点是学生,学生需要知道什么,他们在哪些方面还不明白,应该是"问"的核心。因此,与"教师问学生"相比,"学生自问"更显难得与可贵。

"学生自问"基于课前自读,基于自读时产生的原初感受。所谓"原初感受",是指学生基于自身已有的知识体系、能力素养、情感态度价值观,在课前与客观呈现的文本进行裸读式碰撞对接,从而产生的关于文本内涵意蕴、写作技法等的一系列问题或体验感悟。它具备主体性、独特性、客观性、多元性、合理性等特点,对课堂教学而言,意义丰赡,集中表现在四个方面:彰显语文学科人文性,契合传统语文阅读方法,确保课堂能有生成,夯实课堂对话的基础。提到"原初感受",老师们更多联想到的是现代文阅读,其实古诗文教学中,也可让学生展示"原初感受",并通过自问、自思、自议、自答的形式,训练学生思维。

如我在教学归有光的《项脊轩志》时,有学生连连发问:①"然余居于此,多可喜,亦多可悲",作者喜在何处,悲在哪里?②老妪介绍母亲后,作者写"余泣",而写完祖母后,却"令人长号不自禁",为什么?③"庭有枇杷树,吾妻死之年所手植也,今已亭亭如盖矣"表达上有什么特色?这位学生颇有思想,提出的几个问题也耐人寻味。第一个问题可谓高屋建瓴,统领全篇,侧重于对全文内容的把握。第二个问题是一个局部性问题,带有比较性,却直指作者心灵深处"悲"的根源,作者考取功名光宗耀祖之时,年龄已经不小了。第三个问题,更像电影中由远到近的特写镜头——亭亭如盖,风吹叶动,人音杳杳,诱人深味其间!发问从内容到情感到手法,符合阅读规律,也

---

① 王漫.致广大而尽精微——"诗眼"教学法的妙用[J].中学语文教学:2017,04。

彰显了由浅入深、由此及彼的层进关系,对学生思维水平的提升大有裨益。再如我教杜甫的《登高》时,引导学生自问自答:全诗的基调为"悲",那悲在何处?悲在景、情、境;悲之因有哪些?国破、漂泊、孤独、穷困、体衰等。其间不乏真知灼见。

比照参悟。"比照参悟"是培养学生思维深度常见而有效的方法。

杜甫有首诗叫《船下夔州郭宿》,其中"风起春灯乱,江鸣夜雨悬"一句中"乱"与"悬"两字耐人寻味,能否分别换成"晃或摇""下或落"?要解决这个问题,就必须在比照中参悟了。灯在江风中晃东晃西、摇来摇去,因此"春灯晃"或"春灯摇"似乎更贴切,但杜甫偏用与实际情境保持某种距离的"乱"字,将人的感觉和情感投入进去了。"乱"不仅仅形容"灯"在江风中摇晃,而且也透露出诗人因"雨湿不得上岸",与朋友在"乱"景中告别的那种骚动不安的心情。"悬"字也用得奇,人们只说"飘雨""降雨""落雨",从来不说"悬雨","悬雨"是一种全新的语言,用一"悬"字,就把那雨像是永久悬在空际的情境,以及江水鸣和着雨声,无休无止、通宵不绝于耳的感觉,鲜明而强烈地表现出来了。

下面我们来看湖北语文特级教师洪镇涛先生执教《〈伶官传〉序》的实录片段。

师:"盛衰之理,虽曰天命,岂非人事哉?"我想改一下,改为:"盛衰之理,并非天命,实乃人事也。"行不行啊?

生:我认为老师改了以后,意思就变了。

师:怎么变了?

生:原句意思应该是:盛衰之理虽然是靠天赋予的,难道没有人事作为其中的因素吗?老师改了以后,就成为盛衰之理,全在于人事,而没有天这个因素了。

师:同不同意这个意见?

生(齐):同意!

师:噢!对!我改得不好,我说"并非天命",作者并没有否认天命。好,那我再改一下:"盛衰之理,虽曰天命,然亦乃人事也。"我纠正了刚才的缺点,两方面都照顾到了,可不可以呀?

生：老师改了以后，虽然说意思没有变，但是我认为，作者说"盛衰之理，虽曰天命，岂非人事哉"，以一种反问语气，可以引起读者对国家盛衰之理有更加深刻的理解。如果按老师改后的说法，就有点牵强附会，直接给人以"虽曰天命又是人事"印象。

师：噢！你说我牵强附会，我不同意。（生齐笑。）

师：你前头说得不错，肯定了我这样改，意思没有变。但是，变在哪里呢？她刚才说得好啊，语言的力度变了！语气变了！是不是？

生（齐）：是。

师：原文很有力量，我改后的力量减弱了。你很有见解，请坐下。

洪老师就是运用比较参照的方法来教学的，不仅训练了语言，还训练了学生思维，可谓一举两得。

话题辩论。话题辩论，不仅可以让学生的思维走向深层，更可以让课堂走向高潮。

一位老师为了让学生理解陆游《示儿》中的关键句子——死去元知万事空，给学生介绍了各种参考资料上关于此句的解释：①我本来就知道人死了就什么都没有了；②我本来知道一个人死后什么事情也都不知道了；③我本来知道一个人死了以后什么事情都是空的了。然后请学生说说，哪个解释好。这一来，学生们打开了话匣子，各抒己见，展开辩论。有的说，第一种解释不妥，因为人虽然死了，但万事万物依然存在，所以不能说人死了就什么都没有了。有的说第二种略好，但诗句中"空"的意思没表达出来。有的说第三种比较好，但"空"在哪里没说，不够深刻。这时，老师鼓励学生对诗句做出新的解释。通过反复揣摩三、四句：王师北定中原日，家祭无忘告乃翁。学生豁然开朗，诗人为何觉得"空"，是收复中原的愿望没有实现。所以"死去元知万事空"一句集中抒发了诗人壮志未酬的惆怅、失落！这个解释既顾及了字面，也挖掘出字面背后之意。[①]

另一位老师在教学古诗《春晓》时，也组织学生开展了很好的辩论。老师问："春眠不觉晓"怎么理解？学生答："春天的晚上很好睡，睡得不知不觉，天就亮了。"另一个学生不同意："这不是指一晚睡得很香，只是讲早上睡

---

① 张来文.语文教学与思维训练[J].中小学管理：2000，04。

得好,天亮都不知道。"老师问了,根据何在？这学生说,"夜来风雨声"就说明他半夜曾醒过。当教到"花落知多少"时,一学生认为,"知"就是"知道",一个认为是"不知道",第三个学生却说,"知"是"知道"又是"不知道"。老师问为什么,这个学生分析:前面讲"夜来风雨声",表明刮风下雨肯定落花,这是"知道",但是这个人还睡在床上,并没有到外面去调查研究,具体落多少花,他并"不知道"。老师对孩子们的表现给予充分肯定。辩论能"逼迫"学生思维走向深刻。①

语文课堂上可供辩论的话题很多。如教授《鸿门宴》时,有的学生推崇刘邦,有的学生迷恋项羽;教授《渔父》时,有的学生欣赏屈原,有的学生认同渔父。这时候,就可以让学生展开辩论,在辩论中表达观点,加深对课文的理解。如有老师执教《陌上桑》,不少学生对阅读提示中"太守调戏罗敷"这一观点持不同的看法,认为"太守无辜,文章刻画太守的行为,完全是为了衬托罗敷的美丽"。对此,老师采用模拟法庭的形式,组织正方学生替"原告"状告太守,反方学生为太守辩护,正方学生提出"太守调戏罗敷"这一观点,反方学生则紧紧依靠文中的内容展开反驳。②实践表明,通过辩论训练学生思维的深刻性,效果非常明显。

专项研讨。在课堂上开展专项研讨,是将研究性学习的一些做法,与传统课堂教学进行了科学、合理的连接。

请看这样一段课堂实录：

师:学了李煜这首《虞美人》,你们还有什么疑问吗？

(学生懵懂,一时不明所以。)

师:你们之前已经在苏教版必修四"笔落惊风雨"专题接触到这首词,现在又在《中国古代诗歌散文欣赏》中做了比较深入的鉴赏。两部教材所依据的版本及注释的详略都有差异,这里且不说版本差异,单看注释,就很有意思。其中"只是朱颜改",《中国古代诗歌散文欣赏》有注,是怎么注的？

生(齐读):只是宫女们都老了。朱颜,红颜,少女的代称,这里指南唐旧日的宫女。

---

① 郑万忠.语文教学中的思维训练[J].扬州师范学院(社会科学版):1984,01。
② 王宙辉.辩论——语文课堂的活力引擎[J].福建教育学院学报:2006,08。

师:仔细推敲一下这个注释,有疑问吗?

生(部分):不一定指宫女吧?

师:很好,部分同学已经有所察觉了,说不一定指旧日的宫女。"雕栏玉砌应犹在,只是朱颜改",从前的南唐宫殿里,确实会有许多宫女,但现在的情形大不相同了。宋太祖赵匡胤灭了南唐,活捉李煜,押解北上,软禁在汴梁,就是现在的开封,那些旧日的宫女,宋太祖还会继续养在南唐的宫殿里吗?宋太祖"皇恩浩荡",让她们耐心地等待李煜回去继续做她们的"国主"?

生(纷纷):是啊,不应该指旧日的宫女。那应该指谁呢?是李煜自己?[①]

课上到这里,正好下课,而教师关于本次专项研讨的铺垫工作也基本做好,即本次研讨的核心问题是,"朱颜"是指"李煜"吗?接下来,教师引导学生课后从四条路径展开研讨,每一条路径都必须材料充分。第一条路径是观察李煜自己的词作,是为内证;第二条路径是查阅李煜同时代作家对"朱颜"的理解、使用情况,是为外证;第三条路径是考察李煜所处的大背景,可谓内证、外证相结合;第四条路径是基于前面三条路径,从"义理与辞章"角度考量,最终得出结论并科学表达。学生在课后积极研究,将成果带到课堂交流,充分享受了语文研究性学习的过程。专项研讨是训练学生思维深刻性的好方法,唯一的不足就是耗时多一些,但只要认真做,所得比所失要多得多。

当然,让学生思维走向深层,其方法远不止这些,这里姑且择其要。但我们深知,无论何时何地,教语言、练思维是语文课堂永远的、也是根本的任务,需要语文人孜孜以求,上下探索。

第二节 学生有真素养

"真境"课堂期待学生有良好的学习素养,即良好的听、说、读、写、思的行为、习惯、能力。当然不仅于此,真境课堂还特别注重学生阅读的"原初感受"。

[①] 朱昌元.新见,源于质疑……[J].语文教学通讯;2017,06。

一、阅读原初感受的内涵与特征

何谓原初感受？是指学生基于自身已有的知识体系、能力素养、情感态度价值观，课前与客观呈现的文本进行裸读式碰撞对接，从而产生的关于文本内涵意蕴、写作技法等的一系列问题或体验感悟。"原初感受"除了能了解学情外，还具有独特的教学意义：教是真教，学是真学，课堂"真境"成为可能。

培养学生积累"原初感受"，要把握其五个特征。

一是主体性。首先，"原初感受"的基础不是来自教师，而是来自学生，来自学生已有的知识、能力和价值观体系；其次，获取"原初感受"，需要学生主体的深度介入，否则课堂会陷入浅尝辄止的尴尬境地；第三，获取"原初感受"的方式是学生的"裸读"，不凭借教师的指点和资料的帮助。

二是独特性。"碰撞对接"，其实就是学生与文本"对话"，这种"对话"必须建立在学生这一阅读主体的人文底色上。每个学生的生活经验、知识积累、家庭背景、文化修养、审美情趣等千差万别，那么阅读的"原初感受"，也就具有鲜明的个性化特征。

三是客观性。解读文本往往有三大契入视角，分别是以作者为中心、以读者为中心、以文本为中心，这里主要指后两者。作品文本一旦面世，它的呈现就是一种客观存在，以之为前提而形成的阅读"原初感受"，它的内容本身和呈现方式也是一种客观存在。

四是多元性。多元性的产生一方面是因为关注视角的不同。如面对伯尔的《流浪人，你若到斯巴……》，有的同学关注的是德国少年的可悲命运，并由之上升到对"战争与人性"的思考，他的阅读视角是二战背景；有的同学则对文章是如何设置悬念并解开悬念深有感触，他的阅读视角是小说的叙事手法；有的同学关注的是主人公的悲剧性性格，他的阅读视角是人物形象的意义。另一方面是因为文学修养的不同。如关于莫泊桑《项链》的主旨，有的同学读出主人公面对挫折不屈服不放弃的决心，有的同学读出城镇小市民的虚荣心，也有的同学读出资本主义社会人与人之间赤裸裸的金钱关系等。

五是合理性。阅读的"原初感受"虽没有优劣、高下之分,却有合理与不合理之分。合理就是"原初感受"合乎作者身份,合乎作者写作初衷与相关背景,合乎文本内容客观呈现的事理、情理,也合乎读者基本认知规律;解读不拔高、不贬低,不牵强附会,能合理阐述作品文字背后的一系列可能。

二、学生阅读原初感受的价值追寻

那么,我们为什么要特别关注阅读的"原初感受"呢?原因之一是当今学生在语文学习中的"原初感受"已经严重缺失!抽样调查表明,"45%的学生还严重存留着'唱读'或'不会默读批注'的不良阅读习惯;20%的学生没有预习的习惯,或认为预习只是'看看课文';近60%的学生认为自己在语文课上的重要任务是'听讲'或'做笔记',自己在课堂教学中的角色是'配合老师讲好课';50%的语文课'学生没有时间读书、思考';关于如何评价一堂课的好坏,90%的学生首选'老师讲得精彩'"。[①]透过调查不难看出,相当一部分同学认为语文课是不需要阅读的"原初感受"的,自己并不是语文课堂的主人,当然他们更没有获取"原初感受"的过程与方法。我们深切感到,没有"原初感受"做铺垫的语文课堂,它的教学针对性、目标达成性、素养生成实效性等,都是令人担忧的。

实践已经表明,"原初感受"对语文课堂意义深远,它昭示了学情,又远远不止昭示了学情,它还具有其他一些独特的价值。

第一,它彰显了语文学科的"人文性"。

我们发现,在不同学段的语文课程标准中,都将工具性和人文性作为语文课程的本质属性。对这一论断尽管仍有老师不断质疑,主张"人文性"不是语文课程所独有,顶多只能说是语文课程的重要属性,而不是其本质属性;但毋庸置疑,语文课程是一门人文性很强的课程。

我们认为语文课程的"人文性"内涵主要体现在三个层面。一是指在语文课程的实施过程中,必须充分尊重学生的身心发展特点、认知规律、智能体系等,选用合适的方法、手段,最大程度地促进学生核心素养的发展。这

[①] 张兴堂."探究体验式"阅读教学法研究报告[J].语文建设:2014,04。

一点属共性的要求,其他课程也必须具备。二是指语文课程具有很强的文化熏染功能,语文课程是基于汉民族语言而建构的一门课程。王力先生曾说,西洋语言是法治的,中国语言是人治的,意思是说,西方语言偏重于理性,东方语言偏重于感性。汉语言感性的特点,自然催生了语文课程熏陶感染的文化功能。三是实施语文课程的核心——教材,即语文课程内容,具有很强的人文性。语文课程内容是中华民族五千年文明的浓缩,涵盖了经史哲精华中的精华。一个个文本组合成一幅幅生动可感的具象,让语文学习带上浓厚的具象思维特征。语文课程人文性的三个层面,要求教师必须带领学生走进文本,去触摸中华文明的各个维度,在熟练掌握汉语言文字这一工具时,走向中华文明的深处,将之融进自己的血液。因此我们说,获取鲜活"原初感受"的过程,正好彰显了语文课程"人文性"的特征。

第二,它契合了传统的语文阅读方法。

不同学生,形成"原初感受"的路径和方法不尽相同,但用语文的方法学习语文,是千千万万老师与学生的共识。也就是说,传统的历久弥新的语文学习方法,无论何时何地都值得坚守。这不仅仅是获取"原初感受"的需要,更是今天乃至以后学习语文的需要,这一需要是永恒的!经常使用的传统语文阅读方法,主要有潜心诵读、因声求气、明象悟道、涵泳体悟、比照阅读等几种。

潜心诵读。形式不拘一格,"偃仰啸歌,冥然兀坐"都可以,关键在于"心"。古人说,"熟读唐诗三百首,不会作来也会吟",又说"书读百遍,其义自见",还说"三分诗,七分读",揭示的都是诵读的真谛。

因声求气。所谓"气",是指作品所体现出来的神韵和气势,是作家精神气质和作品情感内涵的高度艺术化;所谓"声",则是指长短相间、参差错落的句式和抑扬顿挫、高下缓急的声韵等音节因素。"气"需要借助"声"的外在形式表现出来,而通过对诗文"声"的揣摩,就可以领会到作品的"气"。

明象悟道。中国传统文论认为,文章的表里应当分为语言层、形象层、意蕴层,即所谓"文""象""道"三个基本层次;其中"文"是"象"的形式,"象"是"文"的内容;"象"是"道"的形式,而"道"又是"象"的内容。阅读时批文入境,明象悟道,才可以走向文本的深层,从而获得"高质量"的"原初感受"。

涵泳体悟。涵泳有潜游、浸润之意,左思《吴都赋》中有"涵泳乎其中"之句,即沉潜作品中,反复玩味,以求文章奥妙或"味外之旨"。心理学研究表明,体悟是人的一种特殊的心理活动,主要由感受、理解、情感、联想、领悟等诸多心理因素构成,一般从对事物的亲身感受开始,在对事物的真切感受和深刻理解的基础上,产生情感,引发联想,并生成意义。①

比照阅读。就是指把内容或形式相近的或相对的两篇文章或一组文章放在一起,对比阅读,以期探求异同之趣,开阔眼界,活跃思维,从而达到把握"目标文本"的目的。

"先学后教"是江苏泰兴洋思中学当年首倡的课堂教学模式,是对传统的"先教后学、课后作业"教学模式的颠覆性改革。一堂课总要从"先学后教"的"学"字开头,这个"学"是自学、独学的意思,"学"是学生带着教师布置的任务、有既定目标的自学,当然这里的"学"包括"阅读"。学生的自学、独学成为一堂课的起点,是这种课堂教学模式的最大特色和亮点。"生成课堂"很好地借鉴并继承了这一模式和理念。

那么,学生阅读的"原初感受"与生成课堂有何关联呢?关系颇深!"原初感受"是学生课前"独学"的成果,从教师角度看,它是组织教学必需的学情;从学生角度看,它是学生期待在课堂上与同学分享的体悟或求得老师指点困惑;从教学实施或教学过程来看,它是生成课堂启动的唯一前提!

因此可以说没有"原初感受"就没有生成课堂的启动,没有启动"切入—展开—互联—聚焦",生成课堂就不可能存在。

第三,它奠定了课堂"对话"的坚实基础。

俄国文艺理论家巴赫金认为,生活,就其本质来说是对话的。巴赫金还认为,人存在的本质也是对话。他说:"人作为一个完整的声音进入对话。他不仅以自己的思想,而且以自己的命运、自己全部个性参与对话。""一切莫不都归结于对话,归结于对话式的对立,这是一切的中心;一切都是手段,对话才是目的。单一的声音,什么也结束不了,什么也解决不了;两个声音

---

① 刘仁增.体验的生成与体验型阅读教学的构建[J].中小学教师培训:2004,06。

才是生命的最低条件,生存的最低条件。"[1]

由此观之,在课堂上,每一个学生都有对话的心理需要,对话是学生的课堂生存状态。而我们的生成课堂,其本质也是对话,包括"师本对话、生本对话、师生对话、生生对话"四个基本类型。"师本对话"发生在老师与文本之间,此处无须考虑,我们应该重点关注的是"生本对话、师生对话、生生对话"。就这三者而言,"生本对话"是"师生对话""生生对话"的重要前提,而"生本对话"其实就是获取"原初感受"的过程。可见,"原初感受"对于生成课堂的对话具有重大意义,它能聚焦核心话题,营造对话冲突情境,启动整个课堂;它能激发学生自信,提升碰撞力度,满足学生对话的心理需要;它能不断汇学助学,生成新的对话语境,催生增量生成;它能推动课堂进展,形成核心目标,指向核心素养,等等。总而言之,"原初感受"决定了生成课堂的话题、过程、氛围、目标以及学生最终的收获,即决定了生成课堂的路径和指向!

第三节　教学有真功夫

语文课堂欢迎现代教学手段的介入,但手段不是目的,其运用要服从教学的需要,不可为了手段而手段。除此之外,语文课堂也要坚守传统的教学方法,如再现与还原、澄怀味象、遵路识真、文化寻根、含英咀华等,这些是由语文学科本身的特点决定的。以这些为基础,我们还可以从以下三方面砥砺教学功夫。

一、学会聚焦课眼

近年来,"课眼"作为语文教学艺术、高效语文课堂研究的关键词,进入大家的视野,渐渐成为人们关注的热点,也激起我们探究的兴趣。

---

[1] 邢秀凤.重视初始阅读体验 提升课堂对话质量——例谈小学语文阅读教学[J].课程·教材·教法:2007,02。

1."课眼"的缘起界说

"课眼"说的灵感,应该来自我国古代文论、诗论、画论中的"文眼""诗眼""词眼""画眼"等。关于"文眼"一说,应该以清代学者刘熙载为代表,他说:"揭全文之旨,或在篇首,或在篇中,或在篇末。在篇首则后者必顾之,在篇末则前者必注之,在篇中则前注之,后顾之。顾注,抑所谓文眼者也。"而"诗眼"一词,最早见于北宋,苏轼有诗"天工争向背,诗眼巧增损",范成大也写过"道眼已空诗眼在,梅花欲动雪花稀",范温的诗话更以"诗眼"为名,题为《潜溪诗眼》。"词眼"一词,首见于元代陆友仁的《词旨》,《词旨》分八部分,其六专论"词眼",刘熙载认为陆友仁"所谓眼者,仍不过某字工,某句警耳"。"画眼"之说以清代恽寿平为典型,他在《南田论画》中认为,画"譬之人,有眼皆通灵"。纵观历代学者的说法,所谓"文眼""诗眼""词眼""画眼",应该是诗文、画作中最能揭示主旨、升华意境、涵盖内容的关键性词句或笔墨。

那何谓"课眼"?众说纷纭!北京的窦桂梅老师认为"课眼即主题,是一种策略"。江苏的周成华老师认为,所谓"课眼",就是根据课文的精髓所在或是关键之处而设计的语文阅读教学的切入点、突破口。湖北的肖爱国老师觉得"课眼"是指一堂课得以展开的关键性内容。浙江的林晓老师认为"课眼"是最能表达教者旨意、最能体现文章内涵、最能彰显课堂个性的词句。湖北的曹茂海老师说:"课眼是一堂课中围绕教材的重点和难点而进行的最精彩最生动传神的教学细节。"上述这些说法颇具代表性和典型性,细细分析这些观点,我们感到大家关于"课眼"的界说,都有一定的道理,都从不同侧面揭示了"课眼"的内涵,但似乎还可以表述得更全面、更明确些。

我们认为,"课眼"是让语文课堂设计得以最优化的方法,是课文中最值得学生掌握的内容,是让学生以最经济的时间形成语文素养的策略。

2."课眼"的特征分析

统摄性。统摄有统辖、统领之意。"课眼"之所以成为"课眼",最重要的原因之一就是它事关课堂教学全局,牵一发而动全身。"课眼"一旦确定,前,它关乎预设,诸如教学内容的提炼、教学目标的确定、教学策略的选择、教学设计的编写等;中,它关乎实施,诸如教学步骤的推进、教学节奏的掌控、教学问题的生成等;后,它关乎评价,诸如目标的达成、效果的测量、作业的布置等。

独特性。同课异构,老师们对"课眼"的理解、选择、设置固然是不一样的。即使是同篇课文、同一个老师任教,在不同的时间、不同的班级对"课眼"的把握也不一定相同。内容是课堂教学的出发点,"课眼"的独特性是由内容的独特性决定的,而内容的独特性又是由教师个体的独特性决定的。老师通过研读课文选择教学内容,在筛选内容的同时孕育"课眼",然后才是明晰目标、选择方法、拟写设计,所以每一堂课的"课眼"都是独特的。

艺术性。眼睛是心灵的窗户,是一个人最具神韵的地方,课堂一旦和"眼"连起来,其名称本身就暗示着艺术品位。当然,名称是表象,"课眼"的艺术性内涵主要有五个:统摄性、独特性、向生性、简约性、高效性。统摄性、独特性上文已阐释,不再赘述。我们所讲的向生性也可以理解为诱导性,是指"课眼"的设置面向学生,是对学生的诱导,是为促进学生语文素养的提升服务的。简约性是指"课眼"的功能发挥,让课堂显得简约,即教学目标简明,教学内容简要,教学环节简化,教学方法简便,教学媒介简单,教学用语简洁。高效性是指"课眼"的设置能以最简洁的线条拉动学生最丰富的情感体验,以最简捷的方式帮助学生获得最丰厚的收成,以最接近学生的起点带领他们走向离他们最远的终点。

普适性。一般地,提到"课眼",老师们往往关注的是语文课堂的阅读教学,其实不然。语文教学的每一种课型都可以寻觅、挖掘、设置"课眼"。"课眼"理念适用于散文、小说、文言文阅读,也适用于作文评讲、试卷评析、语文专题复习、语文研究性学习等课型。

3."课眼"的基本类别

第一,教学方法类。

以课堂导入为"课眼"。有一位老师执教林清玄的散文《百合花开》,是和学生一起诵读冰心的诗句导入新课的:成功的花儿／人们只惊羡她现时的明艳／然而当初她的芽儿／浸透了奋斗的泪泉／洒遍了牺牲的血雨。这首诗就是本堂课的"课眼",因为这位老师让它支起了整堂课的结构。《成功的花儿》至少有两层含义,一是花成功了,二是花成功的背后付出了艰辛的汗水。研读课文可知,林清玄笔下的百合花也是"成功的花",百合花成功的表现在哪儿?历经磨难开出美丽的花!基于此,老师在导入课文后,稍做过渡,就很自然地让学生将百合花开的句子找出来,这一教学活动构成课堂第一大板块:感知百合花。接着又设问性过渡:百合花为什么能成功呢?学生回答:因为她坚强、信念坚定、执着等。老师追问:你怎么看出来的?让学生找出相应的语句来回答,这样也很自然地构成课堂的第二大板块:感悟百合花。一首诗"拎起"一堂课,颇为精巧!

以结构策略为"课眼"。在这一方面做得令人敬佩的是余映潮老师,他的课堂教学设计是"板块式"思路,将结构式"课眼"的挖掘和设置做到了极致。何谓"板块式思路","就是在一节课或一篇课文的教学中,从不同的角度有序地安排几个或几次呈'块'状分布的教学内容或教学活动,即教学的内容、教学的过程都是呈板块状分布排列。"[1]如《我愿意是急流》的教学构想:美美地听、美美地读、美美地品、美美地说;《口技》的教学思路:诵读、品析、积累;《七颗钻石》的教学板块:让我们来到演播厅、让我们畅游智慧泉、让我们进入创作室等。这些"板块式"结构方法就是"课眼"。余老师正是抓住这些"课眼",使得自己的语文课堂线条简洁,能完美覆盖主要教学内容,教学流程"一步一步地向前走",教学任务"一块一块地来落实",学生活动充分,积累丰富,有效提高了学生的语文素养。

以主问设计为"课眼"。有的课文可以用"问题"来统领整体教学设计。在实际教学中,以一个问题统领整堂课的情况比较少见,人们往往用一组问题,即"问题群"来建构课堂。比如教学《群英会蒋干中计》,我们可以连续设计这样五个问题:①蒋干为什么会中计?②小说通过对蒋干中计过程的描写,刻画了周瑜、蒋干怎样的性格?③课文用了哪些方法刻画周瑜、蒋干?④课文除了写"蒋干中计"外还有一些内容,它们与蒋干中计有什么关系?⑤课文为什么不直接用"蒋干中计"作为题目?[2]这五个关系紧密的问题组

---

[1] 余映潮.余映潮讲语文[M].北京:语文出版社,2008。
[2] 肖爱国.语文教学"课眼"的设置[J].教学与管理:2004,04。

成"问题群",这个"问题群"即"课眼"。解决五个问题的过程就是教学步骤的推进过程,解决了这五个问题,学生也就掌握了课文的核心内容,教学目标也自然达成。

第二,教材文本类。

因为课文的文质兼美,丰富多彩,来自教材文本的"课眼",也会显得精彩纷呈。有的老师以文章的标题为"课眼",有的以文章里面的字、词、句、段、标点符号为"课眼",有的以文章的难点、妙笔和情节为课眼,有的以文章的情感变化、行文线索、主题思想为"课眼",等等。我们感到有一些来自文本的"课眼"新颖别致,值得大家关注。

以背景为"课眼"。背景对提高学生语文素养非常重要。孟子说:"颂其诗,读其书,不知其人可乎?是以论其世也。"唐代大诗人白居易亦云:"文章合为时而著,歌诗合为事而作。"《普通高中语文课程标准(实验)》也反复强调,要引领学生"查阅有关材料,了解与作品相关的作家经历、时代背景、创作动机以及作品的社会影响等",对作品进行合理并有创造性的解读。因此在实践中,我们可积极尝试以背景为"课眼",来设计课堂教学。有一位老师在执教端木蕻良先生的《土地的誓言》时,就做得很好。《土地的誓言》表达的是东北人民对日本侵略者的愤怒,以及对故土的热爱之情。文章本身激情澎湃,执教者也精神饱满,但学生似乎"并不领情",教师一了解才知道,原来学生心底有疑问:课文注解说作者是东北作家,他怎么有一个"日本式"的名字?是他去过日本或移居日本才改的名字吗?如果真的取了"日本式"名字,又何必假惺惺地说爱国呢?在这种情况下,老师及时呈现了背景:端木蕻良原名曹京平,1912年出生于辽宁省一个大地主家庭,1936年来到上海。当时上海的文化界有一种模仿别人名字和文字的坏风气,于是他决定给自己取一个别人难以模仿的名字,思量再三,他把平时少有人用的复姓"端木"作为姓氏,把东北家乡红高粱的别称"红粱"移来作名字,端木红粱就此而来。可是当时正处于国民党统治的白色恐怖时期,公开启用"红"字惹人眼,于是改为谐音——端木蕻良。这样一解释,学生就豁然开朗了,其实这是一个很中国化的名字,这个名字恰恰是作家爱国情感的表现。

以人物为"课眼"。以人物为"课眼"其实就是以人物的特征为"课眼"展开教学。江苏扬州的一位老师在教学朱自清先生的《背影》时,将文中父亲"迂"这一特点作为"课眼"进行创新设计,获得成功。他说:"当教师开启了'迂'的话题后,学生的话语就源源不断,谈到父亲'迂'的种种表现,不仅如此,还能由此及彼,由作者的父爱读到自身的父爱,说到动容处,禁不住潸然泪下。我觉得,把课眼选在'迂'上,是对的。"[1]

以写法为"课眼"。吴晗先生的《谈骨气》是学生学习议论文的入门之作,文章的内在结构很有特色。比如文章开门见山亮出中心论点:我们中国人是有骨气的。接着引用孟子"富贵不能淫、威武不能屈、贫贱不能移"三句话来阐释"有骨气"的含义。在此基础上,为了让人信服"我们中国人是有骨气的",作者依次举了文天祥誓死抗元、廉者不受嗟来之食、闻一多拍案而起三个古今典型事例。最后谈到"骨气"在当今时代的意义,并对读者发出了号召,形成结论。文章思路清晰,结构典范,其中理解的难点在三个事例的顺序,以及它们和孟子三句话的内在关系上,这点突破了,其他都迎刃而解。如果把《谈骨气》的结构方法作为"课眼"来设计教学,肯定是这篇议论文的教学亮点。

第三,学习策略类。

以掌握解题技巧为"课眼"。毋庸讳言,在初三、高三语文复习中,我们也要扎扎实实讲授有关解题技巧,以提升学生应试素养,帮助学生应对语文考试,这时"掌握解题技巧"就成了"课眼"。

例如我们在引导学生学习高考附加题中的"文言文断句"时,就以"八大解题技巧的掌握"为"课眼"进行了设计。整体设计可分为四个部分:技巧展示(提炼出技巧名称,便于学生记忆)、技巧例释(用例句来解读技巧的内涵)、技巧运用(用典型题目引导学生运用技巧)、技巧再现(课堂小结,让学生说出技巧,加深印象)。从课堂流程中,我们可以清晰地看出,整堂课围绕"八大技巧的掌握"来展开,设计简洁明快,教学效果突现。

以积累文体知识为"课眼"。每一种文体都有自己独特的文体知识,如记叙文有六要素:时间、地点、人物、起因、经过、结果。议论文有三要素:论点、论据、论证方法。论证方法包括摆事实、讲道理两大类,讲道理的方法又

---

[1] 李光.我把"课眼"选在"迂"上——《背影》教学中的创新案例[J].中学语文;2006,07。

包含引用论证、对比论证、比喻论证、正反论证等。说明文有三要素：说明对象的特点、说明方法、说明顺序。说明的方法主要有列数字、举例子、打比方、下定义、做比较等。说明的顺序一般分时间顺序、空间顺序、逻辑顺序等。小说有三要素：人物、情节、环境。情节一般包括开端、发展、高潮、结局四部分。散文的重要特点是形散而神不散等。在实际教学中，我们可以将这些知识的积累，与教学设计有机结合，把知识本身作为教学设计的切入口，统领整堂课的教学。既优化了设计，提高了效率，又学到了知识，一举多得。

以实现学习目标为"课眼"。如我们在教学杜甫名诗《石壕吏》时，就采用了这样的方法。这堂课的教学目标就是一句话，四个"会"：会读、会说、会背、会默全诗，整堂课的活动就围绕这个目标展开。目标是线索，目标是步骤，目标是宗旨。四个"会"做到了，课上完了，目标也就达成了。在预设中，"会读"包含会读字音、会读节奏两层意思，"会说"包含会说大意、会说主旨两个要求，"会背"指能背诵全诗，"会默"指直接默写和理解性默写两个层面。整堂课学生活动充分，积累丰富，效益较高。

4."课眼"的建构理念

学习理论，垫高"课眼"。我们寻觅、挖掘、设置、研究"课眼"的直接目的就是优化课堂教学设计，因此从质的规定性来审视，"课眼"应该属于教学设计理论的范畴，为了有效建构"课眼"，我们必须加强教学设计基础理论，以及与之相关的理论学习。什么是课堂教学设计？课堂教学设计是以现代传播理论和学习理论为基础，科学合理地运用系统理论的思想与方法，根据学生的特点和教师自身教学观念、教学经验、个性风格，分析教学中的问题与要求，确定教学目标，设计解决问题的步骤，选择和组合相应的教学策略与教学资源，制订教学实施方案的系统的过程。[1]它的基础理论主要包括系统理论、传播理论、教学理论和学习理论，涉及的学习理论相当丰富，主要包括行为主义学习理论、认知学派学习理论和建构主义学习理论等。在系统学习这些理论的同时，我们还要认真阅读巴班斯基《教学过程最优化——一般

---

[1] 谢利民.教学设计应用指导[M].上海：华东师范大学出版社，2007。

教学论方面》《教学、教育过程最优化——方法论原理》等名家名作。站得高，自然望得远，聚焦"课眼"才有底气，"课眼"的生成才可能有艺术品位。

分析学情，筛选"课眼"。"学情"是课堂教学设计中的首要因素，自然也是筛选"课眼"的首要因素。如为了明确《故都的秋》一文究竟该确定怎样的教学内容，一些老师做了较为详细的学情分析，分析是在对某中学高二年级学生问卷调查的基础上进行的。老师们设计的三个问题是：①阅读这篇课文，请用简洁的语言概括这篇文章的主要内容及作者表达的情感。②你对这篇课文最感兴趣的内容是哪些？请用简洁的语言写出来。③你在这篇课文的阅读过程中有哪些疑惑或困难需要老师帮助解决，请分条陈述。调查结果显示，91.5%的学生对文章的内容和情感基本把握，很显然这部分内容不应该成为教学内容的核心。有47%的学生将难以理解的东西集中在"作者对清、静、悲凉的情感态度上"，这个内容实际上就是郁达夫在文章中运用个性化语言所表达的审美情趣。①"课眼"找到了，那么如何设计就有了依据。

研读文本，找准"课眼"。文本生成教学内容，教学内容孕育"课眼"，所以研读文本非常重要。研读文本不仅要广泛阅读相关的文献资料，还要有自己的独立思考，弥足珍贵的是独立思考后的锐意创新。《我的叔叔于勒》是法国作家莫泊桑的经典小说，有一年笔者执教该文时，打算以小说的结构作为"课眼"。上课之前正好听了一位老师的课，这位老师也是从情节结构切入的。课中，教师引导学生跳读课文，学生很顺利地理出小说的情节结构：盼于勒、赞于勒、见于勒、躲于勒，课上得很顺利。研读发现，关于这篇小说的情节结构，教学参考书也采用这种方法。可我和学生细细推敲，觉得这样概括情节似乎有问题。从全文看，"盼于勒、赞于勒、见于勒、躲于勒"四个部分的内容应该属于并列关系，因为"盼、赞、见、躲"四个"动作"，都是由菲利普夫妇携他们一家人"发出"的。但是如果换个角度，从感情色彩方面考察"盼、赞、见、躲"四个字，就发现这样概括不妥帖。"盼、赞、躲"三字，对于勒而言，都表现出不同程度的或褒或贬的情感色彩，而"见"字，则显得很中性化。可以肯定，四个概括短语，在情感色彩上不属于同一层面。用不同层面的短

---

① 陈隆升.散文教学内容确定的学理依据[J].中学语文教学：2011，01。

语,来概括并列关系的情节结构,显然不是最好的。如何调整?师生灵机一动,只要以"见"字为线索,以时间为序,把情节结构分成三个部分,依次概括为"见于勒之前""见于勒之时""见于勒之后",就显得逻辑关系较顺,合情又合理了。那堂课我就是抓住这个"课眼"来设计教学的,得到师父和其他同事的赞许。

指向鹄的,研究"课眼"。挖掘、设置"课眼"的鹄的是什么?是让语文课堂简约,真正实现高效。长期以来,我们始终认为,语文课堂因"课眼"而"简约",因"简约"而"高效",因"高效"而"艺术",因"艺术"而"境界"。可以说"课眼",是语文课堂教学从"前科学化"到"科学化",从"科学化"到"艺术化",从"艺术化"到"境界化"的一条捷径,许多优秀语文教师的课堂向我们诉说着这一点。从这点出发,聚焦"课眼"是一个具有重要意义的基础性工程,如果我们踏踏实实去关注每一个优秀语文人的课堂实录和教学设计,研究眼前现实的语文教学,那呈现在我们面前的语文课堂,从"课眼"到"真境",都将是一个闪烁着许多精彩课题的新领域。

二、生成有道

1.以"教学目标"为"课眼",生成"本真"

且以江苏语文特级教师陈明华先生执教郁达夫的《江南的冬景》为例。在讲授《江南的冬景》第二节课时,陈老师确定的教学目标只有一个:鉴赏课文语言的意蕴和情味,指向可谓集中。他选用的材料是文章的第7节、第8节,第7节的着力点是"江南雨",第8节是"江南雪"。首先,他打出第7节("江南雨")的改写段:"江南河港交流,地濒大海,湖泊众多,空气潮湿,冬天不时下着绵绵细雨。秋收过后,三五人家聚会,门前长桥远阜,其间树枝横斜;傍晚时分,白雨点点,水波粼粼,停泊着一只乌篷船,茅檐灯火,好友相聚,猜拳划令,真是悠闲洒脱。"然后——

师:请同学们比照原文和该文,它们的出入在哪里?

生:改文去掉了"且又""故""不时""而""又""再""若""则""还"等关联

词语,失去了原文中舒缓的节奏,情感的优雅,闲适的感觉没有了。

师:说得有味道,很好!其他同学呢?

生:改文中多用整句,原文中句式有变化,整句、散句、长句、短句都有,而且用了多种修辞。

生:改过的文字不及原文典雅,原文中不经意使用的"冬霖""几不成墨""槎桠"等,有书卷气。

生:原文中"泊""添""画"等动词,"一味""一圈"等数量词,都挺形象的,去掉就好像没意境了。

师:同学们感悟挺深,说得有道理,还有补充的吗?

生:还有,原文中作者好像直接站出来,好像一个画画儿高手,用推测、委婉商量的语气,如"你试想想""再撒上一层""加上一层""若再要""还可以"等,似乎和你商量,一起考虑这幅画的构思,显得自然、亲切。[1]

师生对话,从容不迫,看似寻常的字词,在陈老师和同学们的交谈中就显得灵动起来,充满了形象和情怀。老师引导有方,学生兴味盎然,使鉴赏目标在轻松愉悦的氛围中得以落实。语文课堂的本真就是"语文",就是学习语言并体会语言背后的人文情怀。陈老师这堂课达到"本真"的境界。

2.以"写作特色"为"课眼",生成"雅致"

以写作特色的赏析为"课眼",进行教学设计,效果也很不错。我曾经用这个方法执教余光中的名篇《听听那冷雨》。该文意蕴丰厚,美点众多,仅语言而言,似乎就有说不尽的话题。我觉得其语言最大的特点就是"典雅"。那么,先生在《听听那冷雨》一文中是如何实现"典雅"的呢?他主要从叠用、引用、化用、借用四个层面入手的,这四个层面即构成了我课堂的主要框架。首先我让学生圈点文中的叠词,学生兴味盎然,大有数不清之感慨,接着引导学生体会该文的叠用与朱自清先生《荷塘月色》中的有何不同。通过比较,同学们发现余光中的叠词有几个明显的特点:密度大,变化多,跳跃性强,很新奇,简单的与复杂的交错使用,部分叠词句很长,等等。然后,再引导学生说说这样美在何处。学生兴致勃勃,都能说出一二,最后达成共识,

---

[1] 陈明华.语文的享用与工艺[M].北京:现代教育出版社,2012。

这样写:让《听听那冷雨》全文自始至终萦绕着挥之不去的音乐美,而这音乐美是中国古典音乐和西方交响乐有机融合产生的。接着引导学生赏析"引用"。引用的关键是得体、准确、自然。为了体会这一点,我把所引用诗句的原诗打出来,和同学们进行整体赏析,评点诗歌原来的意境和余光中先生所要表达意境的关系。然后是化用。化用以引用为基础,它是把古典诗句的词句、意境进行个性化加工,从而变为自己的东西。这一环节我主要抓几个点和同学们欣赏,再把歌曲《涛声依旧》引进课堂,和学生一起赏析这首歌化自张继《枫桥夜泊》的歌词,拓宽了学生阅读面,也有情趣。最后的环节是借用。特殊的文化背景和深厚的文化修养,让余光中先生在行文中大量借用欧化句式。我带着学生把这样的句子找出来,如"雨是一种回忆的音乐,听听那冷雨,回忆江南的雨下得满地是江湖下在桥上和船上,也下在四川在秧田和蛙塘下肥了嘉陵江下湿布谷咕咕的啼声。雨是潮潮润润的音乐,下在渴望的唇上舔舔那冷雨"等。找出之后,引导学生反复地读,体会它们京剧般拖腔,以及拖腔背后作者充沛与饱满的情绪。

四个环节结束后,我让学生尝试用上面一种或几种方法进行仿写,并相互进行了点评。整节课既有经典语句赏读,又有古典诗歌朗诵;既有激情洋溢的对话,又有悠扬缠绵的歌声;学生动脑动口又动手,活动充分,积累丰富;内容、形式、过程、结果都透着雅致。

3.以"关键句子"为"课眼",生成"素朴"

教学杨绛先生的散文名篇《老王》,我是这样设计的。教学目标设定为三个:一是引导学生了解老王是一个怎样的人,体会、学习底层人物的光芒;二是理解作者对老王感到愧怍的原因,了解作者的平民情怀;三是引导学生掌握抓文眼,通过问题追问,走进文本深处的阅读方式。如何实现这三个目标呢?在导入和看朗读视频熟悉课文的环节过后,我以文章末尾"那是一个幸运的人对一个不幸者的愧怍"这句话为"课眼",设置问题群组织教学。我主要设置了这样一些问题:①"幸运的人"指谁,"不幸者"指谁?②老王的不幸表现在哪些地方呢?③作者既然对"不幸"的老王感到愧怍,那老王身上肯定有闪光点让作者不能忘怀。老王最大的闪光点是什么呢?老王的善良诚实表现在哪些事情上？④在交往过程中，老王表现出对"作者一家"的"善良"，作者一家对"老王"也"善良"吗？如果是，表现在哪里呢？⑤善良的作者为什么对善良的老王愧怍呢？领悟作者的"愧怍"是重点，也是难点，为了做好引导，在第5个问题的基础上，我又紧扣文本，设置了三组子问题，让学生读思结合：①请学生集体朗读"可是过些时老王病了……带她传话了"一部分，思考：老王生病到作者家干什么？要老李传什么话？在老王的心目中，作者一家是他的什么人？作者在老王生病期间，去看过老王吗？如果没有，课文里有暗示吗？在作者的心目中，老王是她家的什么人？②请学生集体朗读11节到16节，思考：老王临死前送来香油和鸡蛋，是为了换钱吗？"我不是要钱"和"我不要钱"的意思同不同？不同在哪里？既然老王不是要钱，他来想要的是什么？③作者到底为什么愧怍？问题群中的问题环环相扣，由浅入深，课堂的大部分时间学生处在"愤悱"的状态中，或静静思考，或主动讨论，我见机点拨、启发，师生对话、生生对话、生本对话充分，很好地完成了教学任务。

我这样做是追求一种什么境界呢？苏东坡曾这样评说陶渊明："作诗不多，然其诗质而实绮，癯而实腴，自曹、刘、鲍、谢、李、杜诸人，皆莫及也。""质而实绮，癯而实腴"两句的意思是说表面上素朴，实际上华美，表面上单一，实际上丰富，可见苏东坡对陶渊明的评价相当之高。由苏东坡的话我受到启发，这样教《老王》，可以生成"素朴"的教学境界！

三、重视微教学

1."微教学"提出缘起

随着微博、微信、微视频等新媒体深度介入人们的生活，语文教学领域也是"微"风习习、"微"风阵阵，如微课、微课堂、微型课、微课程等。这些都是新事物，如何很好把握？仁者见仁，智者见智。也正因为此，一些研究文章关于"微课、微课堂、微课程"等内涵的阐述，或重叠或交叉或并列或同一，让一线的老师无所适从，我们试举一些例子来略加说明。

比如,关于什么是微课?有老师认为,微课即"小课""短课""精课",或是"教学短镜头""精彩瞬间"。微课之"微",在浓缩的精华;微课之"课",在"麻雀虽小五脏俱全"。[1]这位老师主张微课是一种课型,与微型课意思基本一致。有老师这样说:"微课是以流媒体形式展示的围绕某个知识点或教学环节开展的简短而完整的教学活动。它的核心组成内容是课堂教学视频,同时统整相关联的教学设计、素材课件、教学反思、练习测试及学生反馈、教师点评等辅助性教学资源,共同组成一个半结构化、主题式的资源单元应用小环境。"[2]在这段话中,微课到底是教学活动,还是教学资源,或是利用资源的教学活动,似是又非。什么是微课堂?有老师这样说,"主要是建立在对教学科目知识点的细致划分和系统组织基础上,由教师针对每个具体知识点进行详细讲解,并将讲解过程制作成短时的教学视频,辅以电子讲义、习题等其他数字化资料,通过计算机、平板电脑等教室内部的数字终端和微课堂教学资料管理查阅软件系统,呈现在学生面前的教学方式"。[3]这段话的意思是说,微课堂是制作并运用教学资源,来进行教学的一种方式。什么是微课程?有位老师阐述的对象是微课,但没有对微课进行界定,直接用微课程代替微课。如"微课程重点依靠前沿网络技术,以教学内容为核心,由教师自主设计具有完整结构的五至十分钟教学视频,这种教学视频能够与绝大多数课程相匹配,并且能够给学生的自主探究与自主学习提供便利,此种教学形式便是微课程。"[4]课程论告诉我们,课程是"课及进程",它涵盖课程目标、课程教材、课程实施、课程评价等诸多内容,像这样直接判断"此种教学形式便是课程"是否可以?也有人认为微课堂是一种教与学的软件。

这些个例不胜枚举,但这一混乱之象却发人深思。为了"以正视听",也为了丰厚语文课型,更好地开展语文教学与语文研修,我们综合"微课、微课堂、微型课、微课程"诸说中相对统一的内涵,慎重提出语文课堂"微教学"一说。

---

[1] 莫家泉.语文微课四题——对语文微课的几点认识[J].语文教学通讯:2019,02。
[2] 陈劲松.微课堂 大教学[J].北京教育(普教版):2016,10。
[3] 韩延辉.微课堂的建设研究与思考[J].教育信息技术:2014,08。
[4] 赵登明.初中语文微课教学的设计与实现探索[J].语文教学通讯·D刊(学式刊):2019,03。

2."微教学"基本内涵

何谓"语文课堂微教学"？是指在语文课堂中,教师扣住一个语文核心素养生成点来组织教与学,于较短时间内(一般不超过20分钟)达成一定目标的教学活动。"语文课堂微教学"包括三方面核心要素:一是"语文课堂",教与学行为在语文课堂上发生,课堂是常态课堂,不是翻转课堂;二是"微",教学时间短,教学内容精练,教学指向简约而且明确;三是"教学",教与学在活动中展开,教学活动是"语文课堂微教学"的关键,这种活动由师生面对面进行,而不是由学生单方面看视频、PPT等教学资源来完成。即使要展示视频资料、PPT等,也是为教与学活动服务的。

"语文课堂微教学"应该有这样几个特征。首先是具体而微。形体大体完备,而规模较小。一节完整课堂所具备的东西,"微教学"中同样拥有,就像有的老师所说"麻雀虽小而五脏俱全"。其次是精致高效。精致是就形式上"微"、内容上"少"、时间上"短"。"微教学"其旨归就是一课一得,高效是其应然的追求。最后相对独立。如果以"微教学"的方式进行语文教学或研讨,可以单独组织上课。但独立只是相对的,现行教学体制下的班级授课,不可能只有20分钟。倘若将一节"微教学"放到整堂课中时,它就是这堂课的有机组成部分。我们认为传统意义上一节完整的课,一般可以有2~3个微教学。

3."微教学"实施要点

践行"微教学",一般要注意这样几个要点。

(1)目标要明。

"微教学"说到底也是"课",但凡是"课",无论其规模大与小,必须有目标。目标是教与学行动的方向,是学生学习的动机,也是必须坚守的常识。

如根据朱自清的《背影》设置"微教学",可以确定这样的目标:分析四次流泪的缘由,品味父子情深。如围绕鲁迅先生的小说《故乡》构思"微教学",可以确定教学目标:结合闰土的三次外貌描写,探究辛亥革命前后农民生活贫困的原因。也可以这样:探究小说中环境描写的特点与作用。如结合陶渊明《桃花源记》设计"微教学",则可以确定目标:试分析渔人说了外面世界的情况后,桃源人"皆叹惋"的原因。

(2)内容要精。

因为时间的限制,"微教学"选择教学内容时,切口要小,指向要集中,否则会来不及完成任务。同时选点小,可以讲得深、学得透,以小见大,以点带面。试图利用朱自清先生的《春》来设计一个微教学,如果选的内容是"学会鉴赏《春》一文的语言特色",这样就偏大。《春》全文近800字,语言美点遍地皆是,这时不妨选择其中的一段或一幅春景图,引导学生学会赏鉴语言。

姑且以"春花图"为例:①"桃树、杏树、梨树,你不让我,我不让你,都开满了花赶趟儿。"②"红的像火,粉的像霞,白的像雪。"③"花里带着甜味儿。"④"闭了眼,树上仿佛已经满是桃儿、杏儿、梨儿。"⑤"花下成千成百的蜜蜂嗡嗡地闹着,大小的蝴蝶飞来飞去。"⑥"野花遍地是:杂样儿,有名字的,没名字的,散在草丛里,像眼睛,像星星,还眨呀眨的。"可以关联这样几个步骤。第一步,让学生读,看看这一段写了哪些春天的花(桃花、杏花、梨花和野花),以感知整体。初中学生鉴赏能力较低,所以第二步,老师要告诉学生鉴赏语言通常从哪些角度,诸如叠用、色彩、感觉、修辞、描写方法等。第三步,让学生找出与赏鉴角度相匹配的语句,并分析是如何匹配的,有何妙处。(第1句用了拟人的修辞手法,着重体现在两个"让"字和"赶趟儿"上;第2句用了排比和比喻的修辞手法,而且注意了"红、粉、白"三种色彩的交相辉映;第3句则从嗅觉角度写的,嗅觉中似乎带着味觉;第4句运用了虚实相生的描写方法,眼前花是实写,桃儿、杏儿、梨儿则为虚写;第5句用侧面烘托的手法,写出了花之香;第6句则用了拟人、比喻的修辞手法。叠用也有,像双音叠用"嗡嗡",隔字叠用"飞来飞去、眨呀眨"等。)学会了欣赏这一段,其他的段落就显得易学了,这样可以以点带面、举一反三。

(3)设计要巧。

"微教学"与整堂课一样,讲究教学设计的巧妙。巧妙设计固然要追求起、承、转、合的自然与协调,但关键还在于"选点巧",这个点是设计的出发点或者说依托,而且这个点最好能"牵一发而动全身",以便贯穿整个"微教学"。

贾平凹的《一颗小桃树》是一篇耐人寻味的散文,以它来开展"课堂微教学",应该怎样设计? 有位老师就将文中"我的小桃树"这句话作为设计的逻辑起点,她认为这句话在文中至少出现了7次,是理解文章主旨的关键。具体教学时可采用问题群的形式,对学生环环叩问:为什么作者在文中多次直呼"我的小桃树",而且在"小桃树"前面加上"我的"?(作者对小桃树充满深情)为什么小桃树能引起作者共鸣?(小桃树的身世与作者有许多相似之处)你怎么知道的?(教师展示相关背景,将作者生活经历与小桃树身世进行比照,就可发现)作者写《一棵小桃树》想表达什么主旨?(对幸福生活的追求)问题解决了,这段"微教学"目标也就完成了。

(4)细节要亮。

"微教学"因为体量小,要想出彩就比整堂课教学更显艰难,这时不妨在教学细节上下功夫。我们撷取李冠男老师关于《窗》的"微教学"片段,看看他的细节处理。当学生明白了窗外只有一堵墙为"实写",近窗病人所述美景为"虚写"后,老师引导学生"品味虚实映衬手法的表达效果"。他是这样展开教学的:

师:这篇微型小说只有1200多字,对窗外美景的描写就占了近300字。既然窗外美景不存在,作者为什么要详写近窗病人描述的窗外美景?(生沉思不语。)

师:看来有难度,同学们可以想想,近窗病人为什么要虚构出这样美丽的画面?

生:因为他心地善良,希望能为远窗病人带来快乐,带来希望。

师:他为什么能把一堵墙想象成一个充满生机的公园呢?

生:因为他内心有阳光。

生:因为他对生活充满了希望,对于美好未来充满了追求,希望自己和朋友都能战胜困难,获得快乐。

师:有道理,而写远窗病人看到一堵墙又有什么用意?

生:这堵墙,可以理解为他自私丑恶内心的写照。

师:同学们说得好,作者用这种化实为虚的手法告诉我们,心在哪里,风景就在哪里。心中有春天,眼中才会有春天;如果心中是寒冬,眼中也只能是寒冬,就如那远窗病人。为什么详写,同学们一定有所悟![1]

这个片段,设问的角度很小,即为什么详写近窗病人描述的窗外美景。尽管问的切口小,但学生并没有一下子回答出来。此时教师并没有急于公布答案,而是又设计了两个小问题予以铺垫,一是近窗病人为什么要虚构出这样美丽的画面,二是写远窗病人看到一堵墙又有什么用意。这样一来,学生的思维有了导向,顺其自然地解决了教师一开始提出的问题:之所以详写,正是为了折射人性的善恶,这里的景色,很好体现了语言文字的隐喻功能。

(5)链接要妙。

这里所说链接,不是指"微教学"本身的思路,而是基于整堂课考虑的"微教学"与前后环节的衔接。前文我们提到,一整堂课,它有可能就是由几个"微教学"组合而成的,那么,就要求"微教学"与"微教学"之间的编排要巧妙,过渡要自然。

余映潮老师独创的板块式教学思路,就可以借鉴到"微教学"上来。关于"板块式思路",余老师自己说:"就是在一节课或一篇课文的教学中,从不同的角度有序地安排几个或几次呈'块'状分布的教学内容或教学活动,即教学的内容、教学的过程都是呈板块状分布排列。"余老师的课例很多,如《我愿意是急流》的教学构想:美美地听、美美地读、美美地品、美美地说;《口技》教学思路:诵读、品析、积累;《七颗钻石》教学板块:让我们来到演播厅、让我们畅游智慧泉、让我们进入创作室等。第一个例子,四个板块由几个动词构建,它们之间基本是并列关系;第二个例子中的三个板块,则呈现出由表及里、由此及彼的关系;第三个例子三个板块之间,则是由浅入深的关系。"微教学"之间的关系,是不是也可如此?实践中,我们如果能很好借鉴和发展这些特点,"语文课堂微教学"应该能呈现崭新的天地。

---

[1] 李晋钰、王建锋.第十一届"语文报杯"全国优秀中青年教师课堂教学大赛实录(初中组)[M].太原:山西教育出版社.2018.12.

四、提倡课堂简约

1.语文课堂不够简约

让我们来看两个课例。

课例之一:(一位老师执教于漪《往事依依》的片段。)

师:同学们,下面我们来读课文。应该怎样读?带着感情读。边读边解决不认识的字词。解决字词的方法有四个:看注释、查字典、相互讨论、问老师,下面自己解决。

(学生小声地读,也有少数学生翻词典,基本不讨论,也没有举手问老师的,时间持续约3分钟。)

师:好,下面我请位同学上来写一个成语"走投无路"。

(学生上去写,写对了,教师强调"投"千万不可写成"头"。)

师:(教师直接写出"泊"字。)同学们看,这个字应该怎么读?

(大多数学生读pō,教师明确其是多音字,还可以读bó,并引领着全体同学吟诵出杜甫的诗句:门泊东吴万里船。)

师:刚才同学们读了课文,先前我也介绍了,于漪是著名语文特级教师、语文教育家,很有才华,她的文章写得美不美呀?

生(齐):美!

师:那表现在哪儿呢?

生:用词很贴切。

(教师追问能否举例,学生读了原文中的一句,教师作了肯定。)

生:用了比喻的修辞。

(教师同样追问,学生举了例子,然后教师对这一环节做了小结。)

师:同学们,课文的标题叫"往事依依",下面我们就通过作者的往事,去探寻作者的足迹。同学们说说看,课文写了作者哪些往事?

(学生纷纷回答,先后说出了"看画儿""读诗歌""听讲课""聆教诲"等片段,教师引导学生领悟在这些往事中,于漪老师是怎么做的,这样做又产生怎样的效果。完成这一环节,基本下课,时间显得有些紧。)

简要分析：

因为跟上课的老师比较熟，所以课后我们聊得很多，我知道了这一堂课的重点是放在"依循作者往事，探索作者成长足迹"上，他想以此让学生领悟，于漪，作为名人，也不是随随便便走向成功的，她之所以能成为著名语文特级教师、语文教育家，有她独特的"诀窍"！目标是明确的，是属于"情感态度价值观"方面的，重点也是突出的，一堂课的主要时间都在围绕重点做事。

但是透过他基于重点、指向目标的流程来看，在教学环节设计方面，似又有不尽如人意之处。本堂课的目标只有一个，实施目标的重点也只有一个，但是在时间显得较紧的情况下，施教者还先行安排了"作者及背景介绍""学生朗读课文""解决疑难字词""赏析精美语句"等诸多环节，这种安排显得繁杂了，缺少预见性。

作者背景等可不可以介绍，当然可以，但我始终认为文本解读中背景的呈现，要坚持价值性原则，如果对学生的领悟、探究没有作用，就没必要呈现。"学生朗读课文""解决疑难字词"两个环节完全可放到课前，利用学生的晨读课时间完全是充裕的。如果在引领学生归纳"依依往事"的过程中，发现学生还有疑难字词，那就随文指点，一带而过，这样不会破坏课堂的整体性。"赏析精美语句"可删可留，如要保留，可放在最后一个环节。教师可以这样引导：通过对漪依依往事的梳理，我们明白了她成功的"诀窍"，那就是专心挖掘艺术作品的乐趣、精心品味诗歌的美感、静心感悟老师的讲课内容、用心铭记长者的教诲并付诸行动，这些"诀窍"都值得同学们好好学习。同学们又都知道作者是一位著名的语文特级教师、语文教育家（背景的介绍可与之结合），那么她文章的遣词造句方面有没有值得我们学习的呢？由此生发到"赏析精美语句"，当然引导学生赏析时，要充分发挥学生的主体性。这样，这一堂课可以设计成三个板块：一读，梳理"依依往事"；二读，领悟"成功诀窍"；三读，赏析"精美语句"，以"读"为线，串起"三颗明珠"，这样整堂课结构清晰，节奏明快，错落有致。

最大的感受，这堂课不够简约。

课例之二：(一位老师执教林清玄《百合花开》的片段。)

(片段一)

师：听完了朗读，同学们陶醉在百合花的美丽之中了。刚才布置了任务，同学们有没有勾画出描写百合花开的句子呢？

生：我找到了第9节和第10节，"在野草和蜂蝶的鄙夷下，野百合努力地积蓄内心的能量。有一天，它终于开花了，它那灵醒的白和秀挺的风姿，成为断崖上最美丽的颜色。这时候，野草与蜂蝶再也不敢嘲笑它了。"

师：野草与蜂蝶为什么不敢嘲笑它了呢？

(学生显得茫然。)

师：现在是初步认识百合花，到底为什么，我们过一会儿再讨论。有没有其他写百合花开的句子了？

……

(片段二)

(教师以学生在黑板上写的百合花内在美为顺序，让学生在文中找相应的依据。)

生：坚强，可以从第3节看出来，"它的内心深处，有一个内在的纯洁的念头：'我是一株百合，不是一株野草。唯一能证明我是百合的方法，就是开出美丽的花朵。'"

(学生读完变了主意，将"坚强"改为"意志坚定"，因为句中有"纯洁的念头"这个短语。)

师：纯洁是什么意思？一般用在什么方面？

生：心灵！

师：这里指念头、信念。能体现百合花信念的还有什么句子？

生：第8节，"百合说：'我要开花，是因为我知道自己有美丽的花；我要开花，是为了完成作为一株花的庄严使命；我要开花，是由于自己喜欢以花来证明自己的存在；不管有没有人欣赏，不管你们怎么看我，我都要开花！'"

(学生朗读的声音低，也较平淡，教师要求重读，第2次读有明显进步。)

师：声音大、再加上情感就更好了，不管别人是否接受，都要自信地大声朗读出来。(教师用幻灯片展示出第8节内容,与书上有所不同的是,教师将文中的句子进行了分行排列,使排比的修辞手法更明显,具有诗歌的特点,并对这段如何读做了一些指导。)

……

(片段三)

师:百合花还是一种幸福的花,从文中哪些地方可以看出?

生:第15节"不管别人怎么欣赏,满山的百合花都谨记着第一株百合的留言:'我们要全心全意默默地开花,以花来证明自己的存在。'"

(听了学生的回答,教师出示两幅图片,一幅是单株百合花,一幅是漫山遍野的百合花。)

师:同学们喜欢那一幅?

生:第2幅,漫山遍野的百合花,因为绿色的山坡和白色的百合花显得很和谐。

生:也是第2幅,花开在一起很热闹、很快乐。

生:第2幅,显得生命力旺盛。

师:"旺盛"? 能否换一个词?

生:传承。

……

(片段四)

师:这篇课文语言非常优美,是林清玄写的,想看看林清玄长什么样吗?

(展示林清玄照片,同时介绍他的作品、散文的特点,并指出他曾经受过打击,有过百合花一样的经历等。)

……

简要分析:

应该说,这堂课的教学目标和教学重点是非常明晰的,那就是意图通过生本对话、生生对话、师生对话,引导学生感悟百合花的内在美,培养学生坚强、乐观、向上的情感。但基于此,再结合上述四个小片段所展现出的课堂教学环节,我感到"野草与蜂蝶为什么不敢嘲笑它了"这一问题的提出、第8节朗读方法的指点、单株百合花图与漫山遍野百合花图的赏析、关于林清玄作品背景知识的介绍等教学步骤,与整堂课的目标结合得不是很紧密,弱化了课堂的精致美。

　　片段一中,当学生读完第9、第10节后,老师立刻追问"野草与蜂蝶为什么不敢嘲笑它了",学生随即一愣,有些茫然,没有能立即回答。从师生对话的情形上可以清晰地判断,这个问题不是学生的生成,而是教师的预设或灵机一动的产物。老师的这一发问至少产生了三个方面的负面影响:首先,打断了学生寻找"百合花开"句子的思维,教学流程显得滞塞;其次,学生措手不及,可能会产生轻微的心理挫折感;最后,问题提出了必须要解决,虽然在课堂的最后也做了解答,但这样挤占了其他教学活动的时间。

　　片段二中的"朗读指导",还可以设计得更简洁。老师要求学生找的是表示百合花信念坚定的句子,学生读出来了,但声音偏低。学生朗读声音偏低固然是个问题,但不是这里的主要问题,这个环节的关键是让学生明白,重读哪些字能表现出百合花信念的坚定,老师在这关键点上点拨就行了,其他可以一带而过。

　　在片段三中,老师安排了学生对两幅图进行鉴赏,我认为这个环节可去掉,因为培养学生对图片的鉴赏能力,不是这堂课的目标指向之一。在写作学上有一句话,与中心无关的材料一概不要,这个观点同样适用于课堂教学,凡是与教学目标无关的环节也一概不要。这个片段其实可以用两个"连环式问题"进行"简约化"处理。百合花为什么是幸福的花?因为"不管别人怎么欣赏,满山的百合花都谨记着第一株百合的留言";百合花的留言是"我们要全心全意默默地开花,以花来证明自己的存在",这个教导有什么言外之意?即百合花的精神已经得到传承。

　　片段四主要展示了林清玄的照片,介绍了他的作品和他散文的美学特点,并指出他曾经受过打击,有过百合花一样的经历等。这个环节属于课文的背景介绍,有新意,因为老师并不是在课堂的开始环节中实施的。前文我已阐述,文本解读中背景的呈现要坚持价值性原则,有没有价值是背景需不需要呈现的最重要的依据,而且这个价值必须指向教学目标。审视这个环节的背景介绍,其价值主要有两个,一个是知识性的,让学生了解作家作品的特点;另一个是情感性的,让学生明白成功的背后必须有艰辛的付出,百合花如此,作家如此,百合花其实是作家心路历程的代言人。细细思量,这两个价值与整堂课教学目标关联不大,所以可以考虑去掉。

总而言之,这节课也不够简约!看来,语文课要呼唤简约的回归!

2.简约语文课堂的学理依据和内涵

简约课堂是简约主义哲学思想在语文课堂中的投射和运用。何谓简约主义?从中国传统文化的视角来看,它包含儒家"文质彬彬""绘事后素"、道家"寂寞无为""疏简素淡"、墨家、法家"去饰至用""尚质尚用"的简约之美。[①]从现代西方哲学角度看,"简约主义是源于现代主义的一种哲学理念和思想方法,其核心思想是'少就是多'。主张按照'减少、减少、再减少'的原则进行艺术创作,让空间和形式摆脱装饰干扰,表现其本来面目,从而达到以少胜多、以简驭繁的境界。"[②]

简约主义投射到语文教学中,生成的简约课堂应该是怎样的呢?我们认为,作为一种教学理念,简约课堂追求删繁就简,以简驭繁,以约驭博,主张以简单的外在形式承载丰富、深刻的课堂内涵。希望让学生更轻松一些、让感受更深刻一些、让学习更快乐一些,希望以最简洁的线条拉动学生最丰富的情感体验,以最简捷的方式帮助学生获得最丰厚的收成,以最接近学生的起点带领他们走向离他们最远的终点。简约课堂的特征,可用"六简"来概括,即"教学目标简明,教学内容简要,教学环节简化,教学方法简便,教学媒介简单,教学用语简洁"。

3.简约语文课堂的生成策略

有的老师从简约课堂的六个方面一一研究,这固然行,但简约课堂的生成路径主要有如下三个。

(1)把结构做精致。

余映潮老师的板块设计思想,集中彰显了他的简约课堂是从课堂结构

---

① 张高德.从"简约主义"看中国传统文化蕴含的朴素、简约之美[J].艺术教育:2008,02。
② 王鹏伟.语文教育呼唤简约主义[J].中学语文教学:2010,08。

入手的。我们品味余老师执教《狼》一文的教学设计,能清晰感受到这一点。

该课教学环节包含五个板块:

一读——读懂词意(6分钟左右)。(①同学们读课文,读注释。②请同学们向老师自由提问,看还有哪些字不认识,哪些字词的意思弄不懂。)

二读——读顺句子(6分钟左右)。(①同学们习读课文,要求做到不掉字,不换字,不倒字,不多字,不"哽"字。②教师重点辅导两个句子的读法。a.两狼之并驱如故。b.其一犬坐于前。)

三读——读评故事(14分钟左右)。(①全班同学分段朗读课文,每读一段之后,一位同学读课文中的编者已写好的评点。同学们从屠户的角度、从情节的角度理解课文内容。②全班同学再分段朗读课文,每一段之后,一位同学读自己写的课文评点,同学们从"狼"的角度理解课文内容。③同学们继续分段朗读课文,每读一段之后,老师自说对课文的评点。引导同学们从"语言表达"的角度理解课文内容。如此读读评评、评评读读,三读三评。)

四读——品读意味(8分钟左右)。(①全班同学分组朗读课文。②每位同学都以"……表现了……"或"……写出了……"说一句品析课文语言的话。③教师就最为重要,最为精彩的内容小结,学生记录:课文语言简洁生动。如开头20字,写出了故事的时、地、人、环境,渲染出了紧张的气氛;又如结尾20字,点出主题,寓意深刻;中间100多字,写出了一个波澜起伏、扣人心弦的故事。凡写人、狼的动作神情之处,无不表现人、狼的性格特点。文章正是通过一连串简练生动的描写,把狼的"变诈"、屠夫的机智,表现得淋漓尽致。)

五读——演读情境(3分钟左右)。(①师生用读故事的语调朗读课文,读出情境,读出高潮。②课堂小结,完成板书:狼黠——增笑。)[①]

整堂课不蔓不枝,简约明快,堪称课堂教学精品。

(1)精选教学内容。

那么怎样做到"教学内容简约"呢?薛法根老师有个"三不"经验:学生懂的不讲,点拨一下学生就能读懂的不讲,你点拨了学生还是不懂的不讲。

[①] 杨红梅.一个全新的教学设计:《狼》教例评析[J].中学语文:2000,03。

当然仅记住"三不"远远不够，在"教什么"已然成为一个问题的今天，对于教材每个模块、每个专题、每篇课文的研究要下大气力，全面考量教材编写意图、课文文体特征和意蕴、学生认知水平及习惯、教师教学素养等各方面的情况，将教学目标的拟定与教学内容的精选统筹兼顾，践行内容优先原则，因为有了内容，确定教学方法、设计课堂结构，才有可靠的依据。

关于教学内容的精选，张广录老师的教学经历，能给我们的深刻启示。当张老师教完郁达夫《故都的秋》之后，学生笑嘻嘻地和老师开玩笑问：《故都的秋》和《荷塘月色》像姊妹篇章，郁达夫和朱自清是不是孪生兄弟？这一戏说让张老师惊出一身冷汗，他敏锐地意识到"《故都的秋》应该还有更'核心'的价值隐藏着，被忽略了，没有挖掘出来"。

他深入学生当中调查该课文应该教些什么内容，学生们说：把我们不懂的内容搞懂就行了。于是张老师把学生们的问题收上来，40多人的班级有70多个问题，将之进行合并、归类、提炼，最终确定为三个问题：①"你也能看得到很高很高的碧绿的天色"，"天色"怎会是碧绿的呢？②"遇见熟人，便会用了缓慢悠闲的声调，微叹着互答着的说：'唉，天可真凉了——''可不是吗？一层秋雨一层凉啦！'北方人念阵字，总老像是层字，平平仄仄起来，这念错的歧韵，倒来得正好。"歧韵是什么意思？"念错的歧韵"，为什么"倒来得正好"？③写牵牛花有没有什么别的用意？既然赞颂秋，为什么要乐于感受"悲凉"呢？难道作者欣赏这种悲凉吗？①

讨论完三个问题，学生感觉良好，张老师自己也相当满意，这是精选教学内容给师生带来的语文课堂的审美享受。什么美？知识、智慧和简约！带来美的关键点，就是教学内容的选择。简要的教学内容（三个问题），成就了简约的语文课堂。

(2)抓准"支点"。

"支点"是进行简约课堂设计的灵魂，能牵一发而动全身。有位老师执教《碧螺春》一文，就抓住课题"碧螺春"这一"课眼"，效果不错，其中有这样的片段：

师：（师板书"碧螺春"。）你能从这三个字上想出什么来呢？

---

① 张广录.根据学生需求确定教学内容——《故都的秋》教学心得[J].中学语文教学：2011，01.

生:我从"碧"字,想到碧螺春这种茶颜色一定是翠绿欲滴的。

生:我从"螺"想到碧螺春茶叶"蜷曲成螺",一定非常漂亮。

师:在古代,人们把少女头上盘的高高的发髻叫"螺髻"。碧螺春外形如螺,可见多动人了!

生:我还想到碧螺春可能采制于春天,因此名字中才有个"春"字。

师:说得很正确,老师要告诉你,碧螺春采制于早春。

生:我补充一下,古代常用"春"字来代称茶,在碧螺春的产地"碧螺峰"里其实就有"碧螺"二字!所以给这种茶取了这个雅致的名字。

师:说得真不错,其实呀,据说碧螺春茶名还是康熙皇帝御赐的呢!(学生:哇!)

师:大家想不想看看我们的祖先5000年前刻在龟甲上的"春"字是怎样的?(师板书"春"字甲骨文。)

师:猜一猜,每个部分表示什么意思?

生:左边圆圈里加个点,像是太阳。

师:右边的横线会是什么呢?

生:大概是土地吧。

师:真会想。中间是"屯"字,又像什么?

生:我看出来了,是小草发芽了!中间鼓起的小圆包,估计是胚芽。

师:是的!春来了,太阳出来了,一切都欣欣然张开了眼。人们把如此美好的"春"赐予一种植物,再读"碧螺春",你品味"碧螺春"的名字还仅仅是一种雅致吗?

这个课题中蕴含着醒目的色彩、动人的外形、趣味横生的历史知识,也蕴含着暗香浮动的茶文化、汉字文化,教师紧扣三个字,讲解简约灵动,趣味盎然,课堂简约而有深度,深度中透着简约。

有人说,进入了课改,我们的教育就进入了一个讲求创新的年代。在践行教育创新的同时,我们不能忘记教育传统中许多优秀的东西。魏书生老师曾说:"两千多年来,咱们的教育理论一代一代地积淀下来,已经相当成熟。直到今天,因材施教、有教无类、寓教于乐、教学相长这些古训,一点儿都不过时。应该把它守住、守住、再守住。"从远古走来的简约,我们同样要坚守!

第四章　语文课堂"真境"的生成路径

"不识庐山真面目,只缘身在此山中。"

——宋朝·苏轼《题西林壁》

第一节　把握规律,让"教"真正开始

"真教",顾名思义,真正地教,符合规律的教,它是"真学"的前提,是孩子生成语文核心素养的关键。要想让"教"真正地发生,至少要考虑两个方面的因素,一是基于什么来教,另一个是用什么样的方法教。为了探究"真教"的内在机理,及其对培养学生阅读、写作素养的意义,我们姑且以刘丹老师《我的一位国文老师》教学实录为例,试做分析。《我的一位国文老师》是梁实秋先生的一篇散文,收编在苏教版高中语文选修教材《现代散文选读》中。

一、课堂举例

师:今天我们一起学习梁实秋先生的散文《我的一位国文老师》。这篇文章大家高一时学过,所以课前我围绕以下四个方面做了个调查。(投影PPT,对《我的一位国文老师》你印象最深的是什么？A关于自己的语文老师,老师的模样、话语B关于文本,梁实秋先生或徐锦澄老师C关于课堂过程D关于其他。)调查结果显示,选A的1人,选C的2人,选D的2人,剩下的43名同学都选的B。可能有同学要说,老师我也选的A来写的,怎么不在这1人之中。其实你写的内容还是徐锦澄老师,也就是你没厘清A、B两个之

间的侧重点,A项是指当时给你们上课的语文老师。我们来看一下真正围绕A来写的同学的文字。(投影PPT。)请写这段文字的同学告诉我,你写的是哪个老师吗?

生:是我们的语文老师——肖老师。(学生笑。)

师:(做惊讶状)我也猜到是你们的肖老师,虽然我听过肖老师几堂课,但比起你们而言,你们更了解她,这位同学观察很仔细。通过这个调查,我们发现,一堂课让大家印象深刻的是"人"。因此本堂课教学目标设定如下:(PPT投影。)1.通过语段的涵泳,把握人物的个性;2.引导学生抓住富有个性化的特征、细节、语言来写活一个人。

师:徐老师给你们印象最深的是什么?

生:长相搞笑。

生:严厉。

生:关心学生,教学生写作文。

生:不拘小节。

师:你们觉得作者起初对老师最深的印象是什么?

生:凶!

师:因此学生戏称他叫——

生:徐老虎。

师:徐老虎凶在哪里呢?

生:一个是凶在外貌上,一个是凶在形式上。第三段最后说老师总是"绷着脸",这是外貌上的凶,"老是开口就骂人",这是形式上的凶。

师:概括得非常好,懂得抓文中的关键语句。那有没有具体的描写呢?

生:关于形式上的凶,徐老师骂人,在文中第四段有具体的叙述;关于外貌上的凶,在文中第二段也有描写,说他长得"像个夜叉"。

师:夜叉啥模样?

生:注释上说指恶鬼。

师:恶鬼当然很凶恶的,这跟我们心目中温文尔雅的语文老师一样吗?

生:完全不同。

师:这是一个非同寻常的语文老师,也是一个极为真实的语文老师。这位同学找得准,概括得好。老师面相凶,终日绷着脸,甚至还开口骂人,他为什么要这样?

生:在这种糟糕的情形之下,徐老先生之所以凶,老是绷着脸,老是开口就骂人,我想大概是由于正当防卫吧。

师:哦,是由于正当防卫。什么是正当防卫?请我们班政治课代表给大家解读一下。

生:我觉得正当防卫是指受到攻击或人身受到伤害时所做出的反应。

师:不愧是政治课代表。那当时情形怎样糟糕,徐老师什么正当权益受到侵犯了?能不能概括一下当时的情形?

生:三个方面体现糟糕的情形,"课堂上常是稀稀拉拉的不大上座,但教员用拿毛笔的姿势举着铅笔点名的时候,学生却个个都到了,因为一个学生不只答一声到",体现学生欺骗老师。"真到了的学生,一部分是从事午睡,微发鼾声,一部分看小说如《官场现形记》《玉梨魂》之类,一部分写'父母亲大人膝下'式的家书,一部分干脆瞪着大眼发呆,神游八表。"体现了学生不尊重老师。"国文先生呢,大部分都是年高有德的,不是榜眼、就是探花,再不就是举人。他们授课不过是奉行故事,乐得敷敷衍衍。"这是说其他老师不负责任,敷衍行事。

师:一直以来都这样吗?

生:不是,还有一点原因,"我的学校是很特殊的。上午的课全是用英语讲授,下午的课全是国语讲授。上午的课很严,三日一问,五日一考,不用功便被淘汰,下午的课稀松,成绩与毕业无关",这是学校制度使然。

师:你分析得有理有据,比我概括得好。我只概括了两点,没有你清楚全面。(PPT投影:学校课程设置尊崇英语,轻视国文;学生在课堂上有不尊师重道的现象。)(资料链接:梁实秋《清华八年》片段。)

师:从这个片段,我们能更具体的看到当时糟糕的情形。那么老师什么正当权益受到侵犯了?

生:为人师所应受到的尊重。

师:一语中的。这个时期学生藐视国文课堂,不尊重老师,所以原本该受尊重的老师,做出了一些看似不应该的行为。那老师骂学生什么了?(请一个同学读一下"你是什么东西？我一眼把你望到底"这句话。）

师：读得很好，你觉得你是用怎样的情绪骂梁实秋的？

生：借着酒劲骂出来了。

师：你的意思是老师借酒发泄一下不满？再请我们班著名的"相声演员"读一下。

师：有扎实的基本功，抑扬顿挫，铿锵有力。你觉得徐老师当时说这话什么意思？

生：我的想法跟他差不多。

师：对学生不尊重老师的不满。同学们事后怎么取笑"我"的？（生齐读）

师：这跟老师骂的一样吗？

生：不一样，语序变了。

师：对，语序变了。请小组讨论一下，语序变了，含义是否相同。（生讨论。）

师：请这一组的同学说说看。

生：我还没想好。

师：看着我的眼睛，"我一眼把你望到底"什么感觉？

生：感觉你的眼神很犀利。

师："望到底"，给你什么感觉？

生：心里很虚，自己很浅薄。

师：说得很好。这句话徐老师是要告诉梁实秋：我很了解你，你还浅薄，要懂得谦虚。同学们嘲笑梁实秋时为什么将"把你"调在前面先说？

生：同学并不是骂我，是借徐老师的话嘲笑我，为了突出嘲笑的对象，将"把你"放在前面表示强调。

师：说得好。对于别人的话，大家可以抓住关键的字词，体会说话者的目的和用意。（PPT投影：国文先生呢，大部分都是年高有德的，不是榜眼，就是探花，再不就是举人。他们授课不过是奉行公事，乐得敷敷衍衍。）

师：相比徐老师，你觉得其他的国文老师如何？

生：这些老师虽然很厉害，但他们不负责任，对学生不闻不问。

师：文中不是说他们大都年高有德吗？这怎么解释？

生：这应该是反讽吧，就像称徐老师为"徐老虎"，也不是骂他，而是对他有威严的一种尊敬。

师：你分析得太好了，对其他国文老师可以用反讽的手法，对徐老师其实也采用了似贬实褒的写作手法。那徐老师除了有德，还有什么过人之处吗？请同学们再看这段文字？（PPT投影：徐先生自己选辑教材，有古文，有白话，油印分发给大家。《林琴南致蔡子民书》是他讲得最为眉飞色舞的一篇。此外如吴敬恒的《上下古今谈》，梁启超的《欧游心影录》，以及张东荪的时事新报社论，他也选了不少。这样新旧兼收的教材，在当时还是很难得的开通的榜样。我对于国文的兴趣因此而提高了不少。）

师：写老师教我写文章、修改文章，为何还要写这一段？

生：说明他很认真。（资料链接投影。）

师：看了这段材料，再跟其他国文老师对比，你觉得徐老师是个怎样的老师？

生：他为学生考虑，教学也是从学生角度出发。

师：结合时代背景，你再考虑一下？

生：他是个新旧兼收、开通的老师。

生：其他老师不敢为，他却敢为，敢担当。

师：我赞同这位同学的观点。在时代突变的洪流里，能从几千年中华文化里跳出来，研究新文化，十分了不起。还敢在自己的国文课上编新教材，让学生们接受新思想，这是何等的眼界！分析到这，请同学们再重新看看这个徐老师，他是一个怎样的人。请大家用类似"徐老师是一个虽然……但是……的老师"句式来概括。

生：徐老师虽然非常凶，但是他认真负责。

生：徐老师是一个非常严肃但是有责任、有担当的老师。

生：徐老师是一个爱发脾气但是很有才华的老师。

师：我也认为徐老师是个有才华的老师。还有吗？

生：徐老师是一个很严厉但是很敬业、很博学的老师。

生：徐老师是一个样貌虽然很凶但是很为学生着想的老师。

师：我们通过抓关键语句，分析徐老师，研究老师行为背后的原因，读出了老师骂人话语的弦外之音,这些分析使得我们走近了徐老师。走近一个人,才能把一个人写得跃然纸上,写人关键得把人写活。想不想试试写活一个人?

生(齐声):想。

师:那在动笔写之前,我们先玩一个小游戏。请两名同学上来,请他们在一张纸背后写上一个你想要写的同学名字,然后用词来形容这个人,谁用词最少又让同学猜到,谁获胜。

(两生上台,写好各自要猜的同学姓名。)

生1:大个子。

生2:头挺圆。

众生:乔×。

师:哇,没想到你才一个词,大家都猜到了。看来你抓住了乔同学最大的特点。

师问生1:你总结一下,你为何输了?

生1:我给的形容词范畴太大,没能一针见血抓住人物特点。

师:对,写活一个人,首先要抓住这个人物的典型外貌特征、典型动作或典型个性来写。下面大家结合梁实秋先生另外两个写人的片段,(投影。)用两三句话写活一个人。(生写完展示。)

生:讲到激动之处,便是陡然拔高嗓门,两眼瞪圆,如平地一声惊雷,炸响在连空气都弥漫着睡意的教室里。(众生笑。)

师:两眼瞪圆,你们写的肖老师应该是她上课最传神的一幕了。很好,大家掌声鼓励。

生:他走起路来左边身子贴着右边身子,好似水蛇游走,实在可怜。(众生指向一生。)

师:寻着大家的眼神和手指的方向,我已经看到了这名同学,你苗条的身材被你同学刻画的惟妙惟肖。妙!

生:她的笑声很爽朗,长廊里在十步之外就能清晰地听到她的笑声,笑的时候脖子还会向后微倾。

师:这又是写的谁啊?

生：还是肖老师。

师：你抓住了她生活的一个细节——爽朗的笑声，观察很仔细！

生：他外表白白胖胖，笑起来摇摇晃晃，好似弥勒佛，动如不倒翁。

师：又是肖老师？（生指着身边的同桌，众生大笑。）

师：你语言很凝练，写活一个人除了抓住这个人的特点，还可以运用或生动或幽默或恰当的修辞手法加以润色。

师：这一节课我们重选角度品评文章，走近梁实秋先生笔下的徐老师，同时我们也真切感受到了梁实秋先生幽默风趣的写作风格。相信大家一定会对他非常好奇，所以课后推荐大家阅读梁实秋先生的《雅舍小品》和《清华八年》。

二、案例点评

"真教"是指向学生语文核心素养，以课程特征、教材价值、教情学情等为基础，践行适切方法的语文课堂教学。如果以"真教"为视角来观察刘丹老师的这节课，那么这堂课的亮点有如下几个。

第一，教师的教是基于学情的教。

一般地，选修教材是在必修教材学完之后，才开始接触。该班学生较为特殊，高一已经学习过这篇文章。于是为了找到精准的切入口，更为了确定合适的目标与教学内容，刘老师在课前做了个调查，调查之后发现，学生对于文本，尤其对作者和徐锦澄老师颇为关注，关注点在"人"。基于这样的兴趣点，老师顺势而为，明确了本堂课教与学目标：①通过语段的涵泳，把握人物的个性；②引导学生抓住富有个性化的特征、细节、语言来写活一个人。这两个目标蕴含着两个问题，一是如何把握人物的个性，二是怎样写活一个人。目标或问题都来自学生，所有的教学活动都围绕目标或问题来展开，这样的教学就是"真教"。

第二，教师的教是基于文本价值的教。

能够编入教材，文本一定具有独特的价值。《我的一位国文老师》是梁实秋先生散文中写人的名篇，作者用风趣幽默而又饱含深情的笔调，刻画了一个貌丑性凶,却敬业爱生的独特的老师形象。笔法独特,人物独特,用新奇的笔法描摹了"活生生这一个",文中值得挖掘的美点很多。这一切为刘老师基于文本价值的教学,提供了诸多选择。刘老师最终选择的是摹写,即通过对课文的学习,模仿课文将人物写活。意在通过阅读教学,来提高学生写作素养。事实上,刘老师做到了。像"讲到激动之处,便是陡然拔高嗓门,两眼瞪圆,如平地一声惊雷,炸响在连空气都弥漫着睡意的教室里"一句,将老师上课的神态、动作及其效果,写得生动极了;像"他外表白白胖胖,笑起来摇摇晃晃,好似弥勒佛,动如不倒翁"一句,将同学的体形、动作、神态写得惟妙惟肖。

基于文本价值的教,颇类似"用教材教",即"真教"。这堂课正是用"真教"架起了阅读与写作的津梁,事实证明,也只有"真教",才能将叶圣陶老先生"教材无非是个例子"这句话的精髓落地生根、开花结果,学生基于语文课堂的素养,才能一步步提升。

第三,教师的教是基于语文学科的教。

基于语文学科的教,就是用语文的方法教语文。就这堂课来看,刘老师做得不错。如品味徐锦澄老师骂人那句"我一眼把你望到底"的言外之意时,刘老师就用了三种语文的方法。

第一种方法:诵读求义。古人就说过,读书百遍,其义自见。刘老师先后请两位同学读,然后请他们说说徐锦澄老师这句话的含义。两位同学都觉得徐老师之所以这样说,是因为学生不尊重老师。为了引导学生思维向深处去,刘老师用了第二种方法:涵泳体悟。请留意这样一组师生对话。师:看着我的眼睛,"我一眼把你望到底"什么感觉?生:感觉你的眼神很犀利。师:"望到底",给你什么感觉?生:心里很虚,自己很浅薄。师:说得很好。这句话徐老师是要告诉梁实秋:我很了解你,你还浅薄,要懂得谦虚。当学生发现徐老师所骂之句与同学嘲笑之句不一样时,刘老师又运用了第三种方法:比较参读。学生很快就明白了,同学们嘲笑梁实秋时,之所以将"把你"调在前面先说,是因为同学并不是真骂梁实秋,而是借徐老师的话笑话作者,为了突出嘲笑的对象,将"把你"放在前面以示强调。

第四,教师的教是基于认知规律的教。

当然，这里的认知规律是从学生角度说的。

现如今，听语文公开课，仍会看到老师在课之始，介绍作者，概述背景，似乎没有这些环节，语文课就不成为语文课。我们并不全盘否定这样做的意义，但在这样做之前，一定要仔细想一想，这几个环节有没有价值，或者需要不需要。背景资料的呈现，要符合学生的认知规律。就这一点来看，刘老师也做得挺好。

如老师问，当时课堂是怎样糟糕的情形时，学生引用课文里的话，分析了三方面的情形。一是学生欺骗老师："课堂上常是稀稀拉拉的不大上座，但教员用拿毛笔的姿势举着铅笔点名的时候，学生却个个都到了，因为一个学生不只答一声到。"二是学生不尊重老师："真到了的学生，一部分是从事午睡，微发鼾声，一部分看小说如《官场现形记》《玉梨魂》之类，一部分写'父母亲大人膝下'式的家书，一部分干脆瞪着大眼发呆，神游八表。"三是其他老师不负责任，敷衍行事："国文先生呢，大部分都是年高有德的，不是榜眼、就是探花，再不就是举人。他们授课不过是奉行故事，乐得敷敷衍衍。"就课文提供的信息而言，学生的分析概括很到位，甚至超过了老师。但为了让学生更深入了解彼时彼景，刘老师链接了梁实秋《清华八年》片段。再如，为了让学生摹写更方便，刘老师还展示了梁实秋先生另外两则写人的片段。在学生最需要的时候展示背景资料，契合了学生的认知规律。

瑕不掩瑜，如果从阅读与写作的迁移点、教学重心的聚焦、教学环节的设置等几方面加以审视，这堂课仍有较大提升空间。这种优化，能让"真教"在培养学生语文核心素养方面，发挥更大效应，具体包括这样几方面。

首先，阅读写作的支点，尚需进一步精准化。

让我们回顾这样一段实录：

师：我们通过抓关键语句，分析徐老师，研究老师行为背后的原因，读出了老师骂人话语的弦外之音，这些分析使得我们走近了徐老师。走近一个人，才能把一个人写得跃然纸上，写人关键得把人写活。想不想试试写活一个人？

生（齐）：想。

师：那在动笔写之前，我们先玩一个小游戏。请两名同学上来，请他们在一张纸背后写上一个你想要写的同学名字,然后用词来形容这个人,谁用词最少又让同学猜到,谁获胜。(两生上台,写好各自要猜的同学姓名。)

生1:大个子。

生2:头挺圆。

众生:乔×。

师:哇,没想到你才一个词,大家都猜到了。看来你抓住了乔同学最大的特点。

师问生1:你总结一下,你为何输了?

生1:我给的形容词范畴太大,没能一针见血的抓住人物特点。

师:对,写活一个人,首先要抓住这个人物的典型外貌特征、典型动作或典型个性来写。下面大家结合梁实秋先生另外两个写人的片段(投影),用两三句话写活一个人。

这段师生对话,就是老师引导学生由阅读走向写作的过程。虽然是微写作,但这样的迁移,还是显得粗鲁了些。一是,老师所提到的典型外貌特征、典型动作或典型个性,三者从内涵上讲并不在同一层面,而且外貌、动作可以表现个性,不宜将之并列。二是,除了这三个方面,语言、神态要不要写,可不可写?为什么不将它们列入?三是,老师所说三个方面仅仅是写作内容或角度,那怎么写?也就是关于写作方法,老师并没有明言。总而言之,这样的迁移,缺少指导性,而且老师的说法与她展示的第二个教学目标不一致,更没有对链接的背景资料进行分析归纳,导致部分学生对接下来的任务并不是很明白。

其实,向梁实秋先生学写作,更多的是学写作方法,而不是学写作内容或角度。像欲扬先抑、反讽、细节描写等写作方法,比喻、夸张等修辞,以及幽默风趣的行文风格等,都值得品味,学以致用。这些方法应该是教学这篇课文,以阅读促写作的迁移点。在学生练笔前,老师可引导学生略做梳理,以便运用。

其次,教学重心的把握,尚需进一步明晰化。

在课堂开始不久,刘老师即明示本节课目标:①通过语段的涵泳,把握人物的个性;②引导学生抓住富有个性化的特征、细节、语言来写活一个人。

两个目标哪个是重心?

笔者以为,第二个目标是重心。为什么?有两个理由。一是,该班学生在高一时已经学过这篇课文,而且他们高度关注的就是作者与徐锦澄老师,应该说徐老师的个性,学生已知晓一二,不需要花过多的时间。二是,阅读是手段,写作是目的,因为写作实际上就是四大核心素养之一的"语言建构与使用"。有鉴于此,这堂课的重心应该是目标二。

实际上,课堂上给第二个目标留出的时间,尚不足整堂课三分之一。学生真正思考写作的时间较少,拿出来展示的仅有四位同学,对学生展示的作品也只有老师评点,生生互动就没有了。因此对徐老师到底是一个怎样的人的分析,要大幅压缩时间,将一半多的时间留给第二个目标的达成,同时也可以弥补写作指导的缺失。

最后,教学环节的设置,尚需进一步简约化。

在写作记叙文、散文时,有一句老话:与中心无关的材料一概不要。上课如同写作,也要遵循这个原则,没有价值的环节一概不要,将时间留给有价值的环节,这样课就显得干净有力。什么属于有价值?简单地说,就是指向教学目标、指向学生素养生成的就有价值。如此看来,这堂课有些环节要删掉。

如课堂开始这一段:

师:……可能有同学要说,老师我也选的A来写的,怎么不在这1人之中。其实你写的内容还是徐锦澄老师,也就是你没厘清A、B两个之间的侧重点,A项是指当时给你们上课的语文老师。我们来看一下真正围绕A来写的同学的文字。(投影PPT。)请写这段文字的同学告诉我,你写的是哪个老师吗?

生:是我们的语文老师——肖老师。(学生笑。)

师(做惊讶状):我也猜过是你们的肖老师,虽然我听过肖老师几堂课,但比起你们而言,你们更了解她,这位同学观察很仔细。

这个环节已经和学情无关,也不关照后面教学目标的达成,所以应该删掉。

再如在学生动笔写作之前,两个学生玩游戏的那个环节,也大可以不要。游戏虽有趣,但是挤占了时间,可以将这部分时间用来总结写法、指导写作。

结合前面两方面问题来看,这堂课的教学流程,其实可以分三个板块:徐老师是一个怎样的人?作者是如何写他的?我们能否模仿梁实秋先生的写作手法写一个活生生的人?第一板块时间少点,重点放在二、三板块。这样,课堂就更显紧凑,而又不失精致。

第二节 践行发现,让"学"动力强劲

将"发现"与"语文"联袂,仅仅是"方便说",因为"发现语文"并不是"发现"与"语文"二者简单的叠加,其含义丰富,是一种教学主张,或者说是一种教学方法。

一、"发现"的基本内涵

"发现语文"的核心概念主要有三个:发现、发现学习、语文发现教学。

什么是发现?从表象看,我们所理解的"发现",并不是科学家在自身研究的本领域进行的"原发现",而是孩子在学习过程中的一种"再发现"。从本质看,作为"再发现"的"发现"是一种领悟。美国教育学家布鲁纳将之概括成"直觉",他认为,直觉"是指没有明显地依靠个人技巧的分析器官而掌握问题或情境的意义、重要性或结构性行为"[1]。无论是表象还是本质,这种"再发现"需要一种重构,一种从课程角度进行的再编制,这种编制通常包括"缩短""平坡""精简"等形式。"缩短"即"将冗长的原始过程剪辑一番,使之缩短,变成一条捷径,不要求再现原先知识的全过程";"平坡"即"将原始发现过程中的大的坡度削平一点,通过提示或其他方法降低一些难度,使之稍具难度而仍有发现学习的价值";"精简"即"删除一些原始进程中的繁杂的

---

[1] 余文森.发现学习的特点、功能及其教学原则[J].外国中小学教育:1994,12。

枝节问题,减少原始进程中众多的迷途、岔道、可能性,精简为少量的迷途、岔道、可能性,供学生选择思维"[1]。

"发现学习",简单地说,就是基于发现的学习,即教师引导学生自己去发现教材的结构、结论和规律,自主建构知识体系等。从不同的角度考察,"发现学习"具有多种特点,我们认为"发现学习"核心且必备的特点是"有意义"。"有意义的发现学习"一般包括"意欲发现的问题有意义""孩子具备有意义学习的动机""发现的路径有意义""构建的过程有意义"等若干层次内涵。

"发现语文",这种提法并不十分妥当,"XX语文"现已被语文学界广泛诟病。"发现语文"其实应称之为"语文发现教学",它是语文教师基于"发现"、"发现学习"的教学,是植根汉语言母语教学基本规律和根本特点,以"发现"为过程和方式,运用发现理论协调语文教学中种种关系和矛盾,实施语文课程教学,推动学生语文素养不断提升的教学方法。

二、"发现"的理论依据

我们之所以提出"发现语文"或"语文发现教学"一说,主要因其有着丰厚的理论依据,并衍生出极强的教学现实意义。

依据之一,中国传统儒家教育思想。

《论语》记载孔子的话:"不愤不启,不悱不发。举一隅不以三隅反,则不复也。"意思是说"不到他努力想弄明白但仍然想不透的程度不要去开导他,不到他心里明白却不能完善表达出来的程度不要去启发他,如果他不能举一反三,就不要再反复地给他举例了。"这句话彰显的可以算是世界上最早的"启发式"教学思想。

《学记》成书于战国时期,是我国最早的一部教育、教学专著,其间写道:"故君子之教,喻也。道而弗牵,强而弗抑,开而弗达。道而弗牵则和,强而弗抑则易,开而弗达则思。和易以思,可谓善喻矣。"意思大概是说,教师施教,就是启发诱导。诱导而不牵拉,劝勉而不压制,指导学习的方法而不把

---

[1] 钱威.语文教育"发现学习"教学模式研究[J].湖州师范学院学报:2001,04。

答案直接告诉学生。诱导而不牵拉,则师生融洽,劝勉而不强制,学生才能感到学习是件愉快的事,启发而不包办,学生才会自己积极思维。能做到师生融洽,使学生感到学习容易,并能独立思考,可以说是做到了善于启发诱导了。

《学记》的启发式教学思想,与孔子一脉相承。"启发式"教学思想与我们提倡的"语文发现教学"主张高度契合。"语文发现教学"的前提是"发现"与"发现学习",而"发现学习"的实质就是在老师的启发、引导下自主学习、自主发现、自主选择、自主建构。

依据之二,古希腊苏格拉底的"产婆术"。

古希腊教育家、思想家苏格拉底生活的年代比孔丘略晚,与中国的战国时期大体相对。因为"产婆术"源自苏格拉底,所以也称"苏格拉底方法"。该方法指在与学生谈话的过程中,并不直截了当地把学生所应知道的知识告诉他,而是通过讨论、问答、甚至辩论的方式,来揭露对方认识中的矛盾,逐步引导学生自己最后得出正确答案的方法。这一方法包括"讽刺、助产、归纳和定义"等步骤。"讽刺"是指不断提出问题使对方陷入矛盾之中,并迫使其承认自己的无知;"助产"是指启发、引导学生,使学生通过自己的思考,得出结论;"归纳和定义"则指使学生逐步掌握明确的定义和概念。这一理论,彰显了西方最早的启发式教育思想。

同为"启发式",东、西方教育睿思异曲同工,而我们认为这一理论有力支撑了"语文发现教学"主张。

依据之三,美国布鲁纳的发现学习理论。

提到"发现",人们往往想到的是布鲁纳,其实和"发现"相关的教育理论并不是布鲁纳的首倡。之前的卢梭、斯宾塞等都提倡过"发现教学法",到了杜威那里,又对"发现教学法"进行了较为完备的阐述,到了布鲁纳的时候,其将"发现教学法"明确为课堂教学的基本策略和理论,并注入了心理学的支撑,还匹配了相应的课程结构。

布鲁纳认为,学生的心智发展,是遵循他自己特有的认识程序的。教育工作者的任务,就是要把知识转换成一种适应正在发展着的学生的形式。因此,他提倡使用"发现学习""发现教学"的方法。他的"发现学习"理论强调"学习过程、直觉思维、内在动机、信息提取"这样几个主要内涵。

"语文发现教学"法的前提即"发现"与"发现学习",毫无疑问,布鲁纳"发现学习""发现教学"理论能有效指导"语文发现教学"实践。

依据之四,建构主义理论。

建构主义理论认为,知识不是通过教师传授得到的,而是学习者在一定的情境即社会文化背景下,借助其他人(包括教师和学习伙伴)的帮助,利用必要的学习资料,通过意义建构的方式而获得的。

建构主义理论,既强调学习者的认知主体作用,又不忽视教师的指导作用。它认为教师是意义建构的帮助者、促进者,而不是知识的传授者与灌输者;学生是信息加工的主体、是意义的主动建构者,而不是外部刺激的被动接受者和被灌输的对象。

建构主义理论提倡用探索法、发现法去建构知识的意义,提倡教师要努力激发学生的学习兴趣,帮助学生形成学习动机,创设探索情境,协调、组织、指导学生学习。

建构主义理论与"语文发现教学"主张一样,都非常重视学生的主体性和主动性、教师的参与性和指导性,两者思想内核高度一致。

三、"发现"引发的课堂建模

近年来,随着"发现""发现学习"理论研究的不断深入,有学者归纳出"语文发现教学法"的三种常见类型:半发现型、引导发现型、独立发现型。这三种类型各有利弊,我国的语文老师更多的采用的是"引导发现型"。"引导发现型"课堂模式的建构并不复杂,下面我们以具体的课例做一阐释和说明。

先以李煜《虞美人》为例,说说文本解读中的"发现教学法"。

第一步,与学生明晰"发现目标"。《虞美人》是绝代才人、薄命君王李煜被俘北宋后的绝命词,我们要重点探究词中之情思,以及表达情思的技巧。

第二步,创设"发现情境"。连续多次播放经典诵读之录音,让学生仔细听,再让学生自主读,引领学生走进词的意境。

第三步,化文本内容为问题,建构"发现的思维路径"。教学《虞美人》,我们的问题路径是这样的。教师引导,听了、读了全词,你发现词中哪个字最能代表李煜的情感?学生轻松说出"愁"字。继续追问,李煜"愁"什么?让学生思考并讨论,然后请学生说出自己的"发现",学生发现了李煜有三"愁":一愁"春花秋月"到底"何时了",二愁"往事知多少",三愁"雕栏玉砌应犹在,只是朱颜改"。继续追问,李煜为什么"愁"?教师展示该词写作背景:作个才人真绝代,可怜薄命做君王!背景一展示,学生自然发现了"愁"背后的原因。教师继续追问,李煜是如何表现"愁"的?学生指出,词人写道:问君能有几多愁?恰似一江春水向东流。学生在默默思考的基础上相互交流,然后发现,词人综合运用了设问、夸张、比喻的修辞来写愁,写出了愁思的多,同时化无形为有形,化抽象为具象,说愁思像春水汪洋恣肆,一泻千里,又像春水昼夜不停,无穷无尽,写出了愁思的绵长。

第四步,"发现能力进行迁移"。学生自主学习李煜的另一首同一背景下的作品——《浪淘沙》,学生自主学习、互相提问,老师参与其间、指导点拨。

无论哪类文本解读,只要是采用"发现教学法"教学,都可用上述四个步骤去建模。

再以《细节的力量》一课为例,谈谈作文指导中的"发现教学法"。

首先,师生问好,老师开门见山,提出本堂作文指导课的"发现目标":探寻、掌握细节描写的基本方法。

其次,老师引导学生回忆以前学过的课文中有哪些精彩的细节描写。学生发言很踊跃,先后说出了《故乡》《背影》《祝福》等文章的细节。这个环节是勾连旧知,也可以理解为教师在创设"发现情境"。

再次,引导学生分析阅读材料《心灵的距离》原稿和修改稿的区别。这个环节的核心仍然是"细节",围绕这一话题,老师将材料内容问题化,帮助学生建构"发现的思维路径",再通过对话,将学生的"发现"进行归纳、总结。细节描写的方法通常有"增加细小的情节,延长动作的过程,选用修饰语、修辞、传神的动词,运用心理描写"等。

最后,让学生进行摹写,先写后交流。很显然,这个环节是"发现能力迁移"。由此不难看出,作文指导课的发现教学模式和阅读课的发现教学模式,基本一致,即"提出发现目标、创设发现情境、构建发现路径、迁移发现能力"。

教学实践表明,语文发现教学法对提升学生自主学习能力、建构知识体系、发展学生的个性、培养孩子创新思维和习惯有着积极的意义,但我们并不全盘否定基于接受式学习的诸如讲授等教学方法,因为"发现"仅仅是语文教学的一种行走方式。教学论告诉我们,接受式学习通常包括三种类型,机械式接受学习、被动式接受学习和有意义接受学习,而"有意义接受学习"也是一种以思维发展为核心的理解性学习,它有着其他学习方式所不能代替的优越性。换句话说,基于"有意义接受学习"的一些教学方法,也应该有其他教学方法无法替代的优越性。"语文发现教学法"如果能与有意义"讲授"等其他教学方法有机融合、综合运用,对语文教学来说、对学生而言都将是一件幸事!

第三节　精致导读,让"境"油然而生

一、把串讲与涵泳结合起来

邓彤老师老师教学归有光的《项脊轩志》是这样做的——

师:你们从这一段文字看,归有光在他的书房里读书,应该是一种什么心态?他在书房读书是一种什么感觉?……

生:在那个小书房里,有一种自娱自乐的感觉。

师:我很欣赏你说的自娱自乐,你觉得哪些词句能看出自娱自乐呢?

生:借书满架。

师:你能体会怎么个自娱自乐?

生:就是他在那个小书屋里,生活悠然自得。

师:你看,"借书满架"什么意思呢?先看注释。没有注释?哦,你们的

课文是临时印的。没关系。老师给你们解释。有人说,"借书"是"借来之书",那归有光是不是借书从来不还啊?(学生摇头笑。)

师:那为什么又满架借书呢?

生:爱读书。

师:不错。有专家评价说,这四个字别太落实了,就是讲房间的书多。有一点你们体会体会,一间小小的房子,满架图书,这时候这个读书人站在书架前面,会是一种什么感觉?

生(杂):有成就感,有知识。

师:对,有一种自豪的感觉,好像这架书就是士兵,我就是元帅,我正在检阅我的士兵、我的军队,所以读这四个字的时候应该怎么读?

生:骄傲。

师:你来"骄傲"一下,把这四个字读一读。

生(小声地):借书满架。

师:好像有些胆怯,怯生生地,不够骄傲。(全班学生笑。)

生(大声地):借书满架。

师:声音大一些,再"骄傲"一下。

生(大声骄傲地):借书满架。[1]

邓老师在这部分教学中,既有词语解释的"稳重",也有揣摩人物情感的"灵动",前者以"讲"落实,后者以"读"来落实,而朗读是"涵泳"最重要的方式。两方面结合,相得益彰。

二、把语境与明象结合起来

语文教育应该是明象的。王弼说:"意以象尽,象以言著。"王夫之亦云:"天下无象外之道""言以明象"。文章的表里应当分为语言层、形象层、意蕴层,即所谓"文""象""道"三个基本层次。其中"文"是"象"的形式,而"象"又是"文"的内容;"象"又是"道"的形式,而"道"又是"象"的内容。跨越"象",以"文"径直解"道"的过程,是违背阅读认识规律的,是不能达到真切"悟道"

---

[1] 邓彤.邓彤讲语文[M].北京:语文出版社,2008。

的高境界的。优秀的作品总是充满了生命的奥秘和机智,是灵与肉、光与色、形与神有机融合起来的意象体。我们来欣赏王君老师的一段课堂实录,理解会更深刻。

(课件展示写景句。)

雾凇沆砀,天与云与山与水,上下一白。湖上影子,惟长堤一痕、湖心亭一点、与余舟一芥、舟中人两三粒而已。

(师指导学生朗读。)

师:这样的一幅雪景,你觉得有什么特别之处吗?

生:我感觉第一句给人一种苍苍茫茫的感觉。

师:是吗?但老师觉得呀,这一句有问题。你看"天与云与山与水"多拖沓啊,开头我们还说张岱作文惜墨如金呢?这里居然一连用了三个"与",我看一个都不用也行。

生:不行,老师。

师:为什么不行?你看我读。(师去掉四个"与",很认真地读了。)我们对比再读一读。先去掉"与"读一遍,然后再把原文读一遍。

(生对比读了一遍。)

生:哦,老师,我感觉出来了,这四个"与"并不多余,它让"天、云、山、水"四个景物融和在了一起,如果去掉,好像它们之间的界限很清楚似的。

生:四个"与"字就造成了一种天地苍茫的浩大气象。有这四个"与",后文的"上下一白"才显得更有气势。

师:好样的,有眼光!来,咱们读出天地苍茫的景象。

(师指导学生拖长音调读,摇头晃脑,读出韵味儿。)

生:我觉得文中的量词用得很怪,和我们平时的不一样。

师:有同感。我如果来写,我会这样写"惟长堤一条,湖心亭一座,与余舟一艘,舟中人两三个而已",你认为如何呢?

生:我觉得作者就是想把后面的景物写得很小很小,好和前面的"上下一白"形成鲜明对比。

师:有意思!你的这句"就是想"激发了老师的共鸣。我也觉得这句话不仅是量词有问题,而且顺序也有问题呢,如果我来写就这样安排"湖上影子,惟舟中人两三个、余舟一艘、湖心亭一座、长堤一条",你看,越来越清晰,越来越清晰,符合人的心理要求!

生:不好,味道全没有了。

师:啥味道?

生:好像作者要把自己融入苍茫宇宙的那种味道。

师:"融入"这个词用得妙!是啊,老师也感觉到张岱是想和自然融合在一起的,否则你说,张岱和舟子是在船上的吧,他怎么能够说自己和舟子是"舟中人两三粒"呢?这视角根本就不对啊!

师:还有,咱们读读最后一句,把那个"而已"的味道读出来。

(生反复读"舟中人两三粒而已",教师反复指导"而已"的读法,去掉再读。)

师:感觉到这"而已"的言外之意了吗?

生:景啊,人啊,不过是这沧海一粟罢了,在苍茫天地中,他们都似有似无,"天人合一"了!(师生热烈鼓掌。)

师:哦,这同学真是一语惊醒梦中人,原来痴人眼中有痴景,是因为有个"天人合一",融入宇宙的愿望啊!这样看来,当时张岱去湖心亭看雪,他是怎么定位自己与自然的关系和世俗社会的关系的?

生:他不想见人,也不希望被人见到。

师:对!明白了这个道理,先前关于他和金陵客交往的不和谐就有了答案了。他和自然的关系呢?

生:他希望融入自然中,成为自然的一部分。

师:我们现在来看最初发现的那个"独"与"两三"之间的矛盾,是张岱数不清楚人数吗?是张岱一不小心犯了一个可笑的错误吗?

生:不!那是因为他"眼中无人",知音尚且不顾,何况舟子?(生鼓掌。)

师:那他的眼中只有什么呢?

生:只有自己的心,只有自然,他是属于自然的。

师:哦,同学们一点拨,老师懂了。[1]

人们都说王君老师的课很有灵气,"灵"在何处?就"灵"在把语境和明

---

[1] 王君.王君讲语文[M].北京:语文出版社,2008。

象有机融合,给学生以知趣、意趣以及美的过程享受。

三、把悟意与延宕结合起来

南京师范大学何永康教授,曾在《南京师大报》上发表《情系南师四十年》一文,文中忆及词学大师唐圭璋先生,描述了这位最慈祥、最谦和的老师别具风格的上课情形:"只见他老人家端坐在黑板前,一遍又一遍地将名篇诵读。'对潇潇暮雨洒江天,对潇潇暮雨洒江天,对潇潇暮雨洒江天……'这抑扬顿挫的吟诵声,把我们渐渐地、静静地带入了美妙的诗境;然后,'柳永啊,他想啊,想啊,想啊……'想什么呢? 唐老未做一字解释,只让我们全班同学由着性子自己去想像,去补充。"[1]唐圭璋先生的教学,巧妙地将感悟时间的无限延宕和感悟空间的无限拓展交融起来,引导学生自己体悟,自悟自得,学生自然终生不忘。

如果将延宕引申为"延伸拓展"之意,悟意和延宕的结合将是另一番天地。我们来欣赏余映潮老师的一段课堂实录。

师:好,看屏幕。

(屏显2:学习活动之一,简说故事。)

师:我们现在开始讲成语故事。齐威王这个人呢,跟两个成语故事有关,一个成语故事叫"一鸣惊人",一个叫"门庭若市"。齐威王即位以后,沉溺于酒色,不理朝政,齐国处于崩溃的边缘,有一个叫淳于髡的谋士,心里着急,他知道齐威王这个人喜欢隐语,什么叫隐语呢,就是用打比方的方式来说话。于是见到威王时,他说,大王,王宫里飞来了一只大鸟,这只大鸟在庭院里既不飞也不叫,这是一只什么样的鸟啊?齐威王一听就明白了,他说,你知道吗,这只鸟不飞则已,一飞冲天,不鸣则已,一鸣惊人。然后他就开始整理朝政,齐国就逐步强大起来。这就是"一鸣惊人"这个成语故事的来历。下面你们就用非常简洁的文字,根据课文内容,来说"门庭若市"的成语故事。开始准备。

(学生准备3分钟。)

---

[1] 杨启亮.体验语文:一种教学方法论的解释[J].语文教学通讯,2002,10。

师:好,哪位同学能够试一下?我建议,讲这个故事,第一不要用复述的方式从头讲到尾,可以直接切入故事的正中,比如说邹忌是个很美的人,他怎么样怎么样,很快地就到故事当中来了;第二,结尾的时候要点一下题,这就是"门庭若市"这个成语故事的来源,这样表示你说话的层次。

师:好,哪位同学试一下?

生:在齐国有一个面目清秀的人,名叫邹忌,有一天早上他起来穿好衣服,分别问他的妻子、他的妾和他的一些门客,他和城北徐公到底谁更美丽?他的妻、妾、门客都说他比徐公更美丽,于是他入朝见了齐威王,对齐威王说了他早上的经历,齐威王明白了其中的道理,而且说"甚善",便下令鼓励群臣和百姓向他进谏来维护朝政的平稳。由于这条令的实施,齐国更加繁荣,使其他一些国家皆朝于齐,这就是"门庭若市"这个成语的来历。

师:好,很好,这位同学用很简洁的方式述说了一个小小的故事,但是有一个小小的弱点,"门庭若市"的细节没有说出来,对不对?群臣进谏,门庭若市,非常热闹,于是后来就有了……挺好的,谁再来说一次?

生:在齐国的时候,有一个美男子叫邹忌,他有一天问他的妻子,他和城北徐公谁美?妻子说他比徐公美。他由于不自信,又问了他的妾和来他家作客的人,都得到了同样的答案,都说他比城北的徐公美,但是等到第二天徐公来的时候,他才知道自己的样子大不如徐公美。他由此联想到现在齐国的形势,就去面见齐王,把这件事告诉了齐王,齐王了解了其中的道理,就开始广纳善言,让全天下的百姓都来挑自己的毛病,然后群臣都到朝廷来上书,朝廷里非常热闹,这就是"门庭若市"的来历。

师:好的。他有一个优点,他点出了邹忌因为自己的生活小事而联想到了国家大事。还有没有同学用更加简洁的语言来表达?

生:齐国有个长得非常美丽的人,他叫邹忌,有一天他早上起来之后问妻子、小妾以及客人,说:"我与城北的徐公比,谁更美丽呢?"他的妻子、小妾和客人都说"您非常美丽,徐公怎么能比?"他由此联想到国家大事,就入朝见威王,告诉威王已经受蒙蔽很深了,威王就开始下令说:"如果谁有兴德之言进谏给我,就能受赏。"群臣、百姓都来进谏,所以门庭前面非常热闹,这就是"门庭若市"的来历。

师：好。你看,三个人讲的这个故事,逐步到位。但从"简说故事"这个角度来讲,还可以比刚才这位同学再简。好,你来。

生：齐国的邹忌在与城北的徐公比美的过程中,得出了一个结论,于是他把得出的这个道理建议给齐王了,齐王认为他说得很正确,于是就广开言路,他的臣子和子民们都去朝廷上给他进谏,十分的热闹,于是齐国就繁荣昌盛起来。这就是"门庭若市"的来历。

师：你看,他更简了,但是又简过了头。真是左也不是,右也不是啊。(师笑。)邹忌本来很美,但是没有徐公美,他的妻、妾、客都说他比徐公美,于是他就从里面悟到了一个什么道理,就这样把前面稍微的加上一点就够了。好了,这就是"简说故事"。①

在这个片段中,余老师"悟意和延宕"的教学智慧一览无余。他讲"一鸣惊人"的故事,既是对学生知识面的扩展,也是为学生讲成语故事做了一个示范;既拓宽了学生视野,也使学生的学习活动更有方向感。让学生讲"门庭若市"的故事,实际上既让学生领悟了全文的大意,也训练了学生的口头表达能力,起到一石三鸟的效果,令人钦佩。

按照这些路径去探索,语文课堂就有可能渐入"真境"。

---

① 余映潮.《邹忌讽齐王纳谏》教学实录与点评[J].中学语文:2010.04,有删改。

第五章　语文"真境"课堂举隅与透视

然沧浪所谓兴趣,阮亭所谓神韵,犹不过道其面目,
不若鄙人拈出'境界'二字,为探其本也。

——王国维《人间词话》

第一节　现代文教学

一、《鲁迅笔下的阿长——读〈朝花夕拾〉整本书》教学实录与点评

1.实录（南通市东方中学　郭小平）

师:同学们,我们初一曾学过鲁迅的一篇散文《从百草园到三味书屋》,那妙趣横生、充满童趣的百草园,留下了作者快乐的童年记忆,园子里还有一位给他讲美女蛇故事的人,大家还记得吗?

生:长妈妈。(学生齐说。)

师:你觉得百草园中的阿长是个怎样的人呢?

生:我觉得长妈妈是一个粗鲁、迷信、知识又不渊博的人。

生:我觉得长妈妈多嘴,爱告状。

师:你从哪里读到的呢?

生:《阿长与〈山海经〉》。

师:哪位同学评价一下这位同学的回答?

生:老师问的是《从百草园到三味书屋》中百草园中的阿长。(课堂里一

片笑声。）

师：哦，原来只读一篇文章对阿长了解是不全面的，那么读了《朝花夕拾》这本书，你对阿长有了哪些新的认识呢？现在我们就一起走进鲁迅笔下的阿长。（板书：鲁迅笔下的阿长。）（屏显：鲁迅笔下的阿长——读《朝花夕拾》整本书。）

（了解阿长，初识情感。）

师：请同学们用两个词语概括评价《朝花夕拾》中阿长的人物形象，写在本子上，然后组内交流，请四个小组的代表把结果写到黑板上，每组不超过三个词语。

师：好，大家看看黑板上对阿长的评价，有什么发现呢？

生：善良、迷信、粗鲁三个词语出现得多。

师：看来，大家对阿长的认识基本达成一致。

师：作者是怎样写阿长的呢？这样写流露了作者对阿长怎样的情感呢？《朝花夕拾》中多处谈到了阿长，请同学们在你最喜欢的一处做批注，然后说给组里人听听，每小组推选代表与大家分享。

生：《阿长与〈山海经〉》第3段：虽然背地里说人长短不是好事情，但倘使要我说句真心话，我可只得说：我实在不大佩服她。最讨厌的是常喜欢切切察察，向人们低声絮说些什么事，还竖起第二个手指，在空中上下摇动，或者点着对手或自己的鼻尖。

这里用了语言描写和动作描写，生动形象地写出了阿长的饶舌、唠叨和行为粗鲁，与后面阿长的美好形象形成鲜明的对比，突出写了作者对阿长的不佩服和讨厌。

师：你关注了语言、动作两种人物描写的方法，同时抓住了"不佩服"和"讨厌"这两个关键词概括作者的情感，真好。结合整本书的阅读，你觉得作者这样描写阿长是与后文对比吗？请同学们思考并做好标记。

生：《阿长与〈山海经〉》第2段：我们那里没有姓长的；她生得黄胖而矮，"长"也不是形容词。又不是她的名字，记得她自己说过，她的名字是叫作什么姑娘的。什么姑娘，我现在已经忘却了，总之不是长姑娘；也终于不知道她姓什么。记得她也曾告诉过我这个名称的来历：先前的先前，我家有一个女工,身材生得很高大,这就是真阿长。后来她回去了,我那什么姑娘才来补她的缺,然而大家因为叫惯了,没有再改口,于是她从此也就成为长妈妈了。

此处写了阿长名字的来历,表现鲁迅及其家人对她的名字也并不关心,可见她的身份卑微,是处于社会底层的一个普通劳动妇女。

师(追问):阿长不在乎大家对她的称呼吗?

生:在乎的,她给小鲁迅讲了自己是有名字的,只是因为自己地位低下而不敢不接受。

师:渴望被别人叫自己的名字,阿长是在维护自己的尊严。请同学们走进书中,去寻找这样的阿长。

生:思考片刻,摇头。

师:没关系,我们读着读着也许就会有新的发现。

同学们,我们继续研读《阿长与〈山海经〉》第2段,这段文字除了写阿长名字的由来,还有外貌描写,"黄胖而矮"中"矮"与阿长的"长"这一鲜明对比,又是极大的讽刺,突出阿长的可怜与可悲。老师想问大家,阿长真的屈服于命运的安排,消极无望地苦挨着自己的生活了吗?

生:没有,她很乐观。(多数学生赞同。)

生:老师,我觉得阿长还渴望幸福。

师追问:你从哪里读出了这样的阿长呢?

生:《阿长与〈山海经〉》第7段:"哥儿,你牢牢记住!"她极其郑重地说。"明天是正月初一,清早一睁开眼睛,第一句话就得对我说:'阿妈,恭喜恭喜!'记得么?你要记着,这是一年的运气的事情。不许说别的话!说过之后,还得吃一点福橘。"她又拿起那橘子来在我的眼前摇了两摇,"那么,一年到头,顺顺流流……"。

这里运用了语言描写,体现了阿长的愚昧麻木,但又渴望幸福,渴望平安的性格特点。

师:说得好。本段中,阿长交代小鲁迅在最重要的时刻"一睁开眼睛,第一句话就称呼她'阿妈'",你有什么发现?

生:她在乎自己的名字,维护自己的尊严。

师：你带着问题阅读很专注,真好!同学们,阅读不要着急,有些困惑读着读着自然豁然开朗。《朝花夕拾》中多篇写到了阿长,我们一起再来品一品。

生:《狗·猫·鼠》第14段,长妈妈,一个一向带领着我的女工,也许是以为我等得太苦了罢,轻轻地来告诉我一句话。这即刻使我愤怒而且悲哀,决心和猫们为敌。她说:隐鼠是昨天晚上被猫吃去了!

这里"轻轻地"体现了阿长的小心翼翼、提心吊胆,但同时又说明她曾有撒谎的不良记录。表达了小鲁迅对阿长的憎恨之情。

师:你能敏锐捕捉到"轻轻地"这个形容词,并真实具体分析了阿长的紧张、害怕有矛盾的心理。请你说说阿长为什么要告诉小鲁迅呢?

生:"以为我等得太苦了"这句话可以看出,阿长出于对作者的疼爱。

师:很棒,你已阅读到了阿长的心灵深处。战胜阿长矛盾纠结心理的是她对作者的爱。同学们,阿长对作者的爱在书中多处有体现,你发现了吗?

生:《五猖会》第15段:母亲、工人、长妈妈即阿长,都无法营救,只默默地静候着我读熟,而且背出来。

运用了人物的神态和心理描写,体现了阿长的无奈和等我背书时的焦急和担心,表现出阿长善良的本性和对作者浓浓的关爱。

师:你读得很细致,你能猜猜当时的小鲁迅心里想什么吗?

生:阿长,快来救救我呀,你不是有神力吗?

师:嗯,可见小鲁迅对阿长的依赖。那么,阿长此时为什么不站起来救救小鲁迅呢?

生:因为她身份卑微,是个保姆,在当时,封建社会尊卑观念很强,她是下人没有发言权。

师追问:你觉得成年的鲁迅回忆此事时,还会像儿时一样责怪阿长当时的不营救吗?

生:不会的。(大家齐回答。)

师:为什么呢?

生:因为那是封建制度造成的。

师:谢谢你的分享,老师和你的想法一样,同学们,作者在文中直指封建制度，《二十四孝图》中也有体现，你发现了吗？

生（立即举手回答）：第11段：那里面的故事，似乎是谁都知道的；便是不识字的人，例如阿长，也只要一看图画便能够滔滔地讲出这一段的事迹。

这句话告诉我们阿长只是一个代表，这种现象在当时社会是普遍的，儿时的鲁迅也许好奇、厌烦，但成年的作者对此是讽刺与批判的，而他所针对的是当时的封建社会。(此时课堂上掌声响起。)

师：你的分析客观、全面且有深度，看来你不仅读懂了阿长，也走进了作者的心中。真的为你喝彩！

师：在作者的笔下，通过传神的人物描绘、朴素的语言、多层次、多角度地把一个形象真实而立体的阿长展现在读者面前。

生："哥儿，有画儿的'三哼经'，我给你买来了！"

这句语言描写表现了阿长的善良、善解人意和对小鲁迅的疼爱。(学生突然举手回答)

师：你很勇敢，补充得很精彩。同学们，读到此句，我们可以通过语言透视到阿长买到这本书时和把书送给小鲁迅时的心理，那是一种窃喜、一份释怀……同样，我们也可以想象小鲁迅从阿长的手中接过《山海经》时震惊的神情，我们可以更深刻地思考：成年的鲁迅在回忆得到《山海经》时对阿长复杂的情感。

（梳理情感，品味深情。）

（老师要求：1.结合相关情节，用文中的关键语句概括。2.结合导学案小组交流后展示。）

生：作者知道阿长谋害了隐鼠时，"憎恶"她；对于阿长的平常举动，实在不大佩服、厌烦她；讲长毛的故事时，作者也曾"发生过空前的敬意"，后来也"逐渐淡漠"了；阿长给"我"买《山海经》，才真正"使我发生新的敬意了"，甚至连"谋害隐鼠的怨恨，从此完全消灭了"。

师：请一名同学读读《阿长与〈山海经〉》第30、31段。

屏显："我的保姆，长妈妈即阿长，辞了这人世，大概也有了三十年了罢。我终于不知道她的姓名，她的经历；仅知道有一个过继的儿子，她大约是青年守寡的孤孀。仁厚黑暗的地母呵，愿在你怀里永安她的魂灵！"

(生读得平淡无力。)

师:请同桌点评一下他的朗读。

生:语调没有变化,没有感情,声音也小。

师:语言是表情达意的,请说说你从这段文字中读出了作者对阿长怎样的情感?

生:怀念、愧疚。

师:还有吗?思考一下"她大约是青年守寡的孤孀""愿在你怀里永安她的魂灵"这两句流露了怎样的情感?

生:同情和祝福。

师:好,没有爱就没有同情和祝福,作者对阿长的情感得到了升华,请你再来读一读。

(生有感情地朗读,但声音还是比较小。)

师:同学们,言为心声啊,作者以朴质的语言表达了对阿长真挚的情感,让我们带着作者对阿长的同情、怀念、愧疚与深深的缅怀和祝福再来齐读这段文字。

生(齐读):学生们读得投入、读得用情。

师:在作者笔下,一个可怜、可爱、可敬的阿长跃然纸上。我们再来思考黑板上大家对阿长形象的概括性评价,那个粗俗丑陋、愚昧无知,甚至让作者憎恶、厌烦的阿长似乎已渐渐远去。那么,作者对阿长形象的多处描写还是对比吗?

生(齐):不是。

师:你来回答(指名。),这是什么手法呀?

生:欲扬先抑。

师:鲁迅对阿长的情感在表达上其实是层层蓄势,最后达到情感的升华。周作人在他的作品中是这样写阿长的,请同学朗读并说说读出了什么?

屏显:长妈妈只是许多旧式女人中的一个,做了一辈子的老妈子(乡下叫作"做妈妈"。),平常也不回家去,直到了临死,或者就死在主人家里。——止庵《周作人讲解鲁迅》

生:阿长在周作人眼里就是一位处于社会底层的保姆,他对阿长比较冷漠。

师：这与鲁迅对阿长的深厚情感产生了鲜明的对比，一向不信鬼神的鲁迅却祈求地母让阿长漂泊的魂灵能够安顿下来，是什么让鲁迅超越了情感的疆界呢？作为读者，我们不禁有这样的疑问，阿长仅仅是鲁迅的保姆吗？（板书：保姆。）请同学们以读者的角度讨论一下。然后请组长推荐一位代表来发言。

（阿长似谁，有何影响。）

生：我们组认为阿长不仅仅是一个保姆，长妈妈在百草园给鲁迅讲美女蛇的故事，让小鲁迅注意安全，保护自己，阿长已经把鲁迅当成亲人了。（板书：亲人。）

生：不识几个字的阿长用自己微薄的薪水，一年中短短几天的假期，帮小鲁迅买到了《山海经》。

师：是的，阿长克服困难给小鲁迅买了《山海经》，这超越了一个保姆的身份，才使得作者在得到《山海经》时感到震悚，正是这种超越血缘的爱，让本来不可能有关联的阿长与《山海经》之间建立了联系，《山海经》是什么对阿长并不重要，重要的是作者已融入了阿长的生命中，不是亲人胜似亲人。

师：同学们，当你们焦急地渴望得到一件心爱的东西时，是谁全力帮你们得到它呢？

生：母亲。

生：我们组认为阿长是小鲁迅的老师，儿时的鲁迅好奇心强，阿长给鲁迅讲故事、风俗，加深了鲁迅对当时社会的了解。阿长告诉了鲁迅许多道理和规矩，虽然有的感觉可笑，也是为孩子着想，就像老师对学生的悉心教导一样。阿长还给鲁迅买了《山海经》，激发了小鲁迅对文学和绘画的的热爱，有启蒙的作用。

师：有道理，（板书：老师。）你还能穿越时空建立与自己的链接，读书就是要读出自己，这才是真读书，很棒！谁说说《山海经》是怎样的书？

生：读：《山海经》地理类古籍。记古代山川、地理、资源物产、民情风俗、医药巫卜等，包括大量上古有关舆地、方物及其他的神话传说……人面的兽；九头的蛇……由此更增加了"搜集绘图的书"的兴趣。（《鲁迅大辞典》，人民文学出版社2009年版。）

师:你懂得在正规文献中查找资料,并且标注资料出处,这个习惯值得我们学习。《朝花夕拾》确有写到鲁迅对绘画的兴趣,回忆一下。

生:鲁迅儿时在"三味书屋"上课时偷偷地描绣像。

生:还有《藤野先生》中鲁迅为追求美术的美把血管给画移位了。

师:一本木刻的有画的《山海经》让鲁迅一生与美术结下不解之缘。他在书刊设计和插图方面也颇有建树,他编辑的《铁流》《译文》等杂志加入了大量的插图,版式设计也十分调和。

屏显:"鲁迅的爱好艺术,自幼已然,爱看戏,爱描画;中年则研究汉代画像;晚年则提倡版画。"(许寿裳《亡友鲁迅印象记》。)

师:在听长毛故事时,被调侃无用的阿长,严肃地与处于主人地位的小鲁迅进行辩驳,没有等级、没有主仆、没有血缘关系,他们之间平等而亲密,书中也多处写到,你发现了吗?

生:阿长私下里告诉小鲁迅自己是有名字的,和别人不敢说。

师:还有,被父亲强迫背书时,小鲁迅渴望阿长的营救,他们之间是什么关系呢?

生:伙伴(朋友)。(板书:伙伴。)

师:正是阿长在鲁迅的人生中扮演了这么多角色,才使得鲁迅念念不忘。那么,鲁迅为什么在阿长辞世30年以后想起写《朝花夕拾》来怀念阿长呢?

生:我们要查找作者及作品介绍,关注写作背景。

师:是的,读书要了解作者、写作背景,也要读小引(前言或序言),有的书后面附有后序(跋)。同学们,在鲁迅颠沛流离的人生的低谷,想起其幼时陪伴左右的长妈妈,那是鲁迅心灵的慰藉,是寒夜中的一点温暖,作者把这些美好的回忆比喻成了什么?

生:花。

师:什么时候的花?

生:早晨的花。

师:是呀,阿长就是鲁迅夕拾的朝花中最芬芳的一朵。其实,在我们的身边有很多像阿长一样普普通通,又有缺点的人,但是许多年后,这样的人也许就成为我们心灵深处最美好的回忆,鲁迅笔下的阿长是否在提醒着我们要善待身边的这些人呢?老师不想告诉大家我的感受,等同学们长大以后,再读《朝花夕拾》的时候,我相信,大家一定会对鲁迅笔下的阿长有更深刻的思考与发现。同学们,下课。

2.点评(江苏省特级教师 戴继华)

毋庸置疑,小平老师《鲁迅笔下的阿长》这堂课,是关于"整本书阅读"的一节优秀课。亮点颇多,耐人寻味。

第一,"课眼"聚得巧。

文有文眼,诗有诗眼,当然,课也有"眼"。"课眼"谓何?"课眼"是让课堂设计得以最优化的方法,是文本中最值得学生掌握的内容,是让学生以最经济的时间形成语文素养的策略。它具备"统摄性、独特性、向生性、简约性、高效性、普适性"六大特征,通常包括"设计方法、文本内容、生成素养策略"三种类型。聚焦课眼,效应很大。可以让教学更简约,课堂更清新,不蔓不枝;可以让教学更丰厚,课堂能够点成线,线成面,面成体;可以让教学更有韵味,课堂给学生和听课老师美的享受与恒久的回味。

教一篇课文要抓"课眼",导读一本书也不例外。教一篇课文,关注的"课眼"是一、两个,而导读整本书,则可能是一组、一群,或者说是一个系列,因为导读整本书不是一、两个课时可以完成的。《朝花夕拾》的课眼并不好抓,正如鲁迅先生自己在这本散文集的"小引"中写道:"这十篇就是从记忆中抄出来的,与实际或许有些不同,然而我现在只记得是这样。文体大概很杂乱,因为是或作或辍,经了九个月之多。"文体确实有点乱,有的篇什议论很多,有的则以记叙为主,难以捉摸。但是小平老师别出心裁,匠心独运,紧紧扣住了《朝花夕拾》里面"阿长"这样一个人物。因为阿长这个人物,在《朝花夕拾》中"若隐若现",抓住她,可以将十篇文章尽可能串联、贯通起来,从而给学生阅读这整本书以可靠的凭依和有效的示范。人物"阿长",从类型看,属于文本内容方面的"课眼"。

"课眼",也有老师称之为"支点"。以阿长为"支点"好在哪里?最关键就在于切口比较小。切口小,可以挖得深,同时易于以小见大、窥斑见豹,便于化点为线，连线成面。孩子们能够通过对鲁迅笔下阿长的赏鉴，渐渐学会赏析鲁迅笔下的父亲、三味书屋的先生、给父亲看病的老中医、衍太太、藤野先生、范爱农等，可起举一反三之效，以便将《朝花夕拾》整本书的阅读推向纵深。

第二，"主问"设得好。

化内容为问题，是语文教学常用之法，而主问题的预设则是语文教学的灵魂。不难看出，小平老师的这堂课设有三个主问题，分别是"阿长的人物形象如何""鲁迅对阿长的情感怎样""阿长对鲁迅有哪些影响"。打眼一看，三个问题平淡无奇，实际上它们之间有着严密的逻辑关系。

第一个问题回答"是什么"，即阿长是一个什么样的人；第二个问题解决"怎么样"，也就是鲁迅对阿长的情感怎样；第三个问题追寻"为什么"，即鲁迅先生为什么要回忆阿长。主问题之间的关系是由外到内，从形至质，自浅入深，即此及彼的，前三者层层深入，后者宕开一笔，这样，三个主问题将一个立体的课堂架构清晰地呈现在听课者面前。尤其是透过第三个问题的全方位对话，孩子们深刻领悟到，阿长不仅仅是鲁迅先生的保姆、伙伴，更是慈爱的母亲、启蒙的恩师。如此一来，一个旧社会下层女子丰满可亲的形象，立刻呈现在学生眼前，孩子们强烈的情感共鸣也油然而生。

然而小平老师的教学并没有戛然而止，主问题虽基本解决，但仍余音绕梁，于是老师适时对学生发出了两重追问，作为主问题的延宕。一重追问：鲁迅先生为什么在阿长辞世30年以后想起写《朝花夕拾》来怀念阿长呢？师生没有立求答案，而是在了解作者其人、阅读了写作背景、小引、跋等之后，自然得出结论：长妈妈是鲁迅先生在颠沛流离的人生低谷时心灵的慰藉，是鲁迅先生"夕拾"的"朝花"中最芬芳的一朵。先生笔下的阿长是如此，其他诸如藤野先生、范爱农等是不是也如此，或者有更深层次的原因？这一追问，让课堂顿显厚重，整本书导读的精髓隐含其间，给学生与听课者深刻的启迪。二重追问：其实，在我们的身边有很多像阿长一样普普通通，又有缺点的人，但是许多年后，这样的人也许就成为我们心灵深处最美好的回忆，鲁迅笔下的阿长是否在提醒着我们要善待身边的这些人呢？小平老师没有给出答案，而是期待学生去深刻地思考并力求发现。这一问，不仅更增课堂厚重感，而且将阅读行为、阅读感受上升到哲学的高度来认识，让孩子们久久回味,课堂在深沉、韵味感之外又新添了意境!

第三,"起点"定得准。

综观整堂课,老师导读有致,学生配合默契,氛围轻松和谐。之所以如此,最重要的原因就是小平老师的导读难度或高度,始终基于孩子们阅读的原初感受;导读的凭借,始终是文本的语言。一基于儿童,一立足于文本,可以说,这样的逻辑起点定得很准,完全符合语文教学的基本规律。也只有这样,课堂才能始终萦绕着语文味儿;也只有这样,教学主体性才得以突出,孩子们智慧的火花才可能不断闪现、语文素养才可能渐渐形成。

如当学生读到《狗·猫·鼠》"长妈妈,一个一向带领着我的女工,也许是以为我等得太苦了罢,轻轻地来告诉我一句话。这即刻使我愤怒而且悲哀,决心和猫们为敌。她说:隐鼠是昨天晚上被猫吃去了"一段时分析说:这里"轻轻地"体现了阿长的小心翼翼、提心吊胆,但同时又说明她曾有撒谎的不良记录。扣紧"轻轻地"一词深入现象的本质,可见孩子颇具悟性。当老师追问:你能说说阿长为什么要告诉小鲁迅呢?孩子回答,阿长"以为我等得太苦了",阿长之所以能战胜自己的矛盾纠结心理,完全出于对作者的疼爱。在老师的引导下,在语言的涵泳中,孩子们已经触摸至阿长的心灵深处。

再比如师生赏析《五猖会》第15段"母亲、工人、长妈妈即阿长,都无法营救,只默默地静候着我读熟,而且背出来"一句时有这样的对话。老师问,阿长此时为什么不站起来救救小鲁迅呢?学生认为,她身份卑微,是个保姆,在当时封建社会尊卑观念很强,她是下人没有发言权。老师追问,你觉得成年的鲁迅回忆此事时,会责怪阿长当时的不营救吗?学生齐答,不会的。老师追问理由,学生指出那是封建制度造成的,与阿长无关。理解精准,孩子们的智慧由此可见一斑。这样的引导是真引导,这样的阅读是真阅读。

第四,"背景"链得真。

这里的"真"是有价值,合规律的意思。语文课堂中的任何环节,都应该有价值,都应该直接指向教学目标,间接指向学生素养,否则就是无用的枝节。

我们知道,包括整本书阅读在内的文本解读,免不了要链接各类背景材料,但很多时候,诸多老师,就其而言,或多或少有为了展示而展示的现象,教学设计缺少对背景呈现价值的叩问,徒糜课堂时间。然而小平老师的这堂课却不是这样,其相关背景资料的呈现恰到好处。课堂中链接到的背景资料主要涉及三个内容:《鲁迅大辞典》、止庵《周作人讲解鲁迅》、许寿裳《亡友鲁迅印象记》。第一处是学生自己提出的,后两处是老师链接的,三处呈现都比较贴切。

先看第一处内容《鲁迅大辞典》。在讨论阿长的角色意义时,有一组学生提出"阿长是小鲁迅的老师"的观点。为了支撑这一观点,他们展示了《鲁迅大辞典》中一段话"《山海经》地理类古籍。记古代山川、地理、资源物产、民情风俗、医药巫卜等,包括大量上古有关舆地、方物及其他的神话传说……人面的兽;九头的蛇……由此更增加了搜集绘图的书的兴趣",适时介绍了《山海经》是一本怎样的书,以及该书对鲁迅养成绘画兴趣有怎样的影响。事实也正是如此,正因为阿长这一启蒙老师所赠《山海经》的影响,鲁迅对绘画颇感兴趣,一生与美术结下不解之缘,成人之后在书刊设计和插图方面也颇有建树,由他编辑的《铁流》《译文》等杂志加入的大量插图,与版式设计也十分协调。为了鼓励学生,老师也及时呈现了第三处,即许寿裳《亡友鲁迅印象记》里面的文字:"鲁迅的爱好艺术,自幼已然,爱看戏,爱描画;中年则研究汉代画像;晚年则提倡版画。"有力佐证了学生观点,给予他们充分肯定,为其后续阅读注入了强劲动力。第二处止庵《周作人讲解鲁迅》中的内容,则为了帮助学生理解鲁迅弟弟周作人和鲁迅对待阿长态度的异同,突出鲁迅对阿长的真情。兄弟俩不同的情感,其实情有可原,在那个封建大家庭里,阿长可能照顾更多的是鲁迅。总之,背景这样呈现,值得充分肯定并大力提倡,因为这是真正用语文的方法教语文。

二、《散步》教学实录与点评

1.实录(南京市外国语学校 柳咏梅)

师:一篇小小的《散步》,有很多的美点值得我们欣赏,下面我们就来寻找《散步》美在哪里。

生:"母亲摸摸孙儿的小脑瓜……"这里可以看出"我"的母亲还是很爱"我"的儿子的。有两处可以看出,第一,当"我"说走大路后,母亲却说还是走小路吧。她虽然身体不好,但是为了满足自己的孙子,还是要求走小路。第二,"她摸摸孙儿的小脑瓜……"这里用"摸"这个小动作,表现出母亲对孙子的抚爱。所以,美在奶奶对孙儿的爱。

生:我想说的是第一段。第一段尽管只有一句话,但是它的表达也是有讲究的。"我,我的母亲,我的妻子和儿子。""我"之所以排在第一位,是因为"我"的责任重大,也就是第六段中所写的:"一霎时,我感到了责任的重大。"美在"我"知道"我"的责任重大。

师:这一句,还美在它的句子很漂亮。"我们在田野上散步",没有说"我们一家四口在散步",介绍完散步这件事,特别强调这四个人。"我们"等于"我们一家四个人",缺一不可,所以后来有了分歧也没有拆开一家人。

生:我找的是第七段。我觉得这里面有三个美。一个是"我的母亲"对孙儿的疼爱的美;一个是自然风光景色的美;还有一个我觉得,为什么母亲后来改变主意了要走小路,这体现了母亲和一家人对自然风光美的向往。

师:这是欣赏的心态之美。我们归纳一下:第一,奶奶对孙儿的疼爱之美,这是人情美;第二,南方初春田野的景色之美,"那里有金色的菜花……鱼塘",这是自然景色之美;第三,人物对美景欣赏的心态之美。

生:美在生命的活力和生机。第四段写自然景色中春天一片生意盎然的景象。虽然没有华丽的辞藻,非常散文化,但有静有动,还写到了颜色。"大块儿小块儿的新绿随意地铺着",体现出盎然的生机。"冬水也咕咕地起着水泡儿",这是写动态之美。(师:这是动静结合之美。)还有,画面很丰富。写的绿很有层次:有浓的,有淡的;有树上的嫩芽之绿,也有田野的新绿。(师:有高处的绿,有低处的绿。)还有,生命之美,他看起来很随意地说了一句:"这一切都使人想着一样东西——生命"。一方面是总结了上面这部分文字,自然之景具有生命力;另一方面也是引出第五段,也有起下的作用。"前面也是妈妈和儿子,后面也是妈妈和儿子",通过儿子的天真活泼的语言说出了生命延续之美。使散步这件事具有了活力(师:欢快。)之美。

师:这一段文字写出了田野的生命之美。如果我们往上面看呢?(师深情朗读第三段。)一个"又"、一个"熬",有什么意味?

生:母亲年纪很大了,身体又很不好,她又熬过了一个严冬,和其他老人有个对比。还有一点,作者很庆幸自己又能和母亲在一起过一年了。美在生命的延续和顽强。

师:和那些老人相比,母亲的生命力是强的。所以,"这一切都使人想着一样东西——生命",不仅仅是初春田野的生命,更与母亲熬过严冬、跟我们一起散步、一起享受春天这种生命力之强是相关的。好的,第四段写出了生命之美。

生:我要说的是第六段的最后一句。"我"知道自己的母亲年纪大了,想在母亲的有生之年多陪陪她,所以要委屈儿子。从这里我就看出了这个儿子对母亲的敬爱和孝顺。所以,美在这份敬爱和孝顺之心。

生:我觉得整篇文章流动着一种幸福和欢乐的美。一家人在春天里散步,本来就很美。小孙子又说,"前面也是妈妈和儿子,后面也是妈妈和儿子",这传达出一种欢乐的美。再说,母亲挺过了严冬,本来作者就很高兴。现在又是一家三代人一起散步,就更是一种幸福。

师:整篇文章说的是一家人在一起的幸福,是和和美美。

生:第七段的写景一方面写出了小路是怎样有意思,同时,这里的景物描写也写出了春天的生机勃勃,也暗示着母亲的生命会在这一年焕发出生机。

生:"但我和妻子都是慢慢地……整个世界。"我觉得,儿子和母亲对于作者来说都是非常重要的,所以,走得很慢很稳,生怕一不小心就有什么闪失,所以,对作者来说,这个世界上有自己的母亲和儿子就是最幸福的。美在他有这种最重要的幸福。

生:我觉得最后一句话构造出了一个很和谐的家庭画面。这个家庭平时一定也是很和谐的,这从他们的散步中体现出来,所以,这表现出一种和谐的美。

生:"整个世界"就是一种责任。这种责任对于"我们"来说,就是对老人的孝顺和对自己孩子教育的关心,这两个人加在一起就相当于是"我"的一切。这是一种责任,更是一种使命。

生：我觉得责任是一方面，但并不是全部。老人和孩子对于中年人来说是很重要的，因为有父母在，又有了自己的孩子，这是很必要的，这个家庭就比较美满了，也就是说，三代人加起来才是和谐的，美满的，他觉得就是整个世界。这是对生命传承的、爱的传递的亲情。（师：这是对亲情的一种赞颂。）"我背上的同她背上的"中"背"应该读第一声，作动词用，背负的意思。

师：做第一声的背来看，背起来的就不只是妈妈和儿子了，而是背负起了更多的责任：对老人敬养的责任，对孩子抚养的责任，我们共同承担起来的就是整个世界。一起齐读体会。

生：从第二段的"她现在很听我的话"和第六段的"她早已习惯听从她强壮的儿子"，看得出来，老母亲始终是听儿子的，她很信任儿子。从母亲的角度看，这是一个好儿子。所以，体现了信任之美。

师：老了以后，身体不好，对儿女有一种依赖感。这其实就是一种生命间的相互支撑，这也是理解之美。身体不好，相信儿子能照顾好自己，信任之美。人字形的结构就是相互支撑。

生：我理解的是第七段的"我走不过去的地方，你就背着我"。她相信儿子会照顾好她，这是母亲对儿子的依赖之美。

生：最后一句话中，我和妻子代表的是现在的时代，老人代表的是过去的时代、逝去的时代，而孩子代表的是新生的时代和即将到来的时代。我和妻子这样的中年人，背负的是承前启后的使命，这句话体现了作者的使命感，又深化了文章的主题。所以，我觉得读"背"(bēi)比"背"(bèi)好。

生：我要讲的是第八段的第一句。前面已经写了"她的眼睛顺小路望过去"，写出了生机，这里可以说是一语双关，不光是指散步时向那里走去，也代表一家人向着希望、向着未来走去。

师：是的，向着希望走去。这里还有内在的一点呼应感，前面是母亲望过去，而现在是我们走到这当中去了，表现了"我们在阳光下"散步。不仅仅是写实，还写出了一种很好的情绪、很美的情感。一家人和和乐乐地在一起，往那个方向去。而那里是春意、是生命的象征，我们彼此的关爱，让这种温馨幸福之美自然地点示出来。

生："前面也是妈妈和儿子，后面也是妈妈和儿子"，写出了孩子的天真，这是一种童趣之美。

师：儿子的发现，充满了童趣，也充满了哲学的意味。生命延续、母子亲情就被这个孩子揭示出来了。

师：这一课通过写一家人散步，展现出南方初春田野的自然之美，写出了其乐融融的家庭之美，家庭成员之间彼此关爱的亲情之美，更让我们懂得了中年人身上的责任和使命，这是一种生命责任之美。以前教学时我对这篇文章有点忽略，可能是因为我没有读懂作者身上的中年人的责任，年纪越大，就越能理解作者了。我希望同学们能理解你们进入了中年的爸爸妈妈们，他们身上的责任很大，要赡养老人、抚养你们，还有自己的工作事业，一切生存的、发展的责任他们都要去背负。

2.点评(江苏省特级教师　戴继华)

透视《散步》教学实录，我们不难发现教学者的别具匠心。正如其在课堂小结中说道："以前教学时我对这篇文章有点忽略，可能是因为我没有读懂作者身上的中年人的责任，年纪越大，就越能理解作者了。"尽管不完美，但可能正是这份理解，让老师在重教这篇散文时下了一番功夫。

这堂课特征鲜明，我试从三个方面作一简单阐述。

三个亮点。

活动设计具有穿透力。我这里所说的"穿透力"包含三层含义。一是教学指向聚焦为一点，即寻找、体会《散步》的美点。这倒颇像"微课"之特征，集中力量解决一个问题，但"微课"以老师"个人完美"为"旨归"，这堂课全然不是。二是教学行为"别无旁骛"，师生活动始终指向鹄的。三是教学追求契合语文课堂的本真。"初中语文课程标准修改版"如是说："九年义务教育阶段的语文课程，必须面向全体学生，使学生获得基本的语文素养。""高中语文课程标准"亦说："高中语文课程应进一步提高学生的语文素养，使学生具有较强的语文应用能力和一定的语文审美能力、探究能力，形成良好的思想道德素质和科学文化素质，为终身学习和有个性的发展奠定基础。"两个学段语文课程标准的关键词是"语文素养"，而"审美能力"无疑是"语文素养"的重要组成部分。以此观之，该堂课教学内容的选择，既符合学生未来的需要,也符合语文课程的目标,是一节典型的本真的语文课。

教学组织富有灵活性。"灵活性"主要表现在两个层面。一是对话的维度多。有生本对话,学生通过跳读课文,能迅速找到各种美点的承载处,并将之进行个性化阐述。有师生对话,整节课参与对话的学生共16人次,在学生表达看法的过程中,老师参与了13次对话,师生对话频率基本持平。有生生对话,如有学生说"'整个世界'就是一种责任。这种责任对于'我们'来说,就是对老人的孝顺和对自己孩子的教育关心,这两个人加在一起就相当于是'我'的一切。这是一种责任,更是一种使命"时,有学生立刻接过其话题,提出了"责任是一方面,并不是全部"的看法,思维碰出了火花,对话走向了深层。二是走进文本的方法多。走进文本的方式固然以学生跳读为主,但其间自然插入了老师对第3段的深情朗读,全体同学对第8段的齐声朗读,手段变化,课堂不会因形式单一而沉闷。

引领感悟颇具涵泳味。涵泳即沉潜作品中,反复玩索或玩味,以求获得其中奥妙或"味外之旨"。为了引导学生体悟文章的美点,这位老师是非常重视让学生"涵泳"的。如针对第7节"但是母亲摸摸孙儿的小脑瓜,变了主意:'还是走小路吧'"一句,学生体悟出:"母亲还是很爱'我'的儿子的。……她虽然身体不好,但是为了满足自己的孙子,还是要求走小路。……这里用'摸'这个小动作,表现出母亲对孙子的抚爱。所以,美在奶奶对孙儿的爱。"再如当老师深情读完第3段后,问学生"一个'又'、一个'熬',有什么意味?"学生自然领悟:"母亲年纪很大了,身体又很不好,她又熬过了一个严冬,和其他老人有个对比。还有一点,作者很庆幸自己又能和母亲在一起过一年了。"浸润到语言文字中涵泳感悟,虽然是传统教学方法,但它指向了语文的本真,值得每一个语文老师坚守,这位老师为我们做出了榜样。

两点遗憾。

遗憾之一,师生对散文"美点"的理解没有统一,导致大家对"美"的理解不处于同一层面,给对话带来困难。

一般的散文的美主要体现在三个方面,景致、情感和意境。鉴赏散文时,可以单独鉴赏"景致"。这种鉴赏往往包含两个方面,一是"景"美在何处,二是作者通过哪些表达技巧写得这么美的。前者往往指景物的特点,后者往往指修辞手法和描写这一表达方式派生出的各种写作方法。这种情况在阅读写景散文时颇为多见,如朱自清先生的散文《春》《荷塘月色》等。也可以单独鉴赏情感。如刘亮程先生《今生今世的证据》中有这样一段话:"我真的沐浴过那样恒久明亮的月光? 它一夜一夜地已经照透墙、树木和道路,把银白的月辉渗浸到事物的背面。在那时候,那些东西不转身便正面背面都领受到月光,我不回头就看见了以往。"这一段最后一句话表达了作者什么情感? 这是一个难点。但如果我们明白了该句以"月光"来喻"故乡的以往",那就可豁然开朗了:这句表达了作者与故乡以往的一切水乳交融、亲密无间的情感。如果当情感和写景句相互融合、催生,合二为一,那就生成了意境(即境界)。鉴赏往往从三个层面进行,如写了什么样的景,融入了什么样的情,生成了什么样的画面,这里的画面就是意境。

　　有鉴于此,我们来审视这堂课。一开始,老师说:"一篇小小的《散步》,有很多的美点值得我们欣赏,下面我们就来寻找《散步》美在哪里。"这个"美"到底指什么? 老师没说,学生没问,直接导致了下面学生的阐述的多层面。梳理一下,学生们关于"美点"的说法有这样一些:"美在奶奶对孙儿的爱""美在我知道我的责任大""美在母亲和一家人对自然风光的向往""美在动态""美在生命""美在生命的延续和顽强""美在敬爱和孝顺""美在他有这种最重要的幸福""美在信任""美在依赖""美在童趣"等。教老师在对话中也有一些阐述:"美在句子漂亮""美在心态""美在动静结合""美在欢快""美在和和美美""美在理解"等。把师生的说法放在一起观察,很显然,这些说法不在同一层面。就学生知识与能力的建构而言,会因为维度的不同,构建难度加大;就听课者而言,会感到有些凌乱。

　　遗憾之二,对教学流程中学生的生成,点拨、引导不够,无形之中浪费了时间。

　　在同学们在寻找、赏析"美点"时,有两个同学的发言,似与教学目标产生了距离,他们两个探讨是"整个世界"的内涵,而且其中一位同学还在发言的末尾提出"背"的读音。在这种情况下,老师有一段评述:"做第一声的背来看,背起来的就不只是妈妈和儿子了,而是背负起了更多的责任:对老人敬养的责任,对孩子抚养的责任,我们共同承担起来的就是整个世界。一起齐读体会。"对这一个环节,窃以为有些突兀,与整个教学过程不是很协调。类似的环节还有后面两位同学的发言。一位说:"最后一句话中,我和妻子代表的是现在的时代,老人代表的是过去的时代、逝去的时代,而孩子代表的是新生的时代和即将到来的时代。我和妻子这样的中年人,背负的是承前启后的使命,这句话体现了作者的使命感,又深化了文章的主题。所以,我觉得读背(bēi)比背(bèi)好。"另一位说:"我要讲的是第八段的第一句。前面已经写了她的眼睛顺小路望过去,写出了生机,这里可以说是一语双关,不光是指散步时向那里走去,也代表一家人向着希望、向着未来走去。"她们的发言与教学目标基本无关,对这些发言的调控,老师还显得被动。

一条建议。

以散文为载体,培养学生审美能力,再将能力化为语文素养,这是语文教学必须坚守的方向,但要警惕审美过程中的"泛化"现象。

前文,我们对师生关于"美点"的阐述已做了梳理。有一些说法很有道理,如"美在奶奶对孙儿的爱""美在我知道我的责任大"等,这些都属于情感类,前者是"美在亲情",后者是"美在责任感";再如"美在生命",属于景致类,是富有生命力的景物产生的美感;又如"美在童趣""美在和和美美",属于意境类,是人物语言、散步情景和周围景物相互作用创生的。可有一些,就不是很准确,如"美在句子漂亮""美在动静结合"等,固然"句子"本身也有美感,但它们和"动静结合"等,更多的时候应该是"美的原因"!

"点评"仅为一家之言,难免失之偏颇,但无论是传承亮点,还是规避遗憾、践行建议,其逻辑起点总是善良的,其宗旨也只有一个,那就是"让审美的过程更美"。

三、《走一步,再走一步》教学实录与反思

1.实录(南通市东方中学 周国圣)

一、入新课

师:今天这节课,我们一起学习美国作家莫顿·亨特的一篇散文——《走一步,再走一步》。

二、说故事

师：在预习的基础上，浏览课文，看一看：谁先发现这个故事发生的时间、地点、人物、起因、经过、结果。发现了，就举手。

生：时间是一个酷热的七月天，地点是费城的一个悬崖上，人物有"我"、杰里、内德等五个男孩，还有"我"的父亲。故事的起因是"我"跟随伙伴们去爬悬崖，经过是"我"卡在悬崖上，在父亲鼓励与指引下"我"爬下悬崖，结果是我安全着地。

师：不错，"卡"字也用得好。哪位同学能够结合故事的六个要素，复述这个故事？

生：一个酷热的七月天，在费城，"我"跟随伙伴们去爬悬崖被困，父亲找到我后，指引我一步一步爬下悬崖，安全着地。

三、谈体验

师：八岁的"我"，跟随伙伴们爬悬崖，心理状况怎么样呢？请大家自读文本，划出表现"我"心理的语句，批注出"我"当时的心理。

师：哪些同学已经找到表现我爬悬崖心理的语句？（生举手。）哪个同学来读一读？

生：我犹豫不决，直到其他孩子都爬到上面……我努力地往上爬着。

师：这句话中哪些词语突显了"我"的心理？

生："浑身发抖""怦怦地跳动"表现了"我"的害怕。

师：还有吗？

生："犹豫不决""满头大汗"。

师：不错，请坐。其他同学呢？

生："我紧贴在一块岩石上，感觉天旋地转。"中"紧贴"这一动作描写，表现了我的紧张。

师：这位同学抓住了"贴"这一动词，文中还有一处也用"贴"这个动词，发现了没有？

生：我缓慢地爬着……我偷偷地抓住背后的岩石。

师：怎么理解这段文字？

生："缓慢地爬着""尽可能贴近里侧""紧紧地扒住"表现了"我"恐慌、紧张。

师:这一系列的动作描写突显了我的紧张。刚才我们分析了"贴"这个动词,这里还有一个词"偷偷地"值得我们关注。"我"为什么要偷偷地抓住背后的岩石?

生:"偷偷地"表现了我害怕。同伴说我胆小,"我"不想被同伴们笑。

师:同伴们的表现怎么样?

生(齐):站在靠近边缘的地方,很勇敢。

师:他们站在靠近边缘的地方,"我"呢?"我"是尽可能贴近里侧。这里"贴"能不能换成"站"?

生:不能,"贴"表现"我"胆小,如果用"站"没有这样的效果。

师:这里一"贴"一"站",运用了什么写法?

生:对比。

师:这里还有一组对比,有没有发现?

生:"里侧"与"边缘"形成对比。

师:从这一组对比,读到什么?

生:同伴的勇敢,"我"的胆小。

师:所以这时我害怕,怕什么?

生:"我"怕掉下去。

师:更怕什么?

生:更怕同伴讥笑。

师:此时,我是怎样的心理?

生:矛盾。

生:忐忑。

生:自己觉得不能爬,无奈。

师:别人能爬,自己不能爬,是怎样的心理?

生:自卑。

师:是的,能够感受到。刚才我们读了心理描写、动作描写,文章第17段还有一处环境描写。哪位同学来朗读一遍。

生(朗读):影子在慢慢拉长,太阳已经没在西边低矮的树梢下,夜幕开始降临。

师:这一处环境描写与人物的心理有关系吗?

生:有关系。夜幕降临,我更加害怕。

生:"影子在慢慢拉长",表现我的恐惧一步一步加剧。

师:夜幕降临。谁来解救小作者呢?

生(齐):他的爸爸。

师:是的,是他的父亲解救了他。读到这里,我想起我的父亲解救我的故事:

8岁那年,我随几个大一点小朋友到河边玩耍,河面上横卧着一棵枯树。伙伴们像过独木桥一样,自由地在枯树上来回走动。我不甘示弱,也沿着树干向前走去。到了树干尽头,不敢转身,生怕一转身就会掉到河里,只能呆呆地立在那里。还好,不一会儿,父亲正好下河洗菜看见我,立马走到我身边。一面严厉地批评我,一面牵着我的手,将我带回岸边。

同样都是帮助孩子脱险,作者的父亲和老师的父亲有什么不一样呢?先独立思考,再小组交流。

师:哪个小组先来发表自己的看法。

生:老师,您的父亲比较严厉。

师:是的。其他小组呢?

生:文中的父亲不仅帮助我脱险,还给予我心理上帮助。老师的父亲仅是帮助你脱险。

师:文中的父亲还给予我心理上帮助,文中有依据吗?

生:有,在第19段。(朗读)爸爸远远地站在悬崖脚下……然后喊道:"现在,下来。"他用非常正常的、安慰的口吻说道:"要吃晚饭了。"

师:从哪里看出父亲对我的帮助、鼓励?

生:非常正常的口吻表现父亲生怕引起我的紧张,安慰的口吻表现父亲对我的鼓励。

师:作者的父亲和老师的父亲还有不同吗?

生:"你能爬上去,你就能下来。"文中的父亲不是仅让儿子爬下来,还想让儿子在这件事情中明白一个道理:遇到困难不退缩,不放弃。

师:将父亲说的这句话再朗读一遍。

生(朗读):你能爬上去,你就能下来。

师:设想一下,困在悬崖上的作者听到父亲这样的话,会是怎样的感受?

生:得到鼓励。

师:还有吗?

生:我觉得文中的父亲还呵护了孩子的自尊心。第9段"偷偷地抓住背后的岩石"感受到当时作者是一个自尊心很强的孩子。"他用非常正常的、安慰的口吻说道",呵护了孩子的自尊心。而您的父亲是直接帮您解救出来。

师:这个孩子真会读书,联系前后文,读到了文中的父亲对孩子自尊心的呵护。作者是个自尊心很强的人,文中的父亲知道吗?

生(齐):知道。

四、展蜕变

师:知子莫如父。父亲的话语中流露了父亲对孩子的呵护、理解、尊重。这样一位父亲会给作者的内心世界带来怎样的变化呢?刚开始,"我"困在悬崖上是怎样的情形。请一名同学来读一读这一处文字。

生:朗读"我不行!我会掉下去的!我会摔死的!"我大哭着说。(屏显。)

师:这时我是怎样的心理。

生:恐惧,非常害怕。

师:后看来呢?

生:"我慢慢地挪动了一下。""慢慢地"表示还有些紧张,但在父亲的鼓励下,"挪动了一下",紧张的心理平静了一点。

师:再后来呢?

生:第26段"这看起来我能做到。我往后移动了一下。"从刚才的"挪动"变为"移动",内心的恐慌正一步一步消除。

师:读得很仔细,从动作的变化发现人物心理的变化。

师:再往后呢?

生:"再一次,我做到了"看出作者越来越有信心了。

师:此时,作者什么心情?

生:欣喜、高兴。

师:带着自信的心理,欣喜的心情朗读这一句。

（生齐读。）

师：在父亲的引导下，作者由胆小、自卑变得勇敢、自信（板书）。这一次爬悬崖遇险、脱险的故事是一次经历，也是一次成长，更是一次蜕变。

五、悟启迪

师：文章开头写道："……直到56年后的今天，我仍能感受到当年那股灼人的热浪。"可见，这次经历对作者而言意义重大。这次经历包含了怎样的意义呢？齐读最后一段。

（生齐读。）

师：能否用自己的话表述其中的道理呢？

生：在面对一个遥不可及的大目标时，我们不要着急，要找到一个相对容易的小目标。小目标一步一步达成时，大目标也就慢慢达成。

师：有道理，面对大目标不着急，达成一个个小目标意味着走近大目标。其他同学呢？

生：成功从小目标开始。

生：生命中肯定会遇到困难，不必恐慌，不必气馁，要勇敢面对。

师：带着这样的理解，我们将标题齐读两遍。

（生齐读。）

师：这篇散文的原标题是"悬崖上的一课"，编者编入教材时将标题改为"走一步，再走一步"，你觉得哪个标题更好，课后思考。今天的课到此结束。

2.反思（南通市东方中学　周国圣）

帕克·帕尔默说，教学不论好坏都发自内心世界。教育者有必要站对、站好内心世界这一点，要不然，从此出发的教学行为必定谬以千里，也与真学格格不入。

随着课改深化，课堂教学"满堂灌"现象逐步少见，但过度的、低效的、不得法的教学行为时有发生。课堂上，教师运用正确的方法，给予适切的指导与必要的帮助，引导学生自主达成学习目标的教学行为，可谓"真教"。"真教"需以学生的学习为中心，需以提高学生核心素养为主要目标，需基于学生已有素养，需遵循认知规律。简言之，引发学生"真学"的教学行为才是真教。这里,以《走一步,再走一步》为例,谈谈自己在追求以"真教"引领"真学"实践中的启发与思考。

基于学生,多比较。

建构主义学习理论认为学习是学生运用已有知识经验、情感体验等与新的知识体验相互作用,形成新认知、新体验、新思想。课堂教学的关键是学生的学习,教师的教应服务于学生的学。真实的学习基于真实的学习情境,真实的学习情境可源于学生的发现与质疑。然而,学生自学时,发现与质疑的宽度和深度有限,因此难以产生真实的学习情境。这就需要教师的引导,引导学生进入真实的学习情境,激发学生求知的欲望。在《走一步,再走一步》这节课中,笔者多次运用比较的方法,引领学生发现问题,进入真实的学习情境。

其一,推敲词语,在比较中体味人物心理。比较,可使人物特点更加突显。在"谈体验"环节,引导学生在比较中体味作者登山心理。如,"我紧贴在一块岩石上,感觉天旋地转。"一句中"紧贴"一词已经表现出作者紧张、恐惧心理。如果提醒学生关注同行小伙伴的爬山状态"站在靠近边缘的地方",学生立刻发现小伙伴是"站"的姿态。一"贴"一"站",对比中凸显作者的紧张、畏惧。此外,还比较了两者在爬山时所处的位置,作者是"紧贴在一块岩石上",而小伙伴是站在靠近边缘的地方",一"里"一"外"也显露小伙伴的勇敢与作者的胆小懦弱。通过这样的比较,学生不仅切实体会到作者当时的心理,而且感受到作者用词准确生动,将一个胆怯、畏惧的孩童形象描绘得栩栩如生。

其二,引入现实情境,在比较中认识父亲形象。基于学生视角,就需要站在儿童的世界看世界。因此,教学中,教师常常需要回到儿童时代,调动儿时的生活体验,以儿童的视角解读文本,方能形成"共情效应",这样避免因为教师与学生信息不对等引起解读鸿沟。为此,笔者将自己儿时真实的生活经历引入课堂:

8岁那年,我随几个大一点儿的小朋友到河边玩耍,河面上横卧着一棵枯树。伙伴们像过独木桥一样,自由地在枯树上来回走动。我不甘示弱,也沿着树干向前走去。到了树干尽头,不敢转身,生怕一转身就会掉到河里,只能呆呆地立在那里。还好,不一会儿,父亲正好下河洗菜看见我,立马走到我身边。一面严厉地批评我,一面牵着我的手,将我带回岸边。

同样都是父亲解救孩子,但是两位父亲处理问题的方式与方法存在差异。比较作者与老师的父亲在解救孩子过程中的差异,这样的学习活动情境真实,既是指向实际生活的真问题,又能激发学生解读的兴趣,在比较中,学生全面而深刻地理解了作者父亲的良苦用心。

其三,引入作品原题,在比较中理解编者用意。在查阅资料时,发现这篇散文的原标题是"悬崖上的一课",而编者编入教材时将标题改为"走一步,再走一步"。备课时考虑一个问题:编者为什么改变原来的标题,为什么改为"走一步,再走一步"。反复咀嚼,其义自现。"走一步,再走一步"正是文中父亲引导孩子一步一步下山的过程,更是在父亲的鼓励、引导下,作者发生由胆怯到勇敢的蜕变,并且对作者的成长产生了积极的影响。读着"走一步,再走一步"这样的标题,文中那位循循善诱的父亲形象跃然纸上,此外,"走一步,再走一步"也是作者通过此次事件受到的人生启迪,值得读者思考。"悬崖上的那一刻"则倾向于叙事本身,强调了"那一刻"对自己的刻骨铭心。引导学生对两个标题进行比较,可以更加深刻地理解文本。

基于语文,扣语言。

语文的本真是文本,是语言文字。语文的味道在语言文字中。因此,语文课的根本在于紧扣文本,紧扣语言。文本是作者内心世界的外在表达,是作者写作风格的体现,是读者与作者交流互动的枢纽与载体。一般而言,紧扣文本包括扣文本信息,扣精妙描写,扣议论抒情,扣语言形式。本节课主要引领学生紧扣文本信息,感知故事内容;紧扣生动描写,体味作者心理;紧扣议论抒情,理解文章主旨。学生徜徉在字里行间,享受阅读,获得体悟。

其一,获取信息。文字的基本功用是表达信息,阅读教学的基本任务是获取信息。因此,引导学生从文本中获取信息既是语文课堂教学的基本活动,也是基本目标之一。《走一步,再走一步》是一篇叙事作品,获取记叙要素是了解故事的基本要求,也是了解学生自学情况的基本方法,因此,上课伊始,让学生反馈故事发生的时间、地点、人物、起因、经过、结果,并运用此六要素顺利概括情节。

文本的整体性必然使得文章前后内容具有关联性，这就需要在课堂教学中引导学生前后联系文本，才能深刻理解文本。自读文本，学生能够自主地赏析"我犹豫不决，直到其他孩子都爬到了上面，这才开始满头大汗、浑身发抖地往上爬。手扒在这儿，脚踩在那儿，我的心在瘦弱的胸腔中怦怦地跳动，我努力地往上爬着"，能够感受其中"满头大汗""浑身发抖""怦怦地跳动""努力地往上爬着"等短语表现人物的紧张、害怕的心理。带着学生深入思考作者产生复杂心理的原因，学生自然联想到"过去的八年岁月中，我绝大部分时间都是一个病弱的孩子""就因为你过去生病，所以就要当胆小鬼"，借着文本会理解到这里除了在悬崖上害怕，还害怕同伴的嘲笑。从这个角度去理解人物，可以更加细微地体味人物复杂的内心世界。

　　其二，品析语言。品语言，需要品语言表达的意思，表达的妙处，表达的技巧。本文不乏精妙的描写。语言描写是本文一大特色，作者、父亲和小伙伴的话语各具情态，品语言描写可感受人物形象：单处赏析，能感受人物某一时刻的心理；前后贯穿，对人物的理解，对故事的发展都会产生新的认知。课堂尾声，在理解了我爬山各阶段的心理后，引导学生思考"这样一位父亲会给作者的内心世界带来怎样的变化"。学生通过前后贯穿，厘清作者的心理变化，从"我不行！我会掉下去的！我会摔死的！"到"看到了"，从"现在，下来""要吃晚饭了""你能爬上去，你就能下来，我会给你照亮"到"不要想有多远，有多困难，你需要想的是迈出一小步，这个你能做到"，这一组组对话描写，可以感受作者的内心变化，更可以感受父亲的鼓励与呵护的力量。

　　文中环境描写不多，却是锦上添花。因此，本节课除了引导学生关注人物描写，还关注了环境描写，如："影子在慢慢拉长，太阳已经没在西边低矮的树梢下，夜幕开始降临。"学生在朗读与关注后能够理解"夜幕降临"加剧了人物的紧张心理。此外，这一处环境描写除了烘托人物情绪外，还推动了故事的发展。这一种写法技巧，学生学习后，可在写作实践中运用。

　　基于认知，巧关联。

　　符合认知规律，是教学的基本要求。根据建构主义理论，遵循由已知到未知，由浅入深，由表及里等认知规律开展教学，学生方可顺其自然地学习。语文教学不仅是知识的习得，方法的理解，而且需要体悟字里行间蕴含的情感体验、思想道理。这就更需要在教学中依据语文学习的规律开展教学。

其一，由浅入深，遵循一般认知规律。好的课堂如一篇好文章，起承转合，水到渠成。同样的教学内容，好的学习步骤将会事半功倍，因此，安排好教学内容的先后顺序在课堂教学中尤为重要。《走一步，再走一步》是叙事作品，文本有故事、有人物、有体悟，遵循了由浅入深、先易后难的认知规律，本节课按照"说故事—谈体验—展蜕变—悟启迪"的步骤组织教学。学生在整体感知，熟悉文本的基础上，才能够体会作者被困在悬崖上的心理，在体味了作者心理变化的基础上，才能理解作者在这件事上获得的启迪。如若改变教学步骤，学生可能会因认知铺垫不够，学习的主动性受到抑制，导致不能自主发现与自主体悟。"谈体验"环节，学生通过自读固然可以感受作者的紧张、害怕，但对紧张、害怕的心理理解不够深刻。本节课在自读感受作者紧张的心理后，又结合"偷偷地抓住背后的岩石"一句，引导学生深入理解作者紧张害怕的原因：不仅是怕摔下悬崖，还有怕同伴的嘲笑。这样引导后的理解较之学生自己的理解更加深入、全面，也为理解作者的蜕变做铺垫。

其二，适时关联，在真境中引入真问题。真问题，是课堂教学中客观存在的问题，不是为问而问的问题。真问题源自哪里？文本是一个重要的渠道。学生在自读批注时已经发现"我紧贴在一块岩石上，感觉天旋地转"中"紧贴"这一动作描写表现了作者的紧张、害怕。此时笔者顺势关联"文中还有一处也用了'贴'这个动词"，由此学生迅速关注到"我缓慢地爬着，尽可能贴近里侧，紧紧地扒住岩石的表面。其他的孩子则站在靠近边缘的地方……"。两处"贴"都凸显了作者的紧张与害怕心理，但后者还进一步交代了害怕的另一个原因，因此，继续引导学生比较作者与伙伴们的动作与所处位置的不同，学生对作者的心理体味便豁然开朗。

执教后，一位语文专家在交流中询问，《走一步，再走一步》是一篇自读篇目，在课堂教学中该如何体现。听后，恍然大悟。的确，此课的自读篇目特色体现不明显。教材编者的编排意图也是教师课堂教学考虑的重要因素。编者从选文编排到助读系统都有所有考虑。统编教材每单元一般四课，分为教读与自读两种课型，强调了课内向课外的延伸。教读课文的助读系统由"预习""思考探究""积累拓展"组成，重点落实本单元的语文能力点，自读篇目的助读系统由"旁批""阅读提示"组成,没有"思考探究""积累拓展"。《走一步,再走一步》作为编排安排单元的第三篇课文,是一篇自读篇目,因此,首先要落实单元意图:理解人生价值,吸收修身养得教诲。学习默读,勾画关键语句,通过划分段落层次、抓关键语句,厘清作者思路。因此,在教材阅读提示中明确要求勾画出文中标志事件的发展和描写"我"不同阶段心理活动的语句,试着复述这个故事,提出"文中爸爸帮'我'脱险的做法对你有什么启发",此外,还需注意:课文选入教材时做了删节,不妨课下阅读全文,看看"悬崖上的一课"对作者的人生有怎样的影响？根据教材编者的提示信息,我们在彰显其自读篇目特点时,便能有的放矢,可以将教材与原文进行比较,组织群文阅读;可以结合学生的类似经历,进行体验阅读;也可以以助读系统问题贯穿课堂;等等。因此,课堂"真教"还需考虑教材编者的编排指向。

以"真教"带"真学",为"真学"而"真教",是课堂的应然追求。达成语文"真教"课堂的因素之多,但归其原点,儿童视角、学科特点、认知规律的三维架构是语文教师必须遵循的基本规律,也是探索课堂"真教"艺术的三片天地。

第二节　古诗文教学

一、《〈伶官传〉序》教学实录与点评

1.实录(江苏省特级教师　戴继华)

(学生齐读课文开始新课。)

师:读得不错,有两个地方注意一下会更好。一个地方在第三节第四行,"抑本其成败之迹,而皆自于人欤"中"抑"后面稍顿,这样读起来就会更整齐了。还有一个地方,就是最后一节第一个字"夫",作为发语词应该读

"fú"。总的来讲，非常的好。除了我们同学读了很多遍之外，你们周老师还说了，同学们已经预习了，还提出了许多好问题，比如说，有同学问了这样一个问题。(PPT展示问题：欧阳修写这篇文章的目的是什么?)有没有哪个同学能为提问的同学做个解答？

生：他写文章的目的就在最后一段，"夫祸患常积于忽微，而智勇多困于所溺"，告诫人们，国家的灭亡可能会毁于小的事物，智慧勇敢可能会困于所溺爱的事物。

师：你等会儿，将这句话再读一遍。(生读"夫祸患常积于忽微，而智勇多困于所溺，岂独伶人也哉!")这句话大概什么意思？

生：祸患常积于微小的事物，智慧勇敢被所溺爱的事物困住，难道只是伶人吗？

师："积于"的"于"什么意思？

生：从。

师：你用"从"来解释一下这句。(生解释。)后面一个"于"何意？

生：被。

师：这句话告诉我们，作者的写作目的是什么？

生：要注意不能被微小的事物和所溺爱的事物困扰。

师：庄宗就是被——

生：伶人困扰。

师：好，这位同学不仅说出为什么写，而且找到体现这样写的原句。后唐庄宗因为宠信伶人而身死国灭，而作者说"岂独伶人也哉"，说明引起国家灭亡的原因不止"宠信伶人"一个。同学们读过其他书，你觉得引起国家灭亡的原因，还可能有什么？

生：国君暴政。

师：能否举个例子？

生：纣王。

师：纣王除了暴政之外还有一个不好的地方，是什么？

生：宠信妲己。

师：对了，请坐。除了这些，还有没有其他原因？

生：宦官专政。

师：举个例子。

生：明朝太监专权。

师：对，还有吗？(生没有补充)同学们说的这些很典型。其实欧阳修写这篇文章很有深意，(PPT展示：知识链接1，①欧阳修(1007—1072年)②宋真宗(三帝)，997—1022年在位，共25年。前期颇勤于政事，但军事上却无所作为，不顾寇准等反对，与辽国议和，签定"澶渊之盟"，每年向辽国进贡。后期任用王钦若大兴祥瑞，东封泰山，西祀汾阳，又广建佛寺道观，劳民伤财。③宋仁宗(四帝)，1022—1063年在位，共41年。其即位时只有12岁，由章献太后垂帘听政。他在军事、政治均无大作为，与西夏交战战败，被迫进贡。起用范仲淹变法也失败。请班长读一遍，老师指点三处读得不够好的地方。)

师：透过三则材料，至少可以获得两个信息：第一个，欧阳修生活的年代，在宋真宗、宋仁宗时代，而且主要在仁宗年代；第二个，真宗、仁宗两皇帝有相似的致命弱点，能看出来吗？

生：军事无能，跟外族议和，还进贡。

师：澶渊之盟，宋真宗每年要向辽进贡白银十万两，丝绸二十万匹；宋仁宗每年要向西夏进贡白银十五万两，丝绸十五万匹，茶叶三万斤。根据这些，欧阳修写这篇文章的深意可以理解了，"岂独伶人也哉"，一味的靠进贡是不是也有危险？要以庄宗为鉴，以史为鉴。还有一个同学提的问题是这样的。(PPT展示问题2：这篇序以议论为主，它的论点句是"忧劳可以兴国，逸豫可以亡身，自然之理也"还是"盛衰之理，虽曰天命，岂非人事哉"？)

师：这问题我们慢慢来解决。第一句话在文章第三节末尾，这句话什么意思？

生：忧虑辛劳可以使国家强盛，安闲享乐自身可以灭亡，自然的道理。

师：意思对的，"亡"怎么解释？

生：毁灭自身。

师：我觉得不太妥，它和前面的"兴"都应该是活用，什么用法？

生：使动用法，使什么兴盛，使什么灭亡。

师：对了，第二句谁来说说意思？

生：兴盛衰亡的道理，虽然说是天命，难道不是由于人事吗？

师：很好，我想考考你，假如将这句话改为："盛衰之理，并非天命，实乃人事也"行不行？

生："并非天命"和"虽曰天命"意思完全反了。

师：再考考你，改为"盛衰之理，虽曰天命，然亦乃人事也"行不行？

生：不好。原句用反问句，改句用了陈述句，语气没那么强了。

师：非常好。再回到刚才的问题，到底哪个是论点句呢？同学们根据自己的经验来判断一下。

生：第一个。

师：理由是什么？

生：论点一般是表意完整的话，一般不是疑问句。

师：疑问句不等于表意不完整呀？你请坐，哪个再说说？

生：第一个，论点一般在开头。

师：你的经验如此，好的，请大家看这样一个材料。（PPT展示《生于忧患死于安乐》一文。）初中学过。（一学生读，请同学回忆该文的思路。生读完，指点"行拂乱其所为"的朗读停顿。）

师：还记得本文的思路吗？谁来说说看？（学生有困难，老师带着梳理，该文中心论点是在文末归纳而出的。）《〈伶官传〉序》和这篇文章的思路同不同？（有学生小声说"不相同"。）如果不相同，那么刚才两个同学判断开头一句是中心论点，有可能就是对的。（PPT展示知识链接：议论文一般分为提出论点—证明论点—得出结论三部分。论点，就是真实性需要加以证实的判断。它是作者对所论述的问题提出的见解、主张和态度。它是整个论证过程的中心，担负着回答"论证什么"的任务。结论，是从一定前提推论得到的结果，是对事物做出的总结性判断。）

师：根据这个知识，同学们能猜出哪句是论点吗？应该可以明确了，论点：盛衰之理，虽曰天命，岂非人事哉！结论：忧劳可以兴国，逸豫可以亡身，自然之理也。同学们能提出这样的问题不简单，老师就曾看到有语文教育专家，对此也进行过争论。还有同学提出第三个问题。（PPT展示问题：

"《书》曰:'满招损,谦得益'"在文中有何作用?)在议论文里出现某本书中的话,属于什么论证手法?对,引用论证。我们顺便复习一下常见的论证方法。(PPT展示知识链接:常见论证方法:摆事实(事实论证)——举例子;讲道理(道理论证)——对比论证、引用论证、类比论证、比喻论证。)

师:如果要弄明白"《书》曰:'满招损,谦得益'"在文中有何作用,必须要弄明白这句话与论点和结论的关系。相邻的同学商量商量看,发现了告诉大家。

生:满、谦和论点中"人事"、与结论中的"逸豫、忧劳"有联系,损和"衰、亡身"益和"盛、兴国"有联系。

师:看来它们有联系,能否用词概括它们的这些联系。

生:照应。

师:很好,既然是"照应",说明它能论证前面,又能引出后面。作用就容易表述了:①"《书》曰:'满招损,谦得益'"在文中属引用论证;②既证明了论点"盛衰之理,虽曰天命,岂非人事哉",又引出了结论"忧劳可以兴国,逸豫可以亡身,自然之理也";③"益、损"呼应了"盛衰"、"谦、满"呼应了"人事",又分别引出了"兴国、亡身"和"忧劳、逸豫"。

师:同学们提出了较多问题,不能一一列举。老师也想问同学们几个问题。(PPT展示追问:除了引用论证,课文还有哪些论证方法?)你真快,都找到了,说说看。

生:举例论证。

师:举了什么例子?

生:庄宗得天下、失天下的例子。

师:得天下,就是晋王遗三矢的例子;失天下,也有叙述的例子吗?

生:宠信伶人。

师:能否具体点?

生:及其衰也,数十伶人困之,而身死国灭,为天下笑。

师:还有没有比它更典型、具体的?

生:一夫夜呼,乱者四应,苍皇东出,未及见贼而士卒离散,君臣相顾,不知所归;至于誓天断发,泣下沾襟,何其衰也!

师：衰亡的例子。还有其他方法吗？

生：正反对比论证。

师：怎么对比的？

生：故方其盛也，举天下豪杰莫能与之争；及其衰也，数十伶人困之，而身死国灭，为天下笑。

师：盛衰正反对比，很好。对比论证，还可以从文中找到其他的例子。我再追问一个问题。（PPT展示追问：有人说"盛衰"是全文的文眼，同学们看看课文论证部分：原庄宗之所以得天下……满招损，谦得益。有哪些词与它们呼应？透过这些呼应，结合议论文一般结构，能否将论证部分的段落重新调整？）

生：成败与盛衰呼应。

生：得失与盛衰呼应。

生：壮与盛呼应。

生：满与衰、益与盛对应。

师：这是一个铺垫性问题，下面一个问题稍微难一点。透过这些呼应，结合议论文一般结构，能否将论证部分的段落调整得更清晰？有同学可能要问了，这样做行吗？可以，文言文本就没有标点符合和段落，是根据现代人的需要重新加标点、编段落的。怎么调整？我来提醒一下，有三部分可以不动：呜呼！盛衰之理，虽曰天命，岂非人事哉！（提出论点）忧劳可以兴国，逸豫可以亡身，自然之理也。故方其盛也，举天下之豪杰，莫能与之争；及其衰也，数十伶人困之，而身死国灭，为天下笑。（得出结论）夫祸患常积于忽微，而智勇多困于所溺，岂独伶人也哉？作《伶官传》。（点明目的）根据提醒，同学们可以在讲义上标一标。（学生思考、标注、交流。）（三名学生先后发言，想法大同小异。）

师：同学们说得挺好，有自己想法，来看看和老师的想法是否一样。PPT出示：①呜呼！盛衰之理，虽曰天命，岂非人事哉！（①提出论点）②原庄宗之所以得天下，与其所以失之者，可以知之矣。③世言晋王之将终也，以三矢赐庄宗而告之曰："梁，吾仇也；燕王，吾所立，契丹与吾约为兄弟，而皆背晋以归梁。此三者，吾遗恨也。与尔三矢，尔其无忘乃父之志！"庄宗受而藏之于庙。其后用兵,则遣从事以一少牢告庙,请其矢,盛以锦囊,负而前驱,及凯旋而纳之。方其系燕父子以组,函梁君臣之首,入于太庙,还矢先王,而告以成功,其意气之盛,可谓壮哉!④及仇雠已灭,天下已定,一夫夜呼,乱者四应,仓皇东出,未及见贼而士卒离散,君臣相顾,不知所归,至于誓天断发,泣下沾襟,何其衰也!岂得之难而失之易欤?抑本其成败之迹,而皆自于人欤?《书》曰:"满招损,谦得益。"(②~④证明论点)⑤忧劳可以兴国,逸豫可以亡身,自然之理也。故方其盛也,举天下之豪杰,莫能与之争;及其衰也,数十伶人困之,而身死国灭,为天下笑。(⑤得出结论)⑥夫祸患常积于忽微,而智勇多困于所溺,岂独伶人也哉?(⑥点明目的)(老师对这一思路略做解说。)

师:同学们,这堂课根据大家提出的问题,我们做了三件事情,领会作者写作本文的目的;理解文章"盛衰之理在于人事""忧劳兴国、逸豫亡身"的道理;学习文章的论证方法。当然大家的问题在一堂课内无法一一讨论解决,课后可以向你们的周老师请教,这节课就上到这里,下课。

这堂课是2017年10月25日,戴继华老师在"南通市第一梯队名师培养对象专业发展汇报研讨·戴继华专场"上执教的汇报课,下面的专家点评是根据发言视频整理而来。

2.点评

点评1(江苏省特级教师 陈明华)

继华老师是我的半个弟子,我在英雄初中教书的时候,他是学校的学生,我教了他的爱人整整三年。他从事教育工作之后,先后在通州英雄初中、通州区刘桥中学、通州高级中学、南通市天星湖中学工作,我们又很有幸经常在一起探讨语文教育教学,所以他的成长和相关情况,我还是比较清楚的。下面我就谈谈对他语文真境课堂的理解。

继华老师有自己的教学主张,即语文真境课堂。他的真境内涵包括四个关键词,自然、朴素、深刻、韵味。我欣赏这种大而化之的提法,更欣赏他精微细刻、自然朴素的做法。现今的语文教育界,花样不断翻新,名头层出不穷,有文化语文、生命语文、生态语文、言义语文、无痕语文等,这种名头不下50种之多。就像食客说，豆腐有50种吃法一样，其实不足为怪。我知道，语文老师不是政客，政客喜欢做场面上的事。教育界的专家喜欢起哄、围观，有什么新提法，便叫得响，传得开，记得住，所以一线的名师或准名师，就煞费苦心地提炼出什么什么主张，翻腾出什么什么模式，以呼应专家们的社会鸣叫。其实一线语文老师也心知肚明，没有包医包好的"人血馒头"，也没有放之四海而皆准、行之八方而有效的真经。继华老师没有盲目跟风，而是坚守常识，坚守本真，坚守朴素自然的语文教学境界，难能可贵。

借此机会，我想表达这样几个意思。

第一点，教师的修养水平越高，他的学生发展越快。近30年来，继华老师坚持练好讲功、背功和写功，我经常在办公室听到他跟着名家学朗读。不管怎么说，语文老师是吃这口饭的，没有朗读水平，没有讲功，恐怕是不行的。学固然重要，自主探究固然重要，声光电这些现代媒体也固然重要，但如果语文老师一味忌讳讲，讲的层次越来越低，讲的功夫越来越差，肯定不行。讲得口若悬河、舌灿莲花、丝丝入扣、层层剥笋、一泻千里，大开大合地讲，哪个学生不喜欢？讲得有深度，鞭辟入里；讲得有新度，悠然心会；讲出了个性、学识和修养，讲出了理趣、情趣和谐趣，讲出了思想、精神和风度，没有学生不喜欢。所以，如果一个语文老师不读书，又不善讲，只是会刷题的话，你能指望其学生的精神走多远？泰戈尔说，枝是空中的根，根是地下的枝。语文老师没有讲功、背功、写功，就失去了语文课堂的根基。二十世纪八十年代，语文学界大力提倡"三功"是语文老师的必需修为，我觉得很有道理。

第二点，继华老师的真境课堂，能带领学生品语文。品者，鉴赏也。今天上午我听了他上的《〈伶官传〉序》，发现在鉴赏方面是下足了功夫的。语文教学是慢活，需要水磨的功夫，不适宜"爆炒"和"猛煎"，它追求因声求气、澄怀味象、探幽发微、文化寻根。语文教学所有的问题归纳起来就是两个，一是教材问题，一是教艺问题。要鉴赏，必须将教材玩得通体透明、形神兼备。打个比方，就像面点师傅那样，揉面团达到无所不可、随心所欲的程度。语文老师要用智慧的刻刀，对文理绵密的文本，沉着而次第地进行解剖，以见其层层深入的逻辑功夫。要用自己热情的点拨洞见藏奥，以见其入木三分的深邃目光。这些方面,继华老师做到了或曰基本做到了。

第三点,继华老师的真境语文课堂,将自主性学习当作第一要务。自主学习、自能学习、自创学习,对于语文学科犹然,今天他的课就是在学生充分预习、自学的基础上完成的。强按牛头不喝水,把老鹰训练成小鸡,那是语文的悲哀。我们知道,家鸟是在笼子里的,野鸟是在森林里的,宋代欧阳修"始知锁向金笼听,不及林间自在啼",说得极是!假如从延续生命的角度看,家鸟和野鸟又有什么区别呢?但是在择食、觅食方面比较,它们就大相异趣。所以,作为语文老师,你在摆弄眼前一排排鸟笼时,要知道鸟儿在什么情况下才有生动的歌唱。

第四点,继华老师的真境课堂善于激活问题意识。他今天的课,提了一系列的问题。问题在哪里剖析,教师的教学智慧就在哪里产生,学生的生成就会在哪里显现。问得好、问得巧、问得活,才能产生共生效应。语文老师要经常叩问自己,你提出的问题有思维价值吗?你知道应该在何处等候学生吗?你所提话题让学生在核心问题上展开了吗?你能够让学生在问题的动态行进中生成吗?这些都是语文老师在备课和课堂智慧呈现中,必须好好思考的。如果学生没有问题,老师又不善于问问题,学生进校门像个问号,出校门像个句号,那就完了。

第五点,继华老师的真境课堂善于激活思维机制。如果我们将清澈教成浑浊,把天真教成世俗,那是功利实用的结果。思维教学一辈子受用,尤其是批判性思维,在高中阶段尤其要重视,思维固化是非常可怕的。思维是核心素养,太重要了,不重视思维教学,就是教育之厄。"二元对立、简单归因、非黑即白、差不多先生"是我们老师常犯的毛病。如果语文课堂把学生的思维变成千家万户的自来水龙头,开关一拧,流出来的是白花花的自来水,只有漂白粉的味道,这样的语文还能有什么味道呢?继华老师今天安排的最后一个问题,将文章的思路重组让学生思考,这种折腾和打磨,使学生对文理有了更加清晰地认识。语文老师一定要牢记,思维教学的确是语文课堂非常重要的一环。

点评2(江苏省特级教师 曹津源)

我和继华老师认识的时间没有陈明华校长长,但是在五年的相处过程中，我感到继华老师是在真研究、真实践、真反思、真长进。

听了今天的课和专题汇报，我感到继华老师在追求真实的课堂。这个真实，第一，表现在"真问题"上。今天课堂中的问题，是学生课前提出、继华老师筛选以后呈现出来的。问题来自学生，并进行了定向的筛选，所以这样的学习肯定是符合学生心理需求的。而我们有些老师，课前设想了一些问题，在课堂上抛出来，有的并不是学生所需要的。第二，表现在"真思考"。所教学生并不是自己班上的学生，但学生的思考的确在心底进行。有些课堂的讨论，思维层次比较浅，有时是应付式地进行，而今天这堂课，继华老师没有刻意要同学们往预订方向思考，但是学生的思考交流都有一定的思维含量，真正触动了他们心灵。第三，表现在"真交流"。今天，不管同学互相交流还是集体对话，都彰显了学生的一些真实看法，爆发的是真火花。我特别欣赏课后面的那个部分，把《〈伶官传〉序》的论证结构进行梳理，重新进行分段。有两个学生提出不同的看法，最后继华老师又将自己的看法提出来，这是在向教材的编者挑战。学生没有因为教材的权威性而窒息思维，尽管两位同学分得不一样，但是都能讲出各自的道理。教给方法，学生以后读类似的文章，就能提出自己独到的见解，而不是跟着老师走，跟着教参走。第四，表现在"真表达"。对开头一段中的反问句，继华老师设置了两种不同的句型，引导学生通过句型的比较，体会作者的深刻观点。所以，"真问题、真思考、真交流、真表达"构成了继华老师真实课堂的特征。

继华老师追求一种真切的课堂。所谓真切，就是贴切、恰切、切合、恰如其分。继华老师的这堂课行云流水，流程的衔接都很自然。真切的表现之一，就是文本主题和语文元素能有机重合。将句式进行改换，利用比较让学生感悟，也就是通过语文元素了解文本，而不是从外部强加的。之二，教学的流程和主体活动的推进很真切。当然，真切也不是完全跟着学生走，如在课堂的最后，继华老师也展示了自己对文本段落的理解，他是作为研讨的一分子参与其中的，没有要求学生一定要接受自己的看法。之三，教学评价与情感态度的表达很真切。学生的表现，该肯定的立即肯定，没有达到一定水准的也及时指出，这也是继华老师把握语文课堂的技艺所在。

继华老师还追求一种有真髓的课堂。今天，他将教材编写的意图否定了,将段落之间的因果联系表达得更清楚、更明白了,的确是深入到文本的骨髓里。

对继华老师的课堂真境说,我有三点建议。第一个建议是,将"真境"的主张融入部编新版初中语文教材,虽然他上的是高中语文,但现在是中学的校长,对此有得天独厚的优势。第二个建议是,将"真境"说运用在教读课文、课内自读课文、课外自读课文上,开拓语文课堂别样的风景。第三个建议是,借鉴有关"学历案"的研究成果,丰富"真境"说的学理和韵味。

点评3(南通大学文学院教授 时金芳)

前几天,继华将关于语文课堂"真境"观的一些材料,发到我邮箱,我认真地看了,然而并没有做太多的思考,也没有展开联想。为什么?因为他是这么主张的,那他到底是怎么做的呢?我想还是先看看他的课堂,观察他是怎么做的,以后再跟他做些交流。今天上午听他上了一堂课,当然凭一堂课做全面的判断还比较难,但是最起码可以初见端倪,也可以初步看出他的言行是否一致。

今天看下来,我觉得他确实是在践行自己的教学主张。刚才两位导师就继华今天上午的课做了评价,观察下来我觉得,首先他能够真正从学生学习需要出发,确定教学内容。他遴选了孩子们自学所产生问题中的三个问题,让这三个问题的研究构成了一个学习的梯度。第一个问题是关于这篇文章写作意图的叩问,意在让同学们理解作者为什么写这篇序。第二个问题,是和同学们一起研究这篇以议论为主的序,它的论点是哪一句。这个问题没有现成的结论,是需要探究的,需要学生对文脉深入剖析后,才能获得结果。第三个问题,是一个运用性的问题,关乎议论方法的知识,意在引导学生进行积累,然后让学生将积累的东西运用于解决一个新问题的情境。这个新的问题就是"满招损,谦得益",与论点和结论有什么内在联系。解决这一问题,涉及作者论证的逻辑思维结构,也涉及作者所用的论证方法,因此这个问题是根据学生学习的起点、已经拥有的知识,以及形成的基本能力进行设置的,并以这些为基础对学生进行调动,成为学生解决问题的支点。这三个问题是由学生提出来的,构成了课堂学习历程。

我感觉到的第二点,就是继华有自己的课堂教学方式。教学是在教师组织、指导之下，引导学生进入一个真实的问题情境当中，并以具体的研学活动来推进学习的进程。整个学习过程实际上是研究性学习，教师讲述得很少，更多的是让学生深入文本里面去，进行研读、思考、交流、碰撞。在这里，我特别留意到继华老师的三重指导。第一重指导，在指点学生理解第一个问题时，他通过检索整合相关信息，帮助学生理解作者的写作意图，这实际上是一种学习方法的引领。第二重指导，即解决第二个问题时，指导学生怎样唤醒已有的知识，并让这些知识的植入，成为学习的支架。这种指导让学生的学习过程，借助于过去已有的知识和经验，将这些知识、经验运用到新的学习情境和学习活动当中来，使前面的积累成为后续学习的基础，这样，形成了学习的良性循环。其实，所有的学习活动都是这样的。我们主张，教学设计就是要首先考虑，学生在什么样的起点上，他们站在哪里，从哪里出发，要到哪里去。前期已经拥有的东西，哪些可以调动起来，如何将这些东西整合进去并加以发挥。这里最重要的就是，陈述性知识怎样转变为程序性知识，进而成为学生研究文本的一种能力。第三重指导，在课的最后，指导学生怎样建构学习的意义，让学生对文本进行批判性思维。我们的语文教学，某种意义上不是为了让学生记住曾经学过什么，而是发展思维。继华能在学生需要的时候，给予必要的帮助。这种帮助，不是将知识性、结论性的东西直接塞给学生，而是给学生方法的指点，从而让学生的思维从表层走向深刻。

我感觉到的第三点，继华将他课堂教学目标，设置为如何促使学生来建构学习的意义。我们现在的教学设计，一般停留在让学生学几个知识点，或者教给学生一个什么，非常具体。当然在新课程改革初期，是这样要求的。但是今天我们回头来看，具体目标，大概说来，以陈述性知识目标为主，如果到了程序性知识目标，要即时检测就有一定难度。至于学习的品质、思维的品质，一节课更是无法检测得很清晰，需要一个慢慢的、循序渐进的过程。这些品质的形成，建立在每堂课的教学上。继华的这节课，按理说，前面三个问题已经解决了，为什么还要让学生对文章段落、文章形式的表达进行思考研究呢？有其深层的考虑，这一研究的意义，不仅仅在于学生对这篇课文本身段落结构的把握，还在于自己创建新的认知。而且在这个时候，教师作为这个学习共同体中的一员,不是要同学们一定认同他,而是要参与到这一建构之中,力求让孩子们能从老师的展示中获得启发。这样,学生在学习过程中,会意识到学一篇课文,对自身来说,意义到底何在。继华最后的设计,可能还会促使孩子们生成这样的想法,书上的东西也不一定不可推翻、不可质疑、不可批判,作为独立的个体、有思想的人,可以对世间万物提出自己的主张,前提当然是要有理有据。在引导学生重新梳理论证部分段落层次之前,继华老师还做了一项重要的工作,即让学生抓住"盛衰",将课文里与论述"盛衰"有关系的文字整理清楚,在逻辑思路非常清晰的基础上,再来建构课文段落结构。这种新的认知不是凭空得来的,而是建立在分析、论证、推理的基础之上,夯得很实,学生建构的意义具有较高的价值,对其在今后的社会生活中也会有很大帮助。语文课程对培养全面发展的人具有重要价值,语文课堂最后的指向还是学生的核心素养,看得出来,这也是继华老师的追求。

上述这一切,是我从继华课堂上看到的。联系他的真境观,我感到,他对语文教育是有真感情的,他不矫情。我们发现有一些言论也好,有一些课堂教学也好,往往有哗众取宠之嫌。有人主张,一堂课要设计得充满诗情画意,设计得精致,设计得充满艺术的特性。继华老师认识到,语文课说到底还应立足于学生的学,教师的所有作为都要指向、服务于学生的学习。在课堂里,学生永远是主角,老师只是提供适时的帮助、指点。继华的这种情怀,表现了对语文教育的真诚之心,这点非常重要。于是,他的课朴实无华,没有画蛇添足的东西,就是让学生阅读、思考、交流。

继华的真境除了真情,还表现在追求语文教学的"真境界",我觉得"真境界"是最高境界。他的"真境界"就是回归语文课堂的本真、规律及应有的生态、情态、质态,让学生在求真的情境中来学语文,促使学生在课堂中发生真实性的学习。一般来说,真实性学习的特点主要有三个,一是学生为了自己的目标一步一步朝前走,二是学生所学到的东西是有意义、有用的,三是学习是孩子们自觉自愿的。正是基于此,继华老师才说,真境主张的特质是自然、真切、深沉、韵味。虽然在一堂课里,我们不能断然说他已经做到这些特质,但最起码他在这样做着,并且我深信他会继续做下去。

二、《河中石兽》教学实录与反思

1. 实录（南通市东方中学 缪志峰）

（师生问好。）

师：同学们已经读过这篇课文，哪位同学来说一说，这篇课文写了一件什么事儿？

生：有两个石兽掉落水中，最终在河的上游找到的故事。

师：我们来看一看，这两个石兽有可能在河流的哪些地方？

生：下流、地中、上流。

师：哪几个人分别提出了寻找石兽的见解或者进行了寻找石兽的行动？

生：僧人提出应该去下流找，讲学家提出应该在原地找，老河兵提出应该去河的上游找。

师：我们先来看看文中写僧人寻找石兽的这一部分。僧人寻找石兽是怎样找的？

生：棹数小舟，曳铁钯，寻十余里无迹。

师：同学们能不能发挥一下想象，给大家描述一下，当时河面上寻找的场景？

生：河面上有很多小船，每条小船上都拖着一个大大的铁钯在河上搜寻，一直往下游找，找了很远很远的一段距离，河面上热闹非凡。

师：僧人寻找的结果是什么呢？文中的哪些词语或者句子可以看出寻找的结果。

生：无迹。

生：竟不可得。

师：这里的"竟"是什么意思？

生：最终。

师：既然最终是没有找到，寻找的过程似乎就不重要了，我们是否可以把文章的内容修改一下，改为——阅十余岁，僧募金重修，求二石兽于水中，以为顺流下矣，竟不可得。

生：我觉得不可以去掉，这句话表示他是认真找的，去掉了就没有这种效果了。

生："棹数小舟，曳铁钯，寻十余里"说明僧人寻找得十分仔细，寻找得这么仔细还是没有，说明确实没有。

生：作者是想排除"因为没有认真找而没有找到"这种可能性，说明石兽确实不在下游。

师：你们说得很好，"竟不可得"是因为下流没有，而不是找得不认真。这里有个问题想要和同学们一起探讨一下，文中说"求二石兽于水中"，有人说这里的"水中"指的是地中，也就是说这个僧人先在原地找了好久，然后又去下流找，最终没有找到。也有人说这里的"水中"就是指下流，僧人直接奔着下流去了，并没有在原地找过。同学们怎么看？

生：我认为他没有在地中找过，这里的"二石兽于水中"就是水中的石兽的意思。

生：文章接下来有一个"以为"表示接下来的想法，所以前面应该是在"地中"找过了，但是没有找到，所以又去了下流。

生：我认为不能确定，僧人本来就拿不准主意，就是胡乱地找找的，有可能找过，有可能没有找过。

师：目前有三种观点了。

生：我认为僧人是没有到地中找过的，因为下文写讲学家的主张时，写到讲学家嘲笑僧人没有到"地中"去找，如果僧人已经在原地找过就没有讲学家的事儿了。

师：这位同学很仔细啊，他从下文找到了证据，我还是比较支持这位同学的观点，东西掉到水里顺流而下也是一般人的观点。如果同学们还有什么想法课后可以继续辩论。

师：我们再来看看讲学家寻找石兽的理论是什么？

生：讲学家寻找石兽的理论是——石性坚重，沙性松浮，湮于沙上，渐沉渐深。

师：哪位同学能够到黑板上来给大家用图示的方法演示一下这个理论的具体内容。

（一生上讲台，边画图，边讲解。）

生：石头的特点是坚硬沉重的，泥沙的特点是松散轻浮的，石兽埋没在泥沙上，越沉越深。

师：讲学家这里好像少了一个结论啊，如果我们用文言的句式给他补充一个结论的话，该怎样补比较好？

生：凡河中失石，当求之于地中。

师：太精妙了，你怎么能说出如此精妙的句子呀？

生：我是看到下面老河兵说的一段话，模仿他说的。

师：好，我们把这位同学说的这一句结论放到文中去连起来一起读一读。

（生读课文。）

师：老师觉得这一段话写道"众服为确论"，似乎没有结束，你们觉得呢？同学们可以先思考一下，然后把自己的想法说给同桌的同学听听。

生：我觉得作者应该写一写僧人在听了讲学家的话后到底有没有按照他的话去找。

生：我觉得僧人在听了讲学家的话后肯定去找了，因为文章写道"众服为确论"，僧人这么相信他，肯定去找了，但是因为找的过程和上文找的过程差不多，所以省略不写了。

生：我觉得僧人听了讲学家的话后没有去找，因为下文紧接着就写了"一老河兵闻之"，这里老河兵肯定是听到讲学家的理论之后就来反驳了。因为没有去找，所以就没有必要再写了。

生：因为老河兵是很有经验的人，大家非常信任他，讲学家虽然有学问但是没有经验，大家不怎么信任他。

生：我觉得僧人听了讲学家的话，本来准备按照他的话去寻找的，但是正好碰到了老河兵，被老河兵拦住了。

师：你们说的都有道理，你们可以保留自己的看法，我想说说我的看法，我还是比较支持第二位同学的观点，因为文章写到"众服为确论"，说明大家还是比较相信讲学家的话的，既然相信，肯定会去实践一下，即使老河兵是在僧人们"求之于地中"之前说出自己的想法的，僧人也无法判断到底应该按照哪位的理论去实践。之所以不写,是因为不需要重复写寻找的过程。这只是我的观点,一家之言,同学们可以坚持自己的想法,也可以反驳我的观点。课后可以继续交流。

师:紧接着作者写了这位老河兵来寻找石兽,老河兵寻找石兽的理论是什么呢?文章中是怎样来写的呢?

生:老河兵寻找石兽的理论是——石性坚重,沙性松浮,水不能冲石,其反激之力,必于石下迎水处啮沙为坎穴。渐激渐深,至石之半,石必倒掷坎穴中。如是再啮,石又再转。转转不已,遂反溯流逆上矣。

师:我们也请一位同学到讲台上来给大家用画图的方式模拟一下这个过程。

(一生上讲台,边画图,边讲解。)

师:这里的"石又再转。转转不已"是什么意思,前文有没有哪句话与之相照应?

生:就是说石头在水中要经历很多次这样的过程,这个过程是相当漫长的,前文的"阅十余岁"也就是说的这个意思。

师:老河兵这段推理的结论是什么呢?

生:结论应该是"凡河中失石,当求之于上流"。

师:我们可以把结论放到推理的后面来读一读。

(学生自己自由读文章。)

师:问题来了。

生:为什么作者要把结论放在前面写呢?

生:为了直接反驳上文讲学家的理论。

生:为了一下子亮出自己的观点。

生:因为文章写到这个地方,读者最想知道的就是结果,所以作者先把结论说出来满足读者的要求。

生:说明老河兵特别有经验,他已经多次遇到过这样的事情,老河兵这样说体现了他的自信。

师:同学们都说得很有道理,我们再来一起读一读这一段话,这次读的时候我们先读结论,再读分析的过程,同学们要体会作者的匠心独运。

让语文课堂走向真境

（生读课文。）

师：文中写道："如其言，果得于数里外。"说明老河兵说的是对的，真理是掌握在他的手上，因此他在说出他的理论的时候也顺便评价了一下僧人和讲学家的理论，文章是怎样写的呢？

生：求之下流，固颠；求之地中，不更颠乎？

师：这句话对僧人和讲学家分别做了评论，同学们有没有从这句话中读出什么问题来？

生：僧人和讲学家只是想从不同的地点寻找石兽，他们之间本没有"颠"和"更颠"区别，为什么在老河兵的眼里有高下之分呢？

生：僧人是根据自己的想法去寻找，而讲学家只是想当然，他好像很懂，然而他的理论却不正确。

师：仅仅是因为他的理论不正确吗？

生：讲学家不懂装懂。

生：讲学家自以为是，不尊重别人，他说"尔辈不能究物理，是非木柿，岂能为暴涨携之去"，他的语气中带有瞧不起，有嘲笑。

生：老河兵评价他的话中的"颠"，来自讲学家的"不亦颠乎"中的"颠"，老河兵之所以用这样的语言来评价讲学家，只不过是"以子之矛攻子之盾"的做法。

生：我觉得老河兵和僧人对这二石兽所在位置的判断的思维方式也是不一样的，僧人毕竟还看到了石兽掉入水中会受到水流的影响，位置会发生变化，但是讲学家只看到石兽"湮于沙上"，却没有考虑到掉入水中的石兽会受到水流的影响，从这个角度上看讲学家是不如僧人的，所以老河兵说他"更颠"。

师：同学们的分析太精彩了，我们课本上有一幅图，大家一看就能明白，同学们觉得他们此时各自是什么样的心理呢？

生：老河兵此时应该很开心，因为他的理论得到了证实。

生：僧人也很开心，他想要找的石兽找到了。

生：讲学家应该觉得非常尴尬的，因为他的结论是错误的。

师：石兽掉入水中会逆着水流而上，同学们是什么时候懂得这个道理的呢？知道之后什么感觉？

生：我是在读了这篇文章之后才知道的，这完全不在我的想象之内，我觉得太神奇了。

师：这就是《阅微草堂笔记》里文章的特点,这本书里的文章大都是类似的奇闻逸事,同学们一定觉得很有意思。

师：到这里为止,故事已经讲完了,当我们回过头来看的时候会发现,僧人寻找石兽的过程是从下游找到中游,再找到上游,最后才找到了,看起来他寻找的实践过程是在理论指导下进行的,然而似乎这些理论又没有对他的实践起到指导作用。同学们怎样看理论和实践之间的关系？

生：不是所有的理论都能指导实践的。

师：什么样的理论不能指导实践？

生：不正确的理论会误导实践。

生：只有正确的理论才能有利于实践的开展。

师：什么样的理论才是正确的理论呢？

生：经过实践检验过的理论才是正确的理论,只有这样的理论才能有利于实践的开展。

师：文中也写了作者感悟到的道理。

生（齐）：然则天下之事,但知其一,不知其二者多矣,可据理臆断欤？

师：同学们找得非常准确,文中的这句话和我们刚才分析得出的感悟其实是相通的。因此我们在平时的生活中不仅要看事物的表象,还要认识到事物的本质,只有这样的认识才能正确地指导我们的实践。

师：只是,我想问一问同学们——"凡河中失石,当求之于上流"这一定就是正确的理论吗？

下课！

2.反思（南通市东方中学 缪志峰）

文言文阅读教学是初中语文阅读教学中的一个难点,一般的文言文阅读课堂都是以朗读、串讲、串译为主要教学方法的,这样的语文课堂重"言"而轻"文"。长此以往,学生被禁锢在文言文字词句理解的过程中,渐渐地会失去学习文言文的兴趣。对于初一的学生，《河中石兽》这篇文章虽然有个别的字词难以理解，然而对于把握文章的内容，厘清故事的来龙去脉来说并没有太大的障碍。并且，学生最感兴趣的应该还是故事的内容。因此，在设计这篇文章的教学过程的时候，我试着以疑问为抓手，引导学生探寻文字背后蕴藏着的思维逻辑。同时，以理解文章的内容为主线，让学生在情境中加深对重点文言词语的理解。为此，我主要做了三个方面的努力：

(1)**直接抛出疑问　激起学生思考热情。**

孙绍振老师一直主张语文阅读课堂，教师要跳过学生的"一望而知"，抓住学生的"一望而不知"，这一望而不知才是学生最感兴趣的地方，才能激发学生学习热情。教师之所以能够给学生以启发和引导就在于他能够读到学生"不知"的内容。比如，在赏析文中僧人寻石兽这个部分的内容时，我向学生提问："既然最终是没有找到，寻找的过程似乎就不重要了，我们是否可以把文章的内容修改一下，改为——阅十余岁，僧募金重修，求二石兽于水中，以为顺流下矣，竟不可得？"

这样一来，教师对文章的修改与原文形成了对比，激发了学生思考的热情。很多学生在阅读"棹数小舟，曳铁钯，寻十余里"的时候并没有想过作者为什么要写这样一句话，如果教师在课堂上只是局限于对这句话的翻译和串讲，也就不能让学生体会到作者写作的精妙之处了。课前通过精巧的设计，课堂上把这样的问题直接抛给学生，会激发起学生思考的热情。课堂的实践效果也是非常不错的，学生在这样的问题的引导下体会到了作者是为了表现僧人寻找石兽的认真程度，为文章阐述道理的严密性做了充分的准备。

(2)**设置问题情境　引导学生产生疑问。**

把问题直接抛给学生，只是引导学生深入文本，赏析作品的精妙之处。教学的目的除了让学生感受到经典作品的经典之处以外，更高层次的要求是让学生学会学习，掌握赏析文本的思维过程。因此，在这节课上，我试图把对文中的一些问题的思考过程以循序渐进的方式，先设置情境，然后在情境中引起学生的疑问，激发学生主动发问的热情。

比如，在讲到老河兵说出自己对石兽去处的看法的时候，我先让学生演示老河兵所讲述的石兽移动过程的理论，然后再让学生寻找老河兵阐述的结论。学生理解了"过程理论"也知晓了"结论"。前面这几个过程实际上是在引导学生进入提问的情境，旨在希望学生在这样的情境中主动发问。从课堂的实践效果来看，学生在参与的过程中渐渐地发现了作者有意把结论放在前面，而把理论的阐述放在了后面，这样的设计看似随意，然而又匠心独运。问题由学生在情境中提出，不仅增强了学生参与课堂实践活动的主动性，而且有效地激发了学生学习文言文的热情，让学生在老师的带领下走了一趟赏析文本的"思维之路"。

(3) 抓住课堂生成 适时点拨巧妙追问。

"教贵引导，点拨深入"，追问是点拨非常有效的方法之一。教师巧妙地追问会瞬间引爆学生的思维，追问之所以能对学生的思维产生这么大的影响作用，是因为追问是建立在学生对已有问题思考的基础之上的，教师恰当地追问使得学生的思考得以深入，有时甚至是逆转。初中学生有着强烈的好奇心和求知欲，这样的心理体验满足了他们的心理需求。

比如，在总结这个故事所揭示的道理这个环节中，我向学生提问："同学们怎样看理论和实践之间的关系？"有学生回答："不是所有的理论都能指导实践的。"这是学生的回答，也许此时学生对于这个问题的理解还不太清晰，于是我接着追问："什么样的理论不能指导实践？"学生回答："不正确的理论会误导实践。"这个时候学生就会更加清楚文中讲学家自以为是的理论就误导了僧人寻找石兽的实践。同样，通过追问让学生清楚了什么样的理论才是正确的理论。

再比如学生在回答"老河兵对僧人和讲学家分别做了评论，同学们有没有从这句话中读出什么问题来"这个问题的时候，有学生回答："僧人是根据自己的想法去寻找，而讲学家只是想当然，他好像很懂，然而他的理论却不正确。"我接着追问："仅仅是理论不正确吗？"这样的追问引爆了学生的思维，启发学生重新辨析讲学家所说的一段话，学生们发现了很多……这样的追问使得学生的思维更加深入，对文本的理解更有趣味。

总之，好奇心和求知欲是孩子天性的体现，"循性修道"是语文课堂应当遵循的原则，这样的语文课堂才能保护孩子的天性，激发孩子的想象力和创造力。我力求在我的课堂上践行这样的思想，特别是文言文教学，我试图改变重"言"而轻"文"的观念，让学生在语文课堂上体验语言文字间传达的情感、思想、文化等。用疑问激发学生参与课堂的热情，这样的语文课堂要求教师对文章内容要有独到的见解，要能够读出疑问，读出精妙之处，在此基础上进行问题的设计，可以把疑问直接抛给学生，也可以创设问题情境，在课堂上根据学生的实时生成，进行点拨和追问。

第三节　作文指导课

一、《细节的力量》教学实录与反思

1. 实录（江苏省特级教师　戴继华）

（师生问好，上课开始。）

师：同学们，这堂课我们说说细节描写。那么大家还记得我们学过哪些细节描写吗？（听课的人多，学生有些紧张。）如果一下子想不起来，位置靠近的同学可以互相提醒，想到的可以直接站起来说。（学生意稍舒，讨论日趋热烈。）

生：我记得鲁迅先生《故乡》中有细节描写。

师：什么内容呢？

生：少年闰土"月下刺猹"，是动作细节描写，还有体现在中年闰土的刻画上，是外貌特征细节描写。

师：说得好。

（两个女生抢着站起来，生笑。）

生：《背影》中写父亲爬月台买橘子的那一段，是动作细节描写。这个细节表现了作者细致的观察力，同时表现了父亲对作者的疼爱，作者对父亲的感激。

师：你指出了细节描写的句子，还说出了细节描写的作用，好。

生：《孔乙己》中有两个细节给我印象非常深。有钱时，孔乙己是"排"出

九文大钱,没钱了,是"摸"出铜钱,这样写,孔乙己的性格非常鲜明。另外,我还记得《药》的结尾,夏瑜的坟头上出现了一个花环,这是细小的物品描写,说明了革命后继有人。

师:你分析得很全面,也很准确。其他同学有补充的吗?

生:鲁迅先生在《祝福》中对祥林嫂的外貌,进行了细腻的刻画。

师:你还记得鲁迅先生在刻画祥林嫂的眼睛时,用了哪四个字?

生(不约而同齐答):间或一轮!

师:间或一轮是什么意思?

生:偶尔转动一下。

师:对,先生运用"间或一轮"四个字,就写出祥林嫂命运的凄惨。课文里有很有多细节描写,值得我们好好体悟。课前我们发下来一篇文章,叫《心灵的距离》。上面的是原稿,下面的是修改稿。同学们看看,两稿有哪些不同呢?(学生们投入地看着,一学生自告奋勇站起来。)

生:修改稿第二节具体描写了母亲的"不安和冲动"。

师:好在哪里?

生:将母亲对儿子的关心细腻化,形象化了。

师:对。

生:我找到第三段的变化,修改稿比较详细地描写了母亲偷看儿子日记的过程。

师:用了哪些描写方法?

生:比喻的修辞。

师:还有吗?

生:心理刻画,还有欲看又不看的动作。

师:心理和动作描写。

生:这里,我感到作者把动作过程延长了。

师:通过延长动作过程来丰富细节,说得好!

生:最后一段原稿中说"母亲的心空荡荡的",修改稿变成"母亲的心像抽屉一样空荡荡的",除了用了修辞,还用了化虚为实的手法,使得母亲的心态可以感受了。

193

师：好一个"化虚为实"！

生：两篇文章的第四节也有明显的变化。修改稿中写儿子知道母亲偷看日记后，不是关上门而已，而是"重重"关上门。

师：加了修饰语"重重"。

生：第四段还增加了母亲偷看儿子日记时，儿子突然回来的情节。

师：增加细小的情节，有什么作用？

生：使母子之间的矛盾冲突更加尖锐，扣住了文章的题目：心灵的距离。

师：同学们说得很好，通过两稿的比较，我们可以领悟到写细节的一些基本方法。如增加细小的情节，延长动作的过程，选用修饰语、修辞、传神的动词，运用心理描写，等等。

师：方法有了，那我们不妨写一写。老师给大家准备了两个情境。（用PPT出示，情境之一：妈妈给女儿准备早餐。情境之二：描写一个文静的女孩吃饭。）（学生写，老师巡视，写得快的学生互相交流，然后师生集体交流。）

生：我选的是第二个情境，写文静的女孩。

师：读给大家听听。

生：她轻轻端起饭碗，用筷子夹起一小片菜叶，然后送到嘴边，张开小嘴，吃下菜叶又迅速合上。女孩的脸色平静，偶尔有一些嚼动的痕迹，如微风吹过平静的水面，泛起一丝涟漪。（学生们赞赏地笑了。）

师：你这样写是怎么考虑的？和原句比，好在什么地方呢？

生：我主要通过比喻，把女孩的文静突出来了。

师：前面也加了一些修饰语，你是运用修辞方法和修饰语来丰富细节的。

生：我写的是第一个情境。还没有来得及刷牙、洗脸的她，迅速地打开冰箱，轻轻地取出鸡蛋，用一只手小心翼翼地托在手中，生怕打坏了女儿的早餐。另一只手迅速点着燃气灶，燃烧的火苗就像母亲的爱一样炽热。水开了，母亲将鸡蛋在锅沿快速敲了一下，再放到锅里，鸡蛋一下子由液体变为固体，在锅里翻滚着，发出滋滋的声响。与此同时，她把牛奶放入微波炉中加起热来，然后轻轻喊了声：女儿，起床吃早餐了。

师：你写得那么细腻，看来经常享受到母亲的关爱。（生笑。）你觉得最大的变化在哪里?

生:加入了生活情境。

师:生活情境文字化,有哪些方法?

生:主要是连贯性动作描写。

师:写了妈妈动作的利索。有你妈妈的影子吗?(生点头而笑)刚才她对自己所写进行了简单的评点,其他同学觉得她写得咋样?

生:动作描写不要太多,可以以少胜多,以小见大。

师:你的意思是要"精",要"传神"。你写的是情境一,还是情境二呢?

生:我写的是第二个,和之前的同学写得不太一样。

师:你读读看。

生:她轻轻端起碗,挑起少许菜叶,张开樱桃小口,又迅速合上,下意识地用手挡住唇部,然后小心地嚼着,随即抽出一张面纸,拭去嘴边的油滴,安静没有一丝声响。

师:你还有面纸这个小道具。(众生笑。)你觉得比原句好在什么哪里?

生:主要增加了动作和修饰语,"下意识地用手挡住唇部"是现代女生的经典动作。(众生笑)

师:相信还有好多同学写得非常的精彩。老师也写了两句,没同学们写得好,不好意思给大家看了。(众生大笑。)请大家看大屏幕,丰富细节也要注意三个原则,服务于整体结构,服务于人物情感,服务于全文主旨,不能为细节而细节。同学们,这堂课其实我们做了三件事,一是说细节,二是赏细节,三是写细节,落脚点在写细节。平时写作多注意细节描写,作文定能熠熠生辉。(下课)

2.反思(江苏省特级教师 戴继华)

这节课是"名师工作室"开展"作文的品质"大型研讨活动时,我在高三年级基础一般的文科班执教的,是一堂带有复习性质的作文指导课。

细细思量,这堂作文指导课,有几个特征还是突显的。

第一,指向明晰且基本达成。我预设的目标主要有三个:让学生进一步厘清细节及细节描写的基本写作知识,引导学生感受细节带来的审美力量,教给学生丰富细节的实用方法并初步形成能力。基本覆盖了知识与能力、过程与方法、情感态度价值观三个维度,分别在"说细节""赏细节""写细节"中落实。

第二,采用层进式结构运思课堂,教学重点突出。课堂主体部分,由"说细节""赏细节""写细节"三部分构成。"说细节"引导学生熟悉"细节",是认知;"赏细节"引导学生理解"细节",是体悟;"写细节"引导学生掌握"细节",是能力。从认知到体悟再到能力,其间蕴涵着板块间层层深入的关系,在一定程度上彰显了作文指导课的穿透力。这三个板块,我没有均衡用力,其中"写细节"花了将近半节课的时间,因为这一环节实际上包含了学生尝试写作、写作点评两个子环节,是本堂课的教学重点。

第三,学生写作知识的获得,是在预设和生成的交互中实现的。课前,我对细节描写的方法亦做了梳理和归纳,但在课堂上并没有将之灌输给学生,而是引导学生通过对一篇作文原稿和改稿的比较,总结出丰富细节的常见方法。方法从学生中来,再回到学生中去。

第四,互动有致,师生关系和谐。有致与和谐首先表现在课堂氛围的轻松和愉悦上。学生自由张扬地说,我静静耐心地听。有致与和谐还表现在师生对话有很强的针对性,时时处处指向环节子目标和课堂总目标。课后有老师给予"行云流水"的赞誉,我愧不敢当,顶多是从容不迫、自然流畅而已。

在接纳肯定、聆听教诲的同时,我内心有丝丝触动,总觉得对学生细节描写的指导还存在一些遗憾。一是课堂理性感悟多,感性操作少;如"说""赏"细节所用时间和"写"细节所用时间各占一半,这样的时间安排就提高学生写的能力而言,还不是最合理的。二是学生作为听客的多,走向前台进行展示的少。如在"评析"的环节,真正和老师对话的只有几个同学,而这个环节对提升学生的写作素养是最为关键的,因为它是方法转化为能力的重要节点。三是所用的教学材料,不是来自学生自己的习作,学生学习的内驱力还不是很强。

如何解决这些问题呢?

前文我已阐述这堂课预设的目标主要有三个:①让学生进一步厘清细

节及细节描写的基本写作知识;②引导学生感受细节带来的审美力量;③教给学生丰富细节的实用方法并初步形成能力。回头审视三个目标,只要稍作思索就会发现,这样的教学目标,陷入了面面俱到、求全求完美的泥淖。就高三学生而言,其核心追求应该是目标三,目标一、二与目标三的关系是"一",而不是"三";三者是统一、而不是孤立的,实现了目标三,也就实现了目标一和目标二。

有鉴于此,我的教学设计也可以从"细节"入手,彰显"教学细节的力量",进行"蜕变性"优化。不妨用三个关键词建构课堂:试写、评析、再写。

"试写"即在导入新课后,就出示情境一、情境二,让学生尝试细节描写,在试写基本完成后,让同桌、前后座交流试写文字,学人之长,补己之短。这一环节预计用时约10分钟。

接着进入"评析"阶段。教师随机收取8位学生试写的细节片段,用实物投影的方式进行展示,引导全体学生对8位同学的习作进行评析。评点高下、优劣,不足的要指出不足之处,优秀的要指出优在哪里,是运用了什么方法刻画细节的。评析这一环节,实际上包含三个重要内容,一是赏析,提高学生感悟能力;二是反思,反思所写片段存在的问题;三是总结,总结丰富细节的共性方法。这样既巧妙达成了目标一和目标二,也部分解决了目标三,为第三个教学环节打下了坚实的基础。学生总结的方法如果不够全面,教师再用PPT展示的方式进行补充。这一步骤预计用时大约22分钟。

在赏析、积累的基础上,再出示情境三、情境四,进行第三个环节:再写。运作这一环节时,要求学生尽力克服刚才试写出现的毛病,有意识使用刚才总结的方法,如运用各种修辞、增加细小情节、延长动作过程、适当增加道具、穿插精短语言等。学生用5分钟左右的时间进行再写,然后用8分钟时间,让教师随机抽取的5名学生进行自我点评,引导学生暴露自己再写的思维流程,学生即时质疑,教师即时指点,并做最后小结,这样一堂课紧紧围绕"写"来运行,任务可以较圆满地完成。

这样设计好在何处?可能有这样几个亮点:

第一,教学重点更为突出,通过"试写—评析—再写"三个步骤,让"教会学生写细节"这一目标浸润到课堂教学的整体血脉之中,就教师的主导性而言,写作指导的穿透力更强。此外,彰显真情实感、真知灼见、真才实学的生生对话、师生对话,成为必然,也成为可能。

第二,整个教学流程中所用的基础性材料都来自学生自身,都是鲜活的、动态生成的,学生的学习兴致会更高,主体介入的深度会更深,智能建构的力度会更大,写作素养的提升会更快,教与学的过程中可能会产生许多无法预计的精彩。

第三,学生的活动贯穿始终,充分展示了"教学活动化,活动教学化——语文'活动式'教学的内涵",是建构主义视域下典型的"学"的课堂。学习活动带有明显的探究性,探究成果富有螺旋上升性,活动更充分,积累更丰富!

第四,教学目标明晰,教学方法简便,课堂环节简明,整堂课简约而又精致,师生轻松,学生在不知不觉中获益良多。

二、《我的2018年度汉字》教学实录与点评

1.实录(南京市17中,江苏省特级教师 袁爱国)

师:孩子们,今天我们来上一节写作课,今天我们写作的题目是什么呢?一起来读一下。

生:我的2018年度汉字。

师:读完这个题目,在心中默默地想一想,要写好这篇作文,我们要注意些什么呢?哪一个同学先来谈谈自己的看法。

生:我觉得我们应该回忆一下自己2018年用过哪些汉字,然后还有哪些重要的给,自己留下深刻印象的事情。

师:你说对了一半,错了一半。请你把题目再读一遍。

生:我的2018年度汉字。

师:你再认真的想一想,这个题目有几点要求。把你想好的告诉同学们。

生:我觉得应该有三点。

师:三点,现在我觉得你开始真正的思考了。哪三点?同学们把本子打

开,把题目写下来,我们一起来分享她思考的成果。

生:第一点是我;第二点是2018年;第三点是汉字。

师:请你再重复一遍,重复的时候要注意,把你刚才说错的地方,更正过来。你越来越聪明啦!

生:我。

师:我,强调的写的是我的生活,我的故事。这是第一个要求。

生:2018年。

师:补充说明一下。

生:2018年度汉字。

师:有什么要求?

生:又是2018年,又是汉字。

师:好,你回答了三点,有一点没有讲清楚。这一篇文章第一写我的故事,第二写这一故事发生在哪一年?

生:2018年。

师:第三个,她没讲清楚。你知道什么叫年度汉字吗?

生:年度汉字可能是2018年度比较有影响的汉字。

生:我觉得应该是2018年度流行的一些汉字。

师:好,请坐。你觉得年度汉字具有怎样的特点呢?

生:我觉得汉字的话,应该是把我们比喻成一本书,汉字就是我们特殊的故事。

师:我追问你一下,如果回忆自己2018年的生活,用一个年度汉字来概括一下的话,你想用哪一个汉字?

生:静。

师:好,请你把"静"字写在最左边。

师:这位同学用一个"静"字概括2018年。过去的2017年,我们国内用了一个年度汉字叫"享",国际上用了一个年度汉字叫"智"。为什么国内和国际分别用"享"和"智"作为我们刚刚过往这一年的年度汉字呢?你能不能结合你的理解来说说看。

汉语盘点:2017年度汉字

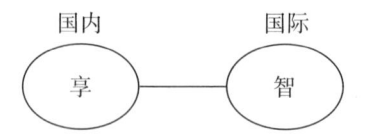

国内　　　国际

享 —— 智

生:"享"就是现在国内正在推进共享时代的发展。

师:我们现在是一个共享时代。

生:共享文化的发展。

生:我想说"智"。在过去的一年里人类在人工智能方面所取得的成绩。

师:我们全球在人工智能方面取得了日新月异的成绩,是吧?(生点头。)

生:我觉得"智"体现在过去的一年中,计算机在大数据平台上广泛运用,"智"是指在2017年度人类的科学技术有了极大的进步。

师:人工智能等科学技术发展的速度变得越来越快。至于"享",还有哪些同学来说说看?

生:"享",我觉得主要就是共享经济的发展。因为国家现在有共享单车,甚至出现了共享汽车,促进了各种信息的发展。中国高铁、移动支付等都展示了中国的日新月异的强大国情。

师:我们国内出现了许许多多的共享新事物,既说明了我们中国在进步,也给我们人类带来了很多益处。所以我们用了一个字叫"享"。孩子们,国内用了一个"享",国际用了一个"智"作为我们的年度汉字。那么在过去的2018年你想用一个什么字,作为你的年度汉字?

生:我觉得我的话,就是进步的"进",因为2018刚进入高中所以就想进步。

师:你想一天一天变得更加美好。所以你想用前进的"进",进步的"进",作为你的2018年度汉字。好,你板书一下,帮他把这个字写在黑板上。

(第一排边上一男生上台板书。)

生:"越"。飞越的"越",因为刚从初中"越"到高中。

师:你是一个很有上进心的孩子!

生:我的年度汉字的话,我会用一个"享"字,就是享受的"享"字。从初中到高中是一件很开心的事情,现在的社会治安方面也很好,所以我很享受现在的生活。

师:用了一个"享",你很会享受啊。

生:拼搏的"搏"吧,上了高中以后要经历以前没有经历过的事情。

师:所以要拼搏,是吧?嗯!

(生点头。)

生:我觉得是全部的"全","全"代表着全方位,全方位的发展。

师:我发现你的胸怀很宽广,要做一个全面发展的好学生!(生点头。)

生:我觉得我的2018年度汉字是清楚的"清",我想自己的生活变得清清楚楚,学习方面,自己掌握的知识更清楚一点。

师:清清楚楚的"清",看来你以前是糊里糊涂啊。

(生笑。)

生:我的2018年度汉字是高矮的"高",高低的"高"。

师:你觉得黑板上板书的几个字,哪几个字是和你的差不多?

生:飞"越"的"越"。

师:还有?

生:拼搏的"搏"。

师:还有一个字?

生:"进",进步的"进"。

师:进、越、搏、高,这四个字是一类的。七个字中有四个是一类的,这说明我们班的同学——

生:有积极向上的乐观精神。

师:嗯,都是好孩子!但是从写作的角度来看,我觉得其实它并不好,为什么?

生:所有的主题都一样,没有新意。

师:你觉得上面哪一个字写得最好?

生:静。

师:我在这个"静"字旁边打个五角星。希望同学们能够想得不一样,想出一些与众不同的字来,有内涵的,有意蕴的,有个性的。我觉得这个字好玩,有意思。

生：“繁”，繁多的“繁”。就是2018年做过了很多事情，也收获了很多的，比如说经验，还有经历。还有希望自己体验更多，各种各样的事都要经历。

师：刚才有个同学说"全"，"繁"字旁边写一个"全"。

（示意学生板书。）

你说是"繁"，从字面上来看，"繁"比"全"更有意蕴；从本质来看"繁"要全面发展，繁花似锦。还有更好的字吗？

生：我的2018年度汉字就是"独"，这个"独"，不是说是孤独的"独"，而是独立的"独"，就是希望自己独立面对社会，很多事情都要自己一个人去承担，自己一个人去扛。所以我的2018年度汉字是"独"。

师：你说的"独"，不是孤独的"独"，而是独立的"独"，独立、自立。

师：小伙子，我还没有采访你，你心中是哪一个字啊？

（采访板书的男生。）

生：我心中是"守"字。守护的"守"。不管是守护自己的内心，还是守护自己想要的东西，都需要一个"守"字，这个"守"字不仅代表了我们最初的愿望。因为从我们懂事以来，不管是家人，还是我们自己都有想要去得到的东西，都是要有一个守字，这意味着我们的坚持，也意味着我们的将来。如果没有"守"字，我们或许就不是自己，也就失去了自己。

师：你把这个"守"写下来。你来评价一下，这个兄弟的"守"字。

（指名台下同学评价。）

生：他这个想法特别好，一个字体现了内心强烈的保护欲望。但是有时候你会发现有些东西会失去，是保护不了的，所以就很痛苦。所以我的年度汉字是"享"，享受自己应该拥有的，享受自己能拥有的一切，而不是指望有可能永远得不到的东西。

师：你们两个的性子或者说个性稍微有一些差异，你用的是享，但人生不能光享受。目前来看，黑板上要打五角星的除了这个"静"，我要给"守"打个五角星。这个字很有意思，不一般。

孩子们，我们班同学真会想，还敢说。"静""进""越""搏""享"，乃至"独""守"等，每一个汉字的背后，我们都能想起那么几个人，在过往的这

2018年,这些人在我们的成长历程中留下了难以磨灭的印象。这一个汉字,跟我们走过2018年的春夏秋冬,整个2018年我们总是把它放到心上。这个汉字也许和某一个场景,或某一处的景物相关,这一场景或景物给2018年赋予了更特别的意义。所以我们讲年度汉字,就是讲过去的2018年的春夏秋冬,这365天。有一些儿人,有一些儿事,有一些儿景物,或许是一件物品,成为我们成长路途中宝贵的精神财富。所以接下来,我就请同学们想一想,你所选的这个字,让你想到的那些人、事,或者情,或者物。这样,带笔记本的就在你的本子上写写。

我的2018年度汉字

(学生动笔。)

师:这样,我先请写得比较快的同学说一说,你先来说好不好?

生:我觉得我的年度汉字应该是"见",看见的"见"。升入高中我们会"见"到很多东西,很多人、事,也有很多的——

师:你能不能说得再具体一点,哪一件事物,哪一样东西,或者哪一个人、情?

生:就相当于刚开学你就可以见到新的老师,见到新的同学,见到新的校园。

师:新同学、新老师、新校园,三新。在新的校园里你印象最深的是哪一个人?

(生沉默。)

师:我希望你再好好想一想,好吧?(生点头。)你初步的轮廓已经有了,但是还没有把它想好。

生:我的年度汉字是"念"。因为我觉得2018年从初中步入高中,我最为怀念初三的时候,一起拼搏过的同学们、所有的至亲好友和可亲可爱的老师们。我觉得初三那段拼搏的时光,让我懂得了奋斗的意义,也让我更加明白高中应该怎样去努力。

师：去年的这一年你从初三进入了高一。这是青春的一个过渡阶段,你怀念过去,也对未来充满了美好的憧憬。

生：我的年度汉字是"高"。上了高中,进了一所新学校,新的环境,特别想要自己比初中更上一层楼。

师：这是你内心的想法,我希望你将这些想法联想到一些具体的场景或者一些事情。

生：觉得自己初三时没有太努力,上了高中以后希望自己能够更上一层楼。

生：我的年度汉字是"进",就是在"进"中求进步,在"进"中求专心,在"进"中求静心。

师：我发现了,围绕这一个"进",你讲了对"进"的理解,你能不能把它再梳理一下,让我们听得更加清晰一点。

生：首先通过第一步写"进"中的进步,然后,进步时要做到专心,因为进步是自个儿的努力,然后一步是走更多的路,但也要静心,不忘初心,一心向前。

师：如果在"进"后面,你想用一两个词语概括一下,你准备写哪几个词或短语?

生：进步、专心、静心。

师：好,你先把这几个词,写在黑板上。

师：请你把这个"守"再解释一下,准备写哪些事情?或者借这一个"守",要告诉我们哪些思想?

生：我的"守"是坚持与守护,坚持也就是我们字面上能够理解的坚持,因为在这个物欲横流的社会,虽然这真的感觉那么的美好,但是确实有人会沉陷下去了。不管人们在生活中会经历多少磨难,不管为梦想努力奋斗是多么的艰辛,有些东西一定不要放弃,一定要坚持。另一个是守护,不管是我们因为读书离开父母,还是在未来我们会离开自己身边的人,我们在有限的时间里面能做到只有陪着他们,无论是多么短的时间,能做到一点儿就是一点儿,代表着我们心中的一种守望。

师：你想得蛮深刻的。你用两三个短语写在"守"的旁边。孩子们,我们就一个字,聊了你们2018年印象深刻的一些人和事,以及你们感悟到的一些情感或者思想。接下来我们要学习如何把这篇文章写好。记叙文在选材的时候应该注意哪些呢?

生:如果选择的是记叙文的话,在选材的过程中你就会用到一些自己的事例或者一些别人的故事,但是一定是要与自己写的文章的主题相吻合,并且对你的文章起到很好的辅助作用。

师:你能不能用一句话总结一下,记叙文在选材中强调最重要的依据是什么呢?

生:在选材的时候与自己的主题相吻合!

师:对,围绕你的主题来选材,比如你想写一个"实",围绕那个"实"字来选择下面的材料,很好!你来说说看,除了围绕主题,还需要注意什么?

生:我觉得在写作过程中应该还要提供一些事例来使自己的文章更加充实。

师:我不大赞同你的观点,因为这是记叙文,不是议论文,不需要过多引用,要引用也可以,但要记住记叙文以写人、写事,或者写景为主。

生:记叙文写作还要注意表达自己真实的情感,把自己的真切的感受写出来。

师:你讲的最重要的一点是强调真情实感,要围绕自己的主题来写,要表达自己的真情实感,还有什么?

生:我的材料应该是使读者感觉印象深刻,很新颖的东西,而不是那种陈年烂芝麻,从你最感动,最触动人心的角度来进行选材,然后进行描述。

师:其实你刚才讲了一个很重要的字?

生:新,深。

师:不仅很新,而且很深。

生:选择自己能写出来的,写自己的真实感受。就是回想当时的画面,回忆自己当时是什么感受,再把它真实地表达在文字里面。

师:刚才我们做了一个交流,我把选材的要求呈现出来,看看加了哪一个呢?

怎样选材

·围绕中心
·分清主次
·真实新颖

生：分清主次。

师：你知道为什么要分清主次吗？

生：因为写得多以后，就不知道什么是重点。要针对重点去寻找作者在描写当中给我们表达的主题。

师：因为我们分清了主次，才能突出表达的中心。我想写一个"守"，我想写一个"独"，我想写一个"高"，但在这过去的一年，我有五件事情或者八件事情跟这相关，那么这几件事情，究竟哪些是最重要的，分清主次，然后去写作。你不能把一年365天中所有事情都写下来。

孩子们，接下来呢，我们就把这个文章细化一下，我们列一个提纲。列提纲我们可以有两种形式，第一用我们所熟悉的，分段落呈现；也可以用这种图表的形式来呈现，比如说围绕这个字所画的图，或者你用一个大括号或者其他的形式来表现。等一会儿，我请同学来发言展示，思考五分钟。

（学生列提纲，教师巡视，寻找典型案例展示，然后安排两个学生板书写作提纲。）

我的2018年度汉字

列提纲
·用文字呈现提纲
·用文字加图表形式呈现提纲
·围绕中心
·分清主次
·真实新颖

师：好，同学们。我请了两位同学上台展示自己的提纲。这两个提纲有哪些优点，如果有哪些不足的地方你帮他想一想如何来进一步完善。这两个同学选了两个字，一个就是"独"；左边这个女生呢，写的这个字，我觉得目前是我们全体中最亮的一个字,叫"不"。我们静下心来听听大家好的想法,好的建议。

师:好,你上来把你写作的思路给同学们和老师讲一下。

(板书提纲,第一位学生结合板书,讲解写作思路。)

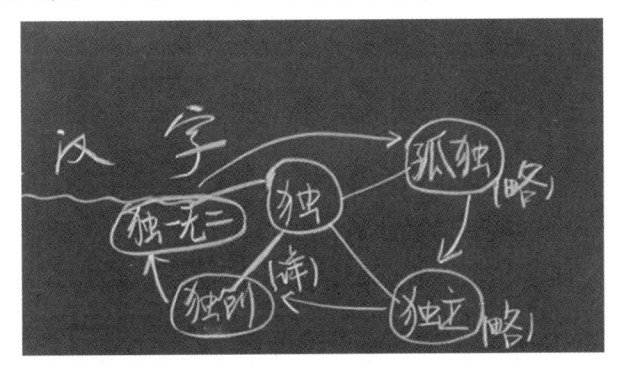

生:刚开始看到这个字的时候就想到了这四个字,第一个孤独就是我想到了2018年,就在前半年,我初三的时候,因为我就是处在一个孤独的状态。可能那个时候心里头有一些问题吧,有些压抑,有些适当的压力,就是有一种孤独的感觉,平常心里头很压抑,周围没什么朋友,也没办法跟别人诉说自己的苦恼,所以就是一种孤独的状态。另一个"独立",上了高中以后,想让自己变得更加独立。自己的事情自己解决,不要老找别人。然后再下一个就是"独创",具有创造性。就是想做一些新奇的东西,新颖的东西,有自己的想法。然后最后一个是想要成为一个独一无二的自己,不想成为就像芸芸众生一样的普通人。想要独树一帜。

师:你太厉害了。好,这位同学是——

生:这位同学是我同桌。

师:好,这位同学你来评价一下。

生:作文中可以感觉到她也是一个她想成为的人。

师:你从她选材的角度来讲一讲,她有哪些优点?还有不足的地方也可以提些建议。

生:选材思考的方面比较现实,表现了她的成长历程,还有她对生命的感悟。

师:选材三点要求,她做到了哪些?

生：真实新颖，围绕中心，分清主次没说。

师：我现场采访一下。你围绕"独"，走向孤独，走向独立，走向独创，走向独一无二的自我，那么你想想为什么这样写？

生：我要想写独创。

师：为什么？

生：因为我觉得独创了以后才能独一无二，前面的话主要就是写自己的经历，围绕独创的主题。

师：请你用粉笔在上面标一下，孤独、独立是做一个铺垫，然后，独创为了独一无二，埋下了伏笔，把详略标一下。

师：下一同学，请你把这个"不"来解读一下。你在我们同学们中独树一帜，所以我选择了你。

生：我选这个"不"。首先是分割开来的，四个短句是丰子恺《不宠无惊过一生》里面的一句话。我觉得，"不乱于心，不困于情，不念过往，不畏将来"，可以概括我2018年的整个生活，比较全面。

师：你把要选择的事例再简单地概括一下。

生："不乱于心"，我想到2018中考时，就是那个时候，因为我生活中有一些诱惑，中考之前心绪有一点乱，可能会影响我的考试。然后"不困于情"，是因为从初三到高一，对于我来说，我第一次住校，可能会比较想家。然后这学期有些情感没有控制好，影响我的学习。这是"不乱于心，不困于情"。"不念过往"，是2018经历了一些悲欢离合，就想缘分太宽，时间太瘦，有好多美好的时光、同学，都过去了，只要把这份美好留在心里，以后回忆就行。接下来就是"不畏将来"，未来的学习，未来的生活要不畏惧，不管怎样就是没有后顾之忧往前冲。所以不乱于心，不困于情，不念过往，不畏将来。

师:重点是写——

生:重点的话,我要写的话,我应该会写"不困于情",因为"不困于情",我觉得已经概括"不乱于心",就算不念过往,不畏将来,也还是会被前面的那些影响的话,可能也不会成功。前面应该是要详写,写文章的话前面是总写。

师:好,我听懂了。有没有同学来点评一下。

生:我觉得这个真的挺好的,她在说的时候,我也想到我的心情。

师:你觉得,从选材的角度来看,她主要优点是什么呢?

生:新颖。

师:新颖,其实呢,我觉得她这篇文章不单单新颖,我这里提出来的围绕中心,分清主次,真实新颖,还有创造的成分。我们写文章最难的是哪一个字呢?让她稍微缓一下,好吧。

我们先请同学们看一个五年级的小朋友写的文章,这个女生,你来读一下。

生读:

1. 每天按30个"笨"计算,2017年我至少被妈妈说了一万个"笨"。
2. 进入五年级下学期,妈妈带我报名、抢班,上各种辅导班。
3. 妈妈和我一起上辅导班,放学路上妈妈常常说我"笨"。
4. 回到家,妈妈和我一起做作业,当我不会做,妈妈又说我"笨"。

师:你小时候有没有这样的经历?

生:没有。

师:你评价一下这个小朋友的文章。

生:我在想他妈妈一直在说他笨,是不是在激励他。

生:这个提纲乍一看还挺好玩的,挺吸引人的,其实深刻地反映了一种社会现象。

师:你讲了两点:第一,他讲得很吸引人;第二,反映的是一种社会现象,很有意思。2017年《扬子晚报》办了一次全国作文大赛,《扬子晚报》大赛的题目叫《年度汉字》。这个小朋友写了500多字,后来获奖了。他表达了内心感受，也反映了当前的社会现象，其实这篇文章更好玩的在后面，我们一起来看看。

生：最后一题结束，我睡觉，妈妈收拾书桌、书包，然后拿出书稿编辑——妈妈在出版社工作。有一次，我早晨一睁眼，看到椅背上一批头发，恐怖片一样，吓得大叫起来。妈妈抬起头，把头发挽到脑后："笨！妈妈睡着了！"

写这篇作文，我对妈妈说，我把2018年度汉字定为"笨"。妈妈一愣，然后笑着说，妈妈也是研究生毕业，整天跟你混，算不算"笨"？

师：你觉得这个小孩的结尾写得怎么样？

生：前面妈妈说了他笨，说了一万多个，我觉得这篇文章好像抱怨妈妈不满一样，而到了后面再说一个突然我睡觉了，妈妈还在校对文稿，他起来后发现椅背上妈妈的头发，吓了一大跳，妈妈说他笨，这个笨和孩子之前的感情是不一样的，流露出这种亲切、温情的感觉，注入内心。

生：妈妈说他笨，并不是说他智商有问题，他不好之类的，这种责备中充满了温情的爱，而笨中希望他做好一些事情，对自己有益的事情。妈妈说我笨，并不是说她有多讨厌我，也不是说我多不好多不好，她非常照顾我，妈妈是爱我的。

师：其实就是一个字——

生：爱。

师：爱。前面我们以为是在怪妈妈、抱怨妈妈，其实这个"笨"字充满了温情，充满了爱。所以，我们选材要严，关键还要看后面，你的开掘、挖掘要深刻。刚才这两位展示的同学，我还没让他们走，为什么呢？因为她们这两个提纲，不仅仅体现了一个"新"字，更体现了一个字，就是哪一个字？

生：深。

师：深，深刻的"深"。我们写文章写得"新"不难，选材要挖掘得"深"，这是最难的。所以我们要点评一下，她这个"深"，"深"在哪里，我们请作者来解释一下，你自己来说一说。

（请"独"字学生讲解。）

生：其实，我也不知道到底"深"在哪里？

师：你也不知道，那就让其他同学来讲讲。

生：深，第一个是孤独感情；后来是一种行为，再后来也是一种行为，最后发展为一种性格，也可以说是她表现出来的一种态度。从自己的感情，慢慢地进化到自己的行为、生活中，最后再表现出来，这应该是一种"深"。

师：从行为到内心，这是一种"深"；从独立到独创，也可以理解成一种"深"。第二位同学，她讲的是一个"不"，这一个"不"也很深，深在哪里呢？

生：我觉得，首先人们知道"不"是拒绝的意思，她告诉自己，内心摒弃外界的干扰，就是有一种唯心主义的思考，所以说我觉得她放眼未来，思考过往，从昨天、今天、明天，这三个角度去思考，我觉得很难得。

师：从时空的角度，昨天、今天和未来，她对"不""我"做了一个解释。孩子们，我们这节课接近尾声了，我们还是要进一步的交流。我们互相认识大概50分钟的时间，你觉得我（老师），在过去的2018年，能不能用一个汉字来概括？你回想一下，我会用哪一个汉字呢？

生：我觉得应该是"笑"。

师：为什么是"笑"？

生：我觉得您特别幽默，课堂上我们笑声不断。

生：我用一个字"深"，我感觉你讲课讲得特别的深刻，讲得特别到位。通过你的讲解，知道要写一件物，写一个景，写一个理，写这三样东西。

生：我觉得是"稳"，就是稳重的"稳"，你讲课层层递进，稳中求深。

师：稳中求深。谢谢你！

生："强"，强大的"强"。因为，老师讲的这个标题是以前没有见过的，特别新颖，然后很能吸引注意，吸引我继续听下去。

师：孩子们，我用的一个年度汉字是"写"。我为什么用这样一个字呢？因为2018年我写了一本书，这一年我还发表了17篇文章，我还参与编写了教学参考用书，所以这一年我想用一个字"写"来概括。

2018年"写"字伴我同行，在写作中探索语文的奥秘，共享教育的幸福；我想请几位同学，把你写的这个字的内涵和老师们、各位同学分享一下。这样，我们就请十位同学来讲讲，说说你们的想法。目前黑板上保留着你的年度汉字的同学，请站起来。

>   我的2018年度汉字
>   - 2018,"写"字伴我同行,在写作中探索语文的奥秘,共享教育的幸福;
>   - 2018,"　"字伴我同行,＿＿＿＿＿＿＿；
>   - 2018,"　"字伴我同行,＿＿＿＿＿＿＿；
>   - 一个汉字,一段往事,一分情愫,一点思想;
>   - 生活因汉字留住美好,生命因写作走向永恒!

生:2018年,"独"字伴我同行,在孤独中走向独立,在独创中成为独一无二的我。

生:2018年,"静"字伴我同行,静中思考求进步,静心学习,只求卓越,在未来静心,只等成功。

生:2018年,"进"字伴我同行,在进步中收获成功的果实,在进步中求专心,体会每一次的滋味。

生:2018年,"越"字伴我同行,越过一道道坎坷,在飞越中享受成功的欢乐。

生:2018年,"享"字伴我同行,在享受中慢听内心,在分享中积累自己的德行。

生:2018年,"见"字伴我同行,在遇见中看到更多的新事物,更多的坚持。

生:2018年,"念"字伴我同行,在思念中汲取更多的力量,在念想中展望未来。

生:2018年,"盈"字伴我同行,在生活中汲取人生的养料,体味成长的百般滋味。

生:2018年,"不"字伴我同行,不哭不闹,不宠不惊不若离。

师:小伙子,又是你,你坚守到最后!

(教师与板书"守"字男生对话。)

生:老师,你不是说这个"守"也是挺好的,对你深有感触,我想让你把它补好。

(听课教师鼓掌,期待教师回答——)

师:2018年,"守"字伴我同行,我在孤灯下写作,与文字共享芬芳,在沉思冥想中,我走向了孤独,这孤独不是一个人独自行走,而是用心与更多的友人,共享精神的盛宴。

(听课教师以及学生鼓掌。)

师:谢谢大家!

生:老师你也说出了我的心声。自我感觉,我确实说得没有您说得更加地完善,也超不出您的范围,但是我最后还希望表达一下自己。

2018年,"守"字伴我同行,哪怕最后我依然会失败,但我仍然一往无前。

(师生再次鼓掌。)

师:孩子们,刚才这位同学给我出了一个难题,也是出了一个最好的题目。写,是一个表象,守,是本质。无问西东,只问我的内心。

学生齐读:一个汉字,一段往事,一份情愫,一点思想;生活因汉字留住美好,生命因写作走向永恒!

师:孩子们,我们今天这一课就上到这里,下课。

2.点评(江苏省特级教师 戴继华)

袁爱国先生执教的《我的2018年度汉字》,是一节清新儒雅、韵味颇丰的写作指导课,是一节有境界的课,其意趣主要体现在如下几方面。

首先,自然。唐代大诗人李白赞美韦太守的文章云:"清水出芙蓉,天然去雕饰。"而爱国的这节课,就正如一篇天然清新的美文。整堂课起承转合,不落痕迹,又似行云流水,浑然天成。上课伊始:爱国老师没有旁逸斜出、拟写一段优美华丽的词句吸引学生的注意力,而是开门见山,"孩子们,今天我们来上一节写作课,今天我们写作的题目是什么呢?一起来读一下。"一步到位,朴素开场,毫无扭捏做作之感。接着:引领学生"读题",在"读"中揣摩作文题的要义。引领学生"定题",在年度汉字的遴选与指向中,确立文章的基本立意。引领学生"想题",将所遴选之字和自己的生活进行有机链接,让学生思考,"所选的这个字,可以想到哪些人、事,或者情,或者物",尝试选择材料。当然为了让学生少走弯路,爱国老师及时打出了"选择材料的注意点"。还引导学生"列纲",用文字或文字加图表的形式,在拟写中整理思路。然后,引导学生对所列提纲进行自评或他评,在述评中提升学生的鉴赏水平,通过鉴赏水平的潜滋暗长来反哺写作能力的跃升。最后,爱国老师和学生一起分享自己的2018年度汉字"写"。课堂从"写作"说起,又以"写"字作结,和融又圆满。

其次,真切。一是情真。一般的,我们上课称学生为"同学们",而爱国老师都是称"孩子们"。这可能与爱国老师的表达习惯有关,但作为一个老师,素朴的"孩子们"三个字,释放出的情感信息是相当丰富的,最起码,老师的"情"是"真"的,"情真"则"意切","意切"则"怡人",古人所说的"亲其师,信其道",说的就是这个道理。一个内心蓄满爱的老师,其课堂一定是"其乐融融"的,其"传道授业解惑",也一定是事半功倍的。这一切,从这节课的氛围、师生互动的情境与教学效果上,可以找到许多明证。一是理真。每堂有意境的课,其背后都蕴含着"真"的理,也可以说有"真"才有"境"。"真"是什么?"真"即指语文课堂符合语文教育教学原则,合乎教师教与学生学的客观规律。爱国的这节课也不例外。课堂主体的思路非常明晰,如前文所述,教学环节可以用"读题""定题""想题""列纲""述评""分享"等词语来概括。爱国老师设计的这六个步骤,环环相扣,具有严密的逻辑关系,不可以更换次序,为什么?因为它们彰显了学生学写一篇文章的思维层次与认知规律。"读题"就是"审题";"定题"即立意,"汉字"是立意的关键,字定好了,意也就明了;"想题"即选材;"列纲"即构思;"述评"即优化;"分享"即提升。从审题立意、选材构思,到优化提升,一以贯之,流畅自然,老师教得科学,学生学得轻松,课堂之"理",可谓"真"!

再次,深沉。这里的深沉,意指课堂有"厚度",深刻而不肤浅。不难看出,这是一节记叙文写作指导课,所以在引导学生如何选材的环节上,爱国老师着力较多。但他并没有直接告知学生应该怎样选材,而是在学生围绕自己"2018年度汉字"、联想到一些"人、事、景、物"的基础上,顺其自然地问,记叙文在选材的时候应该注意哪些呢?问题抛出之后,爱国老师并没有立即展示答案,而是让学生在已有知识结构的基础上进行回忆、串联。在学生的回答不够全面、呈现愤悱之时,他展示出选材的注意点,并引导学生关注容易被忽视的"分清主次"这一要求。课堂的"厚度"还体现在"述评"这一环节。爱国老师关于"述评"的方式主要有三类：一是自评，即对自己所列提纲进行解读；二是他评，由同学评点所列提纲的亮点与不足；三是评点课外的习作。这三种形式的"述评"很好表现了爱国老师课堂设计的匠心独运。一个孩子自评是"点"，全班孩子自评则连点成"线"；自评为"线"，他评则连线成"面"；课内"述评"是"面"，那么链接到对课外作文的评点，则是化面为"体"。在从"点"到"面"，从"面"到"体"的过程中，学生的观点得以碰撞刷新、表达得以合理展示、思维得以拓宽砥砺，可谓一举多得。

最后，韵味。一堂有韵味的课，定能够让学生与听课者深受启发，恒久不忘。要明晰这一点，大家可以将目光聚焦到该课的尾声部分。当意欲同孩子们分享自己的2018年度汉字时，老师没有直言，而是卖了个关子，让同学们先猜测。有的认为是"笑"，因为老师"特别幽默，课堂上我们笑声不断"；有的认为是"深"，因为老师"讲课讲得特别的深刻，讲得特别到位；有的认为是"稳"，因为老师"讲课层层递进，稳中求深"；还有的认为是"强"，因为老师"讲的这个标题是以前没有见过的，特别新颖，然后很能吸引注意，吸引我继续听下去"。尽管孩子们并没有猜到老师的想法，但是相处短短50分钟，老师就给学生留下如此美好的形象，为什么？是韵味，是"幽默、深刻、稳健、强劲"的课堂韵味，相信这样的课堂学生是久久不能忘怀的。然而，课到此还没有结束。爱国老师与孩子们分享了自己2018年度汉字"写"，并和同学们一起分享他们的年度汉字。可当最后一个男孩发言时，课堂顿起波澜，男孩居然要求老师将自己的"守"字，按句式补全，爱国老师欣然答应，他的分享赢得听课老师和同学们热烈的掌声。掌声是对老师才气的点赞，其实我更欣赏爱国的另一句话："写，是一个表象，守，是本质。无问西东，只问我的内心。"这不仅仅是才气了，还蕴含着情怀。我坚信，明白了表象与实质的关系，拥有才气与情怀的老师，无论何时何地，他的课堂都会有韵味。课堂拥有了自然、真切、深沉、韵味的特质，意境即生！

诚然，这些课例仅仅是我们所积累课例中的一小部分。我们明白，这些实践在一定程度上依然存在诸多不尽完美之处，但它们真实记载了我们的团队，在探寻"语文真境课堂"的路途中，辛勤劳作、积极思考、努力践行与虔诚追求的精神。语文作为母语,是我们的精神家园;语文精髓与灵魂的传承是一代代语文人的职责与担当,因此"语文课堂真境"的追寻永远在路上。

期盼更多的同仁关注并研究这一话题,让我们携手前行,开创语文教育教学新天地!